Kafka und Felice

Unda Hörner

Kafka und Felice

Roman

ebersbach & simon

»Wie kam man nur auf den Gedanken,
dass Menschen durch Briefe mit einander
verkehren können! Man kann an einen
fernen Menschen denken und man kann
einen nahen Menschen fassen, alles andere
geht über Menschenkraft.«

Franz Kafka

Ein Brautkleid für Felice

Franz und Felice, zwei Namen wie erfunden füreinander. Mit der Aussicht auf die bevorstehende Hochzeit im kommenden Mai lässt sich sogar der Gedanke an den harten Berliner Winter ertragen. Mit dem unsteten Leben zwischen Postämtern und Bahnhöfen, auf Parkwegen und in Hotels wird endlich Schluss sein, wenn Franz erst in Berlin ist, für immer. Schönen Feierabend, Fräulein Bauer, ruft der Pförtner Felice aus seiner Loge zu, als sie das Gebäude der Technischen Werkstätten verlässt und hinaustritt auf die Markusstraße. ›Sprungbrett der Lustigkeit‹, so hatte Franz die letzte Arbeitsminute vor dem Büroschluss mal bezeichnet.

Felice geht gern zu Fuß durch die Straßen der Stadt, ihr knöchellanger Rock schwingt bei jedem Schritt auf den Granitplatten, die noch die Sommerwärme abstrahlen. Eine S-Bahn hält kreischend am Bahnhof Jannowitzbrücke, ein Eisenbahnzug dampft in Richtung Ostkreuz, unter der Spreebrücke zieht ein Apfelkahn dahin. Die Uhr auf dem Spittelmarkt zeigt halb fünf, Tauben umschwirren die Postmeilensäule auf dem Dönhoffplatz, in der Leipziger Straße herrscht Hochbetrieb. Den Läden auf dem prächtigen Einkaufsboulevard sieht man auf den ersten Blick nicht an, dass das Angebot jetzt im dritten Kriegsjahr 1917 äußerst eingeschränkt ist, dass es alles nur auf Marken gibt und die Konsumtempel zu Magazinen geworden sind, zu Verteilstellen für rationierte Waren. Erst abends, bei Einbruch der Dunkelheit, wirkt die

7

Stille befremdlich, und es bleibt seltsam schummrig, denn die Geschäfte sind angehalten, bestenfalls eine Notbeleuchtung einzuschalten. Aber jetzt, am späten Nachmittag, fällt die Augustsonne schräg von Südwesten in die schnurgerade Straße und vergoldet die Fassaden. Die große Weltkugel auf dem Dach des Kaufhauses Tietz scheint sich zu drehen im Licht, Hermes, Gott der Kaufleute, reckt sein Haupt in den Himmel, üppige, halb nackte Frauengestalten füttern Greifvögel und zähmen Bestien in luftiger Höhe, Bären und Stiere, und hinter der spiegelnden Glasfassade schemenhaft die Parade kopfloser Kleiderständer. Felice Bauer träumt sich in ein Brautkleid hinein, das sie im Journal *Die elegante Welt* gesehen hat, ein schulterfreies Modell, eng anliegende Seide und ein üppiger, bodenlanger Volantrock aus Tüll. Aber nein, es ist vermessen, jetzt, wo selbst Kleidung nur auf Karte zu haben ist und zum Umarbeiten alter Kleider aufgefordert wird, an ein prächtiges Brautkleid zu denken, wer trägt denn Weiß in diesen Zeiten? Zahllos die Frauen in Schwarz, alte wie junge, Witwenschleier haben Konjunktur. Doch Träumen ist erlaubt. Dass Kersten & Tuteur im prächtigen Eckhaus Berlins erste Adresse für Damenmode ist, daran erinnert ein purpurrotes Kleid im Schaufenster wie ein Traum von besseren Zeiten. Ein farbiges Brautkleid wäre ein Ausdruck künftiger, neuer Lebensfreude; ohnehin ist es zu spät für unschuldiges Weiß.

Felice Bauer ist verlobt, zum zweiten Mal mit ein und demselben Mann, mit Franz Kafka, einem Schriftsteller aus Prag. Da er bislang kaum etwas veröffentlicht hat und weit davon entfernt ist, seinen Lebensunterhalt mit der Schreiberei zu verdienen, geschweige denn, damit eine

Familie ernähren zu können, ist es beruhigend, dass er auch einen ordentlichen Beruf hat. Franz ist in solider Stellung bei der Arbeiter-Unfall-Versicherungs-Anstalt für das Königreich Böhmen, falls es mit dem Schreiben nichts wird, lässt sich in Berlin notfalls an diese Vita anknüpfen. Dass er Beamter ist und sogar promovierter Jurist, beruhigt auch Felices Eltern. Ein Herr Doktor, das gibt es noch nicht in der Familie. Dass er außerdem stiller Teilhaber an einer Fabrik ist, die Asbest herstellt, bedeutet eine zusätzliche Absicherung. Franz Kafka kommt aus gutem Hause, der Vater ist ein tüchtiger Kaufmann, er führt ein Galanteriewarengeschäft im prächtigen Kinsky-Palais am Altstädter Ring, im Herzen Prags. Für Felice ist es vor allem ein Segen, dass Franz keine Soldatenuniform tragen muss. Seine Vorgesetzten sind ihm wohlgesonnen und schätzen sehr, dass ihr Mitarbeiter größte Sorgfalt selbst auf nüchterne und staubtrockene Texte verwendet, in denen er versicherungstechnische Vorgänge und Gefahren beschreiben muss, die von so unaussprechlichen Geräten wie Sicherheitshobelmesserwellen ausgehen. Franz legt jedes Wort auf die Goldwaage, als zuverlässiger Diener des Unternehmens ist er unabkömmlich, es kommt gar nicht infrage, den fragilen jungen Mann den Gefechtsmühlen an der Front auszuliefern. Für Franz indessen ist die Arbeit im Kontor nur eines von zwei Übeln. Er hasst den täglichen Trott der Büroarbeit, der ihm alle Kraft zum Schreiben absaugt. Lieber heute als morgen würde er seinen Beamtenposten hinschmeißen, um sich ausschließlich seiner größten Leidenschaft zu widmen, der Literatur.

Einen von Franz' Briefen hat Felice auswendig im Kopf: »Meine Lebensweise ist nur auf das Schreiben hin eingerichtet und wenn sie Veränderungen erfährt so nur deshalb, um möglicher Weise dem Schreiben besser zu entsprechen, denn die Zeit ist kurz, die Kräfte sind klein, das Bureau ist ein Schrecken, die Wohnung ist laut und man muss sich mit Kunststücken durchzuwinden suchen, wenn es mit einem schönen geraden Leben nicht geht.«

Vor fünf Jahren, im November 1912, als Franz dies schrieb, da hatte Felice noch fest an einen schönen, geraden Lebensweg geglaubt, an eine gemeinsame Zukunft in den üblichen Verhältnissen, er der Ernährer, sie die Hausfrau, irgendwann Kinder. Doch ein bürgerliches Familienleben ist nichts für Franz, das hat sie längst eingesehen, und auch Felice liebt ihre Arbeit in der Firma mehr, als sie es sich früher eingestehen wollte. Auch als verheiratete Frau Kafka wird sie beruflich nicht zurückstecken, sondern weiter als Prokuristin tätig sein. Manchmal übt sie den neuen Namen schon auf dem Papier: Felice Kafka, mit freundlichen Grüßen.

Wie unendlich lange haben sie gebraucht, wie viele Briefe mussten zwischen Berlin und Prag hin und her gehen, um einander zu finden! Wohl kein anderes Brautpaar auf der Welt hatte eine solche Achterbahnfahrt hinter sich wie Franz und Felice.

Damals bei Brods

Am 13. August 1912 war Felice Bauer Dr. Franz Kafka zufällig im Hause der Familie Brod in der Prager Schalengasse begegnet. Sie war auf Durchreise nach Budapest und stattete Max Brod, mit dem sie um Ecken verwandt war – ihr Cousin hatte Max' Schwester Sophie geheiratet –, am frühen Abend einen Besuch ab. Felice, der durch seine Brille etwas neunmalklug blickende Max, dessen jüngerer Bruder Otto und die Eltern Brod saßen beim Nachtmahl am Tisch, als es an der Tür läutete. Mit dem Eintreffen des seltsamen Herrn Kafka zu vorgerückter Stunde, neun Uhr war schon vorüber, empfand Felice sich unversehens als Störenfried. Der schriftstellernde Doktor war eigens hergekommen, um mit seinem Freund Max über Literatur zu sprechen, über sein Manuskript, das den Titel *Betrachtung* trug. Einen fremden, unerwarteten Gast in der Familie vorzufinden, schien ihm daher so gar nicht in den Kram zu passen. Und dass Otto später auch noch anfing, zur Unterhaltung der Gäste auf dem Klavier herumzuklimpern! Felice versuchte, ihre Verunsicherung zu verbergen, sie verschanzte sich hinter einer förmlichen Begrüßung des mit unhöflicher Gleichgültigkeit dreinblickenden Herrn Dr. Kafka, die jede Herzlichkeit vermissen ließ. Umso überraschter war Felice, als der alsbald auftaute und während des Essens Fotografien aus der Tasche zauberte, die jemand auf einer Fahrt mit dem Dampfschiff Thalia gemacht hatte, das neben anderen fernen Ländern auch Palästina ansteuerte. Felice legte das Besteck auf den Teller und schaute sich, vor allem erleichtert über die unvermittelte Lockerung des späten Gastes, aber durchaus mit Interesse, die Aufnahmen an, die er ihr über den Tisch hinüberreichte. Sie zeigten eine luxuriöse Schiffskabine und den stattlichen, weißen Dampfer, der vor einer malerischen Kulisse an der Küste Palästinas vor Anker lag. Unvorsichtigerweise prahlte Felice damit, dass sie angefangen habe, Hebräisch zu lernen, der Doktor fühlte ihr gleich auf den Zahn: Ob sie dann auch wisse, was der Name der Stadt Tel Aviv bedeute. Peinlich, Felice musste passen. Ihr Unwissen bedeute aber keineswegs, dass sie sich nicht für den Zionismus interessiere, schickte sie rasch hinterher, die Bewegung, die einen israelischen Staat in Palästina anstrebe, sei der beste Impuls gegen den Antisemitismus, der auch in Berlin immer wieder aufflamme. Max Brod pflichtete bei, seit er Martin Buber in Prag übers Judentum hatte sprechen hören, sei er ein glühender Anhänger des von Theodor Herzl 1897 ins Leben gerufenen Zionismus. Prager Deutsche und Tschechen waren sich nicht besonders grün, doch arrangierten sie sich zwangsläufig unter der Krone, und was sie einte, war der Hass auf die Juden, unter diesen Umständen erschien der Siedlungsgedanke im Nahen Osten wie ein Silberstreif am Horizont, Palästina, das klang wie ein magisches Zauberwort. Wie auf Kommando zog Kafka eine Ausgabe der gleichnamigen Zeitschrift aus der Tasche, und Felice traute ihren Ohren nicht, als der Fremde, den sie gerade eben kennengelernt hatte, ihr nun allen Ernstes eine gemeinsame Reise ins Gelobte Land vorschlug. Sie lächelte höflich, mit entwaffnender Geste streckte ihr Franz Kafka über den

Tisch die Hand entgegen. Überrumpelt, leicht amüsiert und durchaus geschmeichelt durch diesen Überfall, schlug Felice ein.

Da Franz Kafka auch noch das jiddische Jargontheater ansprach, für dessen Tradition er sich interessierte, brachte Felice das Gespräch geschickt auf Berlin und die lustige Aufführung der Posse *Das Autoliebchen,* die sie neulich im Thalia-Theater in der Dresdener Straße gesehen hatte. *Ja, das haben die Mädchen so gerne* war ein Ohrwurm aus der Revue, der seitdem die Runde machte und auf Schellackplatte zu haben war. Kein Thema, das bei den Männern auf fruchtbaren Boden fiel, mit populären Possen schienen sie sich nicht abgeben zu wollen. Franz kannte das Theater von einem früheren Berlin-Besuch, hatte allerdings »mit einem Gähnen meines ganzen Menschen größer als die Bühnenöffnung« in dem prächtigen Saal gesessen. Das Duett aus dem *Autoliebchen* ging Felice aber nicht aus dem Kopf: ›Hat ein Jüngling sich erklärt, dass er Herz und Hand begehrt, heißt es: Nun mal flink den Verlobungsring!‹ Felice, die gern mal ein Liedchen anstimmte, verkniff es sich lieber, das schmissige Couplet hier in der ernsten literarischen Runde zum Besten zu geben.

Als Kafka seine drei Schwestern erwähnte, erzählte Felice ihrerseits von drei Schwestern, alle brünett wie sie, und von Ferdinand, genannt Ferri, ihrem einzigen Bruder, der sie, Felice rieb sich demonstrativ den Unterarm, als sei der Schmerz bis heute nicht von ihr gewichen, immer gehauen hatte, als er ein kleiner Junge war, so heftig, dass sie blaue Flecke davontrug. Ob der so wohlerzogen wirkende Herr Kafka seine Schwestern auch derart malträtiert hatte? Schwer vorstellbar, dass er nicht schon als Kind jene Ernsthaftigkeit ausgestrahlt hatte, mit der er auftrat. Frau Brod kümmerten weder Zionismus noch Berliner Revuen oder Geschwister; sie schwärmte den ganzen Abend vom schönen Batistkleid, das sie in Felices Hotelzimmer gesehen hatte, wo man sowas Feines in Prag wohl bekommen könne?

Zu Felices eher unbehaglichen Erinnerungen an den Abend bei Brods in Prag gehörten vor allem ihre durchnässten Schuhe, mit denen sie tagsüber durch den schrecklichen Dauerregen gelaufen war, bis hinauf auf den Hradschin, den ihr ein Prager Kollege trotz des Hundewetters unbedingt hatte zeigen wollen. Wie hatte sie bloß ihren Regenschirm in der Bahn vergessen können! Als das Geschirr abgeräumt wurde und sie ins Klavierzimmer wechselten, und als Felice sich vom Tisch erhoben hatte, fiel Herrn Kafkas verwunderter Blick auf ihr Schuhwerk: Sie trug die Pantoffeln der Frau Brod, weil die Stiefel austrocknen mussten. Etwas verlegen, weil sie glaubte, ihren leicht schlurfenden Gang erklären zu müssen, verriet Felice, dass sie zu Hause an Pantoffeln mit Absätzen gewöhnt sei. Dass es sowas wie Pantoffeln mit Absätzen überhaupt gab, löste bei Kafka große Verwunderung aus, offenbar hatte er sich trotz dreier Schwestern nie näher mit Damenpantoffeln befasst.

Im Klavierzimmer saß Felice Herrn Kafka direkt gegenüber, der nun endlich dazu kam, seine Manuskriptseiten auf dem Tisch auszubreiten, noch unentschieden, in welcher Reihenfolge er die einzelnen Erzählungen der *Betrachtung* präsentieren sollte. Ob das Stück mit dem Titel *Das Unglück des Junggesellen* vor dem stehen sollte, das *Entlarvung eines Bauernfängers* hieß, oder ob der Junggeselle besser ganz ans Ende gehöre und der Bauernfänger an den Anfang. Felice ließ die beiden Schriftsteller wissen, sie schriebe gern Manuskripte ab, vielleicht könne Max ihr gelegentlich ein wenig Arbeit schicken. Kafka schlug bei ihren Worten energisch mit der Hand auf den Tisch. In sein Gesicht trat ein erstaunter Ausdruck. Mit Frauen, die sich zutrauten, literarische Texte fehlerfrei zu kopieren, schien er noch keine Bekanntschaft gemacht zu haben. Auch hatte er bislang noch nichts veröffentlicht, blieb zu hoffen, dass er nicht den gleichen modischen Quatsch fabrizierte wie Max, Felice hatte sich schon mehrmals am expressionistischen Stil des schreibenden Verwandten die Zähne ausgebissen. Max lobte die Junggesellenge-schichte seines Freundes, die kaum eine Seite lang war.

Felice warf einen Blick auf das Blatt mit Kafkas flüssiger Handschrift, und was sie las, ließ hoffen: »Es scheint so arg, Junggeselle zu bleiben, als alter Mann unter schwerer Wahrung der Würde um Aufnahme zu bitten, wenn man einen Abend mit Menschen verbringen will, krank zu sein und aus dem Winkel seines Bettes wochenlang das leere Zimmer anzusehen, immer vor dem Haustor Abschied zu nehmen, niemals neben seiner Frau sich die Treppe hinaufzudrängen, in seinem Zimmer nur Seitentüren zu haben, die in fremde Wohnungen führen, sein Nachtmahl in einer Hand nach Hause zu tragen, fremde Kinder anstaunen zu müssen und nicht immerfort wiederholen zu dürfen: ›Ich habe keine‹, sich im Aussehn und Benehmen nach ein oder zwei Junggesellen der Ju-genderinnerungen auszubilden.«

Wenn ich diesen Text kopieren müsste, dachte Felice, würde ich mir vielleicht erlauben, aus dem einen langen Bandwurmsatz drei Sätze zu machen. Ein bisschen schwer zu folgen, bis endlich der Punkt am Ende kam.

Worum es in dem Text ging, verstand Felice jedoch sehr gut, es ging um die Notwendigkeit zu heiraten. Es ging um nichts anderes als um das, was die Mädchen so gerne hatten.

Über der Frage, wie seine *Betrachtung* auf dem sichersten Wege zum Verleger Rowohlt gelange, wobei Max sich erfolgreich als zuverlässiger Sendbote anpries, hatte Otto sich ans Klavier gesetzt und zu spielen begonnen. Frau Brod duselte während des kleinen Hauskonzerts auf dem Kanapee ein und sah aus, als träumte sie vom Berliner Brokatkleid, der alte Herr Brod machte sich am Bücherregal zu schaffen, er schien einen bestimmten Band zu suchen. Das Gespräch kam unglücklicherweise auf Max' Roman *Schloss Nornepygge*.

Den konnte ich leider nicht bis zu Ende lesen, gab Felice unumwunden arglos zu.

Das lange Schweigen, das ihrer Offenbarung folgte, klang so, als hätte Felice Max soeben einen Stümper geheißen, eine heillose Anmaßung. Diese konfuse Geschichte über einen ewig unentschiedenen Helden hatte Max vor vier Jahren als jungem Spund immerhin das Entrée in die eitlen Berliner Literatenkreise verschafft. Der Roman war aber wirklich schlecht, Felice ermüdeten die seitenweisen, angestrengt originellen Formulierungen, die sich zu keinem Sinn fügten, doch jetzt musste sie schleunigst zurückrudern.

Schon gut, Max, ich muss mir deinen Roman wirklich noch mal vornehmen, beeilte sie sich betont gelassen zu sagen, irgendwas muss ich da nicht begriffen haben.

Gottlob, da hatte sie gerade noch die Kurve gekriegt! Felice blätterte betont interessiert in dem Propyläen-Band mit Goethe-Darstellungen herum, den Max' Vater ihr in den Schoß gelegt hatte, mit den Worten: Goethe, der Dichterfürst.

Felice suchte nach einer Steigerung: Er bleibt ein König auch in Unterhosen, kam es ihr über die Lippen.

Franz Kafka verzog bei diesem saloppen Spruch jäh das Gesicht, als hätte er in eine Zitrone gebissen. Schon wieder ein Fettnäpfchen, die lauerten überall. In diesen hochsensiblen Literatenkreisen musste man höllisch aufpassen, was man so von sich gab. Der Unterhosen-Spruch stammte aus einer Märchenaufführung, die Felice vor einiger Zeit sehr gefallen hatte, aber der war jetzt wahrscheinlich wieder zu respektlos gewesen. Felice lenkte das Gespräch auf ebeneres Terrain. Sprach über ihre Arbeit in verantwortlicher Stelle als Prokuristin bei der namhaften Grammofonfabrik Lindström, über die Kolleginnen in der Registratur, die so flink tippen konnten, über die internationale Kundschaft des expandierenden Unternehmens. Brods und Kafka hörten aufmerksam zu. Mit den beruflichen Themen war sie immer auf der sicheren Seite.

Es war spät geworden, Felice hatte ihre Sachen im Hotelzimmer noch nicht zusammengepackt, wollte im Bett noch ein wenig lesen und drängte zum Aufbruch. Sie beeilte sich, die Pantoffeln loszuwerden und in ihre inzwischen im Flur getrockneten Stiefel zu schlüpfen. Du bist ja flink wie eine Gazelle, bemerkte Frau Brod. Felice setzte ihren Hut auf und befestigte ihn mit Nadeln an ihrer Steckfrisur. Herr Kafka ließ es sich nicht nehmen, Felice zusammen mit Max Brods Vater Adolf noch durch die dunklen Straßen in ihre Unterkunft, das Hotel *Blauer Stern* am Graben, zu begleiten, gegenüber vom Pulverturm.

Ob sie viel ausgehe in Berlin, fragte Kafka, mit einem Fuß im Rinnstein neben ihr herlaufend, und Felice verneinte, sie gehe aber, wie gesagt, hin und wieder ins Theater, und beim späten Nachhausekommen öffne ihr die Mutter auf lautes Händeklatschen hin die Tür. Offenbar kannte Kafka das neuartige Berliner System mit dem Durchstecker nicht, ein schwerer Schlüssel mit zwei Bärten, den man durchs Schloss schieben musste, um ins Haus hineinzukommen, und den sie ungern in ihrer Handtasche herumtrug. Adolf Brod fragte nach dem Straßenverkehr in Berlin, man höre ja einiges vom enormen Verkehrsaufkommen, und Felice erzählte von den in dichter Folge die Leipziger Straße hinunterfahrenden Elektrischen, nein, kein Vergleich mit dem beschaulichen Prag, wo sich auch die Anzahl von Automobilen in Grenzen hielt. Über den technischen Fortschritt redeten sie, über das Problem, dass in der Leipziger Straße immer öfter Kutschpferde durchgingen, die wegen der zunehmenden Elektrisierung erregt waren. An den Kreuzungspunkten stauten sich die Straßenbahnen oft derart, dass man ernsthaft darüber nachdenke, sie unter den Straßendamm zu verlegen, erklärte Felice dem Herrn Brod.

Vorm Hotel angekommen, komplimentierte ein Page Felice hinein, die Drehtür kreiselte, und statt, wie es sich vielleicht gehört hätte, einen Moment zu warten, zwängte sich Kafka, der seit der Schlüsselgeschichte schweigend neben Felice hergelaufen war, in dasselbe Abteil der Drehtür wie sie. Für einen kurzen Augenblick im Niemandsland zwischen draußen und drinnen, verharrten beide auf Tuchfühlung zwischen zwei Glasscheiben. Im Foyer überspielte Felice diesen peinlichen Moment, indem sie sich an den Pagen wandte, sie bräuchte keine Droschke morgen früh, sondern gehe gern zu Fuß zum Bahnhof, es sei ja nicht weit. Auf die Ankunft des Fahrstuhls wartend, erinnerte Herr Kafka Felice an ihr Reiseversprechen, ob sie es wirklich ernst meine damit.

Ich bin keine wankelmütige Person, ließ Felice ihn wissen und reichte ihm abermals die Hand, bevor die Fahrstuhltür sich zwischen ihnen schloss und Felice alleine nach oben fuhr. Im Zimmer sah sie sich im Spiegel an, ihre Steckfrisur sah ganz zerzupft aus. Dieser Doktor Kafka mit seinem forschenden Blick hatte sie so nervös gemacht, dass sie ständig mit den Händen in ihrem Haar herumgenestelt hatte.

Tags darauf, recht früh am Morgen, reiste Felice weiter zu ihrer Schwester Else. Die war seit zwei Jahren mit dem ungarisch-jüdischen Maler Bernát Braun verheiratet und junge Mutter, die kleine Gerda Vilma, von allen nur Muzzi genannt, zählte noch kein Jahr. Schon im Zug nach Budapest, als Felice ihr Frühstück im Speisewagen einnahm, verlor sie kaum einen Gedanken mehr an den Vorabend bei Brods und den etwas wunderlichen Herrn Kafka. Ihre Überlegungen kreisten angestrengt um die Frage, wie sie der Schwester, die sich in Ungarn noch nicht recht eingelebt hatte und sich ein wenig einsam fühlte, am besten unter die Arme greifen konnte.

Post aus Prag

Damit hatte Felice überhaupt nicht mehr gerechnet: Sechs Wochen nach dem Besuch im Hause Brod hielt sie erstaunt einen Brief mit dem Kopf der Arbeiter-Unfall-Versicherungs-Anstalt für das Königreich Böhmen in den Händen. Der Doktor aus Prag schrieb wie ein scheuer Knabe, der einen höflichen Bückling vor ihr machte: »Sehr geehrtes Fräulein! Für den leicht möglichen Fall, dass sie sich meiner auch im geringsten nicht mehr erinnern könnten, stelle ich mich noch einmal vor: Ich heiße Franz Kafka und bin der Mensch, der sie zum erstenmal am Abend bei Herrn Doktor Brod in Prag begrüßte.« Ob sie sich noch ans Versprechen der gemeinsamen Palästinareise erinnere, über die man an jenem Abend gesprochen habe.

Wie sich nicht an den seltsamen Herrn und seinen Auftritt mit dem Manuskript erinnern? Freilich hatte sie auch das Versprechen nicht vergessen, das sie ihm in die Hand gegeben hatte. Und natürlich war der Gedanke an eine solche Expedition an Bord eines Schiffes reizvoll, ja, verwegen. Doch je länger der Augustabend bei Brods zurücklag, desto unwirklicher wurde er, und desto mehr deutete Felice das bei einer Zufallsbegegnung ernsthaft Ausgesprochene als flüchtige Laune des Herrn Kafka. Was für ein Wagnis auch, eine so abenteuerliche Orient-Exkursion mit einem fremden Mann, den sie zwar nicht unsympathisch fand, jedoch schwer einschätzen konnte. Womöglich entpuppte er sich auf der Reise als Tyrann oder als Klotz am Bein. Immerhin war der fremde Herr ein enger Freund der Brods, das musste man als Vertrauensbonus gelten lassen.

Wie Herr Kafka denn an ihre Adresse in der Immanuelkirchstraße komme, wollte Felice wissen, als sie ihm eine Woche nach Erhalt des Briefes aus Prag zurückschrieb. Die Antwort kam stante pede, natürlich, von Max' Schwester Sophie. Der nächste Brief, den Felice nur einen Tag später in den Händen hielt, war eine Art närrische Abhandlung übers Schreiben, deren Lektüre Felice leicht benommen werden ließ. Er handelte von ungeordneten Gedanken, die aufs Papier drängten, sich aber bereits im Kopf wieder verflüchtigten und erst wieder in kruden Wortbrocken auftauchten, die sich nur mit Mühe in einen vernünftigen Zusammenhang fügen wollten, schon wegen des schlechten Gedächtnisses, unter dem Kafka litt, wie er sagte. Dass Felice eine geschlagene Woche nicht auf seinen ersten Brief geantwortet hatte, stürzte ihn in größte Verunsicherung, doch nun, da sie endlich von sich hören ließ, fasste er Mut: Er forderte Felice auf, ihm wie in einem Tagebuch genau aufzuschreiben, wie sie zu frühstücken pflege oder wie ihre Freundinnen hießen, und Felice fragte sich, ob sie es mit einem pedantischen und leicht verschrobenen Beamten oder mit einem Dichter zu tun hatte, den der Wahnsinn zart geküsst hatte. Wie sollte sie auf seine Fragen reagieren, solange sie nicht einschätzen konnte, welcher Person sie die Antworten anvertraute?

Von Sophie erfuhr Felice, dass Kafka sehnlichst auf einen neuerlichen Gegenbrief warte, und Felice ließ sich zu der Bemerkung hinreißen, dass eine lebhafte Korrespondenz doch längst im Gange sei. Reichlich übertrieben, in Wahrheit hatte sie einen Antwortbrief höchstens im Kopf. Ja, schon, Felice wünschte sich brennend einen Verehrer, der ihr werbende Briefe schrieb, vielleicht hatte sie deshalb Sophie gegenüber vorgegriffen. Doch die krausen Gedanken in Franz Kafkas zweitem Brief, in dem es auf über vier Seiten um die volatilen Wortbrocken ging, schreckten Felice gleichzeitig ab. War sie vielleicht zu dumm, um seinen Überlegungen folgen zu können, oder war er nur ein selbstverliebter Schwafler? Felice war verunsichert.

Nun lass ihn nicht so zappeln, so ähnlich hatte Sophie gesprochen, doch erst geschlagene drei Wochen nach Erhalt des ausführlichen Tintenergusses aus Prag setzte Felice sich an ihren Schreibtisch und leistete der Aufforderung des Briefschreibers Folge. Sie überlegte eine Weile, bevor sie ihre Anrede formulierte und die Feder aufs Papier setzte: »Werter Herr Dr. Kafka!« In wohlgewogenen Worten kam sie wieder auf ihre Arbeit als Sekretärin mit Prokura bei der Lindström AG, erwähnte abermals die netten Kolleginnen, die sie mit Büchern, Bonbons und Blumen beschenkten, die Brühl, die Lindner und die Grossmann, und erzählte, dass die Firma eine eigene Produktionsstätte in der Kreuzberger Schlesischen Straße unterhielt, ein großer Backsteinbau direkt an der Spree, wo nicht nur Grammofone hergestellt wurden, sondern auch ein neuartiges Diktiergerät, der Parlograf, der der Lindström AG gerade einen Aufschwung bescherte und bei der Erledigung von Post 50 Prozent Zeitersparnis garantierte. Stenografie war gestern; man diktierte seinen Text einfach in einen Schalltrichter hinein, der durch einen Metallschlauch mit dem Gerät verbunden war. Mittels feiner Nadeln wurde die Stimme auf eine elektrisch betriebene Wachswalze übertragen. Drückte man die Wiedergabetaste, ertönte mit geheimnisvollem Knistern der gesprochene Text, den man dann zu einem gewünschten Zeitpunkt abtippen konnte. Das Gerät steckte in einem schwarzen Metallkasten und wog stolze 18 Kilo, man brauchte also schon einen festen Standort dafür. Felice kam richtig in Fahrt, nun bereute sie es gar, diesem Herrn Kafka nicht doch schon eher geschrieben zu haben. Ich bin ihm eine Erklärung für das lange Schweigen schuldig, dachte sie und rettete sich mit den letzten Zeilen ihres Briefes in eine kleine Notlüge: Ihr erster Antwortbrief müsse auf dem Weg von Berlin nach Prag wohl verloren gegangen sein. Bevor sie das Kuvert zuklebte und zur Post brachte, legte sie als Geste künftiger Zugewandtheit eine kleine Blume zwischen die Seiten, ein Symbol für den geheimen Garten, der seit dem Spätsommer 1912 seltene Blüten trieb.

Dass schon am darauffolgenden Tag wieder Post aus Prag ankam, Felice hätte es sich denken können. Diesmal wollte sie Herrn Kafka nicht so lange auf die Folter spannen, sondern schrieb sogleich zurück, wunderte sich aber, dass er während der Bürostunden Zeit für seine wahrlich epischen Ausführungen fand. Sie selbst war bei Lindström in jeder Sekunde eingespannt, in einer Tour kam der Bote mit Telegrammen und Einschreibebriefen, deren Eingang sie bestätigen musste. Als Entscheidungsträgerin wohnte sie allen wichtigen Konferenzen bei und war auf Einkaufsmessen präsent.

»Aber man zerreißt Sie ja vor meinen Augen!«, empörte sich Kafka. »Geben Sie sich nicht mit zuviel Menschen ab, mit unnötig vielen?«

Nichts zu machen, auf der Arbeit hatte sie eben viel Publikumsverkehr. Und genau den mochte sie: das Abschätzen eines Kaufinteresses, die Demonstration des Parlografen, das selbstständige Verhandeln mit ausländischen Kunden. Inmitten der Geschäftigkeit des Büros, die ihr kaum Zeit für Pausen ließ, war sie in ihrem Element. Freilich, beeilte Felice sich in ihrem Brief an Franz Kafka hinterherzuschicken, dürfe er ihr nach Belieben schreiben, wann immer er wolle.

Die von Felice leichthin erteilte Lizenz zum Schreiben öffnete in Prag die Schleusentore für eine nicht mehr versiegende Briefflut. Kaum vermochte Felice noch all die Fragen zu beantworten, die jetzt auf sie einstürmten. »Was sehen Sie«, wollte Franz Kafka wissen, »wenn Sie aus dem Fenster Ihres Büros hinausschauen?«

Felice blickte, wenn sie denn einen Moment zum Nachsinnen fand, auf die Große Frankfurter Straße hinunter, die breite, schnurgerade Ausfallstraße, die vom Alexanderplatz nach Lichtenberg führte und weiter bis nach Frankfurt an der Oder, auf der jederzeit viel Verkehr herrschte. Morgens zur Arbeit nahm Felice die Elektrische, und war sie in Eile, sprang sie auf der Großen Frankfurter aus der langsam fahrenden Bahn, kurz bevor die an der Haltestelle stoppte. Warum springen Sie aus der Elektrischen, viel zu gefährlich, schallte ihr die erschrockene Frage entgegen. Nun, weil die Straßenbahnhaltestelle ein ganzes Stück hinter der Firma lag und Felice die Strecke nicht wieder zurücklaufen wollte. Sie musste Kafka versprechen, dies nicht wieder zu tun.

Kafka wollte mehr wissen: »Welchen Weg haben Sie zur Arbeit, verehrtes Fräulein Bauer?«

Mit der Elektrischen machte man einen Umweg über den Alexanderplatz, zu Fuß war es direkter und näher. Von der Wohnung in der Immanuelkirchstraße in die Große Frankfurter lief man nur eine Dreiviertelstunde, vorausgesetzt, man verzettelte sich nicht vor den Schaufenstern. Felice liebte es, nach Büroschluss durch den frühen Abend zu laufen, vor allem im Frühjahr, wenn die Tage länger wurden, die Linden in den Straßen zu duften begannen und der Volkspark Friedrichshain, durch den ihr Weg führte, sich mit Leben füllte. Diesen ersten warmen Tagen voller Verheißung wohnte eine vage Sehnsucht inne, die sich erst genauer bestimmen ließ, wenn Felice die Verliebten im Park sah. Wie die Immanuelkirchstraße aussah, hatte Felice noch gar nicht beantwortet, da kam Franz Kafka ihr mit einer Beschreibung zuvor. Er hatte einen Bekannten in die Immanuelkirchstraße ausgeschickt, Jizchak Löwy, einen Schauspieler aus Polen, der mit dem jiddischen Theater in Berlin gastierte. Er war also im Auftrag von Dr. Kafka konspirativ durch ihre Straße geschlichen und hatte einen ausführlichen Bericht verfasst, der Felice schmunzeln ließ, als Franz ihn wiedergab: »Von Alexander Platz ziht sich eine lange, nicht belebt Straße, Prenzloer Straße, Prenzloer Allee. Welche hat viele Seitengässchen. Eins von diese Gässchen ist das Immanuel. Kirchstrass. Still, abgelegen, weit von den immer roschenden Berlin. Das Gässchen beginnt mit eine gewenliche Kirche. Wi sa wi steht das Haus Nr. 37 ganz schmall und hoch. Das Gässchen ist auch ganz schmall. Wenn ich dort bin, ist immer ruhig, still und ich frage, ist das noch Berlin?« Leider hatte der heimliche Kundschafter sich in der Hausnummer geirrt, die Bauers wohnten nämlich nicht in der 37, sondern in der 29, ein ähnliches Gründerzeithaus zwar, aber eine Straßenkreuzung weiter. Es amüsierte Felice auch, dass Kafka sich fragte, wer um Himmels willen Immanuel Kirch gewesen sei. Erst, als er erfuhr, dass das evangelische Gotteshaus als Namenspate am Ende der Straße die Immanuelkirche war, löste sich ihm ein Rätsel.

Wie ein Maulwurf grub sich der Frager immer weiter in die Gänge von Felices Berliner Lebensraum vor: »Und wie genau sieht es in Ihrem Zimmer in der Immanuelkirchstraße aus?«

Felice schaute sich in ihrem eigenen Zimmer um wie mit fremden Augen. Sie sah ein Bücherregal, einen zierlichen Damenschreibtisch, darauf eine Kassette für Briefe, vor den Fenstern waren hölzerne Jalousien angebracht, die bei Wind klapperten. Es handelte sich um das typische Zimmer einer jungen Frau ihrer Zeit, die Spiegelkommode, auf der Cremedöschen und Flacons standen, gerahmte Fotos an der Wand mit dezent geblümten Tapeten, von eigener Hand mit bukolischen Motiven bestickte Kissen auf einer kleinen Chaiselongue.

Mit seinen Fragen drang Kafka bis dicht an ihr Bett vor: »Welche Lampe brennt auf Ihrem Nachttisch, Liebste?«

Zur altmodischen Gaslampe auf dem Nachttisch wollte Felice nichts einfallen, was der Beschreibung wert gewesen wäre. Sie fand überhaupt nichts Außergewöhnliches innerhalb ihrer vier Wände, das es wert gewesen wäre, dem wissensdurstigen Mann aus Prag mitzuteilen. Erst am Abend, Felice saß vor ihrer Spiegelkommode und löste ihr Haar, betrachtete sie ihr Ebenbild und fand sich verändert. Waren ihre Gesichtszüge nicht weicher geworden, die Augen verträumter? Sah so nicht eine

Frau aus, die von einem Mann umworben wurde? Sie würde Herrn Kafka gern schreiben, dass ihr der Gedanke durchaus nicht unangenehm sei, im fernen Prag jemanden zu wissen, der in Liebe an sie dachte. Der Verehrer schien in Prag vor Felices Briefen zu sitzen wie die Besucher des Kaiserpanoramas in der Passage an der Friedrichstraße, begierig, jedes Detail dreidimensional und wie durch ein Vergrößerungsglas zu erhaschen. Alles, was Felice besaß, geriet durch Kafkas Aufmerksamkeit unversehens zu einer Kostbarkeit von ungeahntem Wert. Sie schaute sich die altmodische Gaslampe noch mal an, den Fuß aus Messing, den Schirm aus mattgelbem Milchglas, und begann zu schreiben, über das milde Licht.

Spätabends stand Felice oft in der Küche neben der Kochmaschine und wartete darauf, dass das Wasser im Topf zu sieden begann. Sie goss einen Schwall in die Porzellankanne, dem silbernen Tee-Ei entströmten bernsteinfarbene Schwaden, zwei Minuten ziehen lassen, stand auf der Packung Meßmer-Tee. Eine Zitrone lag noch in der Obstschüssel, Felice liebte das heiße Getränk mit Zitrone und Zucker. Franz hatte Nerven, er fragte, ob der schwarze Tee ihr nicht den Schlaf raube, oh nein, nicht der Tee, es war Franz höchstselbst, für den sie sich mit Tee wach hielt, kannenweise. Wann sollte sie schreiben, wenn nicht nachts? Wenn Felice mit der Genauigkeit antwortete, die Kafka von ihr erwartete, entrollte sich wie ein großes Wollknäuel der Faden, an den sich ihre Familiengeschichte knüpfte. Sie schrieb nach Prag, dass sie im trüben Monat November geboren sei, am 18.11.1887 im oberschlesischen Neustadt, und der Umzug aus dem ruhigen Städtchen nach Berlin um die

Jahrhundertwende ein wahrer Kulturschock gewesen sei. Dass ihre Mutter Anna, eine geborene Danziger, die Tochter eines Färbers aus Neustadt war und acht Geschwister hatte, darunter Tante Natalie und die etwas wankelmütige Tante Clara. Der Vater Carl war zwar in Ungarn geboren, sprach jedoch mit Wiener Akzent, da die Familie früh in die Mozartstadt gezogen war. Vaters Schwester Emilie stand immer auf der Matte, wenn sie einen Skandal witterte. Gleich nach der Hochzeit der Eltern 1882 wurde Else geboren, dann in rascher Folge Ferri, Erna und Felice, fünf Jahre später kam noch Toni, als Anna Bauer mit dreiundvierzig für eine Mutter schon recht alt war. Toni war unternehmungslustig, sie riss sich darum, mit den großen Schwestern auszugehen, aber in manchen Momenten war sie vollkommen in sich versunken und schien mit der Welt zu hadern. Tagelang war sie unansprechbar, um eines schönen Morgens wieder trällernd durch die Räume der Wohnung zu laufen. Himmelhoch jauchzend, zu Tode betrübt, so nannte der Vater das. Womöglich hatte Toni den Wankelmut von der Tante Clara geerbt. Toni war jetzt Anfang zwanzig, vielleicht trug ja die Verbindung mit einem Mann, die gewiss nicht mehr lange auf sich warten ließ, zur größeren Ausgeglichenheit der Schwester bei. Felice blickte vom Papier auf. Interessierte das den Mann in Prag wirklich? Dass Toni ein Spielball ihrer Stimmungen war und die Tante Emilie sich gern ungefragt in die Familienangelegenheiten einmischte? Felice zerriss die Seite mit den Ausführungen über Toni und die Tante kurzerhand wieder. Ohnehin musste sie sich in Acht nehmen, Kafka gegenüber ihre Prinzipien von Diskretion nicht aufzugeben, gar nicht so leicht, weil sie an den

Mann aus Prag dachte wie an eine lang vertraute Brieffreundin. Erst vor Kurzem hatte Felice ihrer Schwester
Erna versprechen müssen, zu schweigen wie ein Grab.
Erna hatte ihr ein Geheimnis anvertraut, das, wenn es
herauskäme, die gesamte Familie Bauer in Verruf bringen
würde. Am besten, sie erzählte wieder von ihrer Arbeit
und den Zufallsentdeckungen auf der Straße. Felice
schrieb, dass sie die Sommerferien in Binz auf Rügen sehr
genossen habe, aber auch sehr gern durch die Straßen von
Berlin gehe in ihrer freien Zeit. Dass sie einer Bekannten
zum Einzug in die neue Wohnung Orchideen geschenkt
hatte, dass sie zweimal die Woche turnte, am Sonntag
handarbeitete und zur Mutter ein gutes Verhältnis hätte.
Dass das nur so war, weil Felice die brave Tochter spielte,
die keine Widerworte gab, wenn die Mutter mal wieder
was an Felice auszusetzen hatte, schrieb sie nicht. Nicht
leicht, der tägliche Spagat zwischen Zuhause und Büro.
Hier galt das Gesetz der über alles wachenden Mamme,
dort hatte Felice weitgehend freie Hand. Hier war sie
Tochter, dort die Seele des Büros. »Manchmal«, holte
Felice aus, »ärgert sich meine Mutter, wenn ich so lange
im Büro bleibe.« Anna Bauer verstand einfach nicht,
dass Felice berufliche Verantwortung trug und nicht
pünktlich wie die Maurer gehen konnte, wenn noch kurz
vor Feierabend ein Kunde etwas wollte. »Fehlt jetzt etwa
noch etwas zur Vervollständigung der Kenntnis meiner
Vergangenheit?«, schloss Felice ihren Brief.

Franz Kafkas Echo schallte ihr sogleich entgegen: Wie
sehr sie seine Begierde unterschätze, alles zu erfahren!

Ihrerseits erfuhr Felice aus Prag, dass Franz sich als
Erstgeborener gar nicht wohl in seiner Haut fühlte. »Ich
bin der älteste von sechs Geschwistern, zwei Brüder,

etwas jünger als ich, starben als kleine Kinder durch Schuld der Ärzte, dann war es eine Zeitlang still, ich war das einzige Kind [...]. So habe ich lange allein gelebt und mich mit Ammen, alten Kindermädchen, bissigen Köchinnen, traurigen Gouvernanten herumgeschlagen, denn meine Eltern waren doch immerfort im Geschäft.« Er sei ein ängstliches Kind gewesen und beneidete seine Schwestern Elli, Valli und Ottla, die fester in der Welt zu stehen schienen als er und von den Erfahrungen profitieren konnten, die ältere Geschwister vor ihnen gemacht hatten. Vor allem Ottla liebte Franz sehr, er nannte sie seine ›Prager Freundin‹. »Nur der Vater und ich, wir hassen einander tapfer.«

Felice war berührt vom kleinen, unsicheren Franz, der da vor ihren Augen auflebte, nur eines verstand sie nicht, wieso sich Franz so unerbittlich in die Abneigung gegen den Vater hineinsteigerte, der zur Zielscheibe seines geballten Hasses wurde. Hermann Kafka hatte klein angefangen, als Hausierer, der mit einem Bauchladen voller Gemischtwaren von Tür zu Tür zog. 1882 lernte er Julie Löwy kennen, via Heiratsvermittler. Nach der Eheschließung kam die berufliche Karriere in Schwung, nicht zuletzt durch eine ordentliche Mitgift. Die Kafkas wollten mit den armen Ostjuden nichts mehr zu tun haben, und Hermann Kafka eröffnete seinen Laden jenseits des Prager Ghettos. Der Vater war von einer Lebenstüchtigkeit, die dem Sohn offenbar zutiefst suspekt war. »Mein Leben«, bekannte Franz, »besteht und bestand im Grunde von jeher aus Versuchen zu Schreiben und meist aus misslungenen. Schrieb ich aber nicht, dann lag ich auch schon auf dem Boden, wert hinausgekehrt zu werden.« Mit dem Hang zum Aus-der-Reihe-tanzen kam Franz eher nach der mütterlichen Seite, nach den sehr eigenwilligen vier Brüdern der Mutter. Richard Löwy war ein einfacher Kleiderhändler in Prag, Rudolf Löwy Buchhalter in einem Brauhaus in der Umgebung und zum Katholizismus konvertiert; er galt als Narr der Familie, mit dem Hermann Kafka seinen Sohn oft verglich. Sehr gern mochte Franz den Onkel Siegfried Löwy, einen Landarzt in Mähren, der einen speziellen Humor besaß und dessen eigenbrötlerische Seiten ihm sympathischer waren. Als schillernde Figur machte vor allem der älteste Bruder der Mutter von sich reden: Alfred Löwy, ein eingefleischter Junggeselle, war nach Spanien ausgewandert und hatte es in Madrid bis zum hoch-dekorierten Eisenbahndirektor gebracht. Franz hatte Felice ein eindrucksvolles Foto des Mannes geschickt, das ihn in einem schwer an Orden und Abzeichen tragenden Anzug zeigte. Dass Felice den Onkel Alfred wiederholt irrtümlich in Mailand statt in Madrid lokalisierte, wurmte Franz, denn er interpretierte diese Verwechslung als einen Mangel an Aufmerksamkeit ihm und seinen Briefen gegenüber. »Du liest sie nur flüchtig«, warf er Felice häufig vor, »zwischen Tür und Angel.«

Fröhliche Weihnachten

Novembernebel, schlingernde Fahrradfahrer im nassen Laub auf den Berliner Straßen – der Briefwechsel mit Franz Kafka hatte Fahrt aufgenommen und trug einen hellen Glanz in die trüben Tage des Spätherbstes. Felice hatte sich auf den so wortgewandten und dennoch stets rätselhaft schwankenden Kandidaten eingelassen. Ihr war klar, was das bedeutete. Franz klang zwar wie die sensible Brieffreundin, doch war er, jeder Zoll, ein Mann. Die Dinge nähmen ihren Lauf, so wie im bürgerlich-jüdischen Milieu üblich: höfliche Vorstellung des Kandidaten bei den Eltern in Berlin, vielleicht schon zu Weihnachten, der Doktor würde bald um ihre Hand anhalten, Verlobung, Hochzeit womöglich im kommenden Jahr.

Fräulein Bauer, für Sie, ich glaube, es ist privat! In der Telefonzentrale der Lindström AG streckte ihr eine Mitarbeiterin den Hörer entgegen. Am Apparat war Max Brod, der sich gerade in Berlin aufhielt. So nervös, wie er sich räusperte, hatte er etwas auf dem Herzen.

Ist was mit Sophie oder mit deinen Eltern?, fragte Felice.

Nein, aber mit Franz, sagte Max. Der wünsche, wieder knarrte ein Räuspern durch die Leitung, den Briefverkehr zu beenden.

Felice entfuhr ein lautes Lachen. Erst vor ein paar Tagen hatte Franz sich mit theatralischen Zeilen von ihr verabschiedet: »Sie dürfen mir nicht mehr schreiben, auch ich werde Ihnen nicht mehr schreiben. Ich müsste

Sie durch mein Schreiben unglücklich machen und mir ist doch nicht zu helfen […] ich habe es ja vor meinem ersten Briefe klar gewusst und wenn ich mich trotzdem an Sie zu hängen versucht habe, so verdiente ich allerdings dafür verflucht zu werden, wenn ich es nicht eben schon wäre. […] Vergessen Sie rasch das Gespenst, das ich bin, und leben Sie fröhlich und ruhig wie früher.« Felice hatte diesen Brief zu den anderen gelegt und dem finalen Paukenschlag keine weitere Bedeutung beigemessen. Franz Kafka beherrschte die gesamte Partitur der Selbstanklage und des Dramatisierens. Der Mann, der seinen Mandanten von Berufs wegen tagtäglich weismachen musste, dass es für jedes Risiko eine Absicherung und für jedes Problem eine Lösung gab, stand vor allem sich selbst im Wege.

»Unmöglichkeiten auf allen Seiten!« Kafka litt unter dem Joch seiner Arbeit, krankhafter Geräuschempfindlichkeit, chronischen Magenproblemen, dem Gefühl des Verlorenseins und diagnostizierte sich eine »in sich selbst verliebte Hypochondrie.« Wahrlich kein Profil für ein gestandenes Mannsbild, doch Felice blieb gelassen; den Hörer in der Hand, versicherte sie Max, dass sie keineswegs vorhabe, den Kontakt abzubrechen, auch wenn sich Franz' Briefe oft um sich selbst drehten, sodass Felice beim Lesen ein wenig schwindlig wurde. Das Denken der Gedanken war offenbar sein liebster Sport.

Ich weiß nicht, wieso das kommt, sprach sie ins Telefon, Franz schreibt mir ziemlich viel, aber es ergibt sich aus den Briefen kein rechter Sinn, ich weiß nicht, um was es sich handelt, wir sind einander nicht näher gekommen, und es ist keine Aussicht, vorläufig. Vorläufig, das betonte Felice, aber wir kennen uns ja noch gar nicht richtig.

Franz wusste es schließlich selbst: Briefe erzeugen keine Gegenwart, vielmehr einen Zwitter zwischen Gegenwart und Entfernung. Vier Monate war die Zufallsbegegnung bei Brods jetzt her, höchste Zeit, die Gegenwart aufzufrischen, ihr neues Leben einzuhauchen, bevor die Erinnerung an den Augustabend wieder verblasste.

Max Brod stimmte zu, ihr solltet euch wieder sehen, du tätest ihm gut. Er legte sich mächtig für seinen Freund ins Zeug, sprach entschuldigend über Franz' übergroße Sensibilität, ja, ganz recht, sie stehe seinem Handeln manchmal im Wege. Und dabei schreibt er einen Roman, der alles Literarische, das ich kenne, in den Schatten stellt. Was könnte er leisten, wenn er frei und in guten Händen aufgehoben wäre! Ein so einzigartiger und wundervoller Mensch wie Franz verdiene es eben, anders behandelt zu werden als Millionen banaler Dutzendleute.

Aufs Urteil des klugen Max gab Felice viel. Vielleicht, dachte sie, kann ich dazu beitragen, dass eine Literatur in die Welt kommt, die größer ist als alles Voraufgegangene, auch wenn ich sie nicht verstehe. Ich muss sie auch gar nicht verstehen.

Seit wir uns Briefe schreiben, Franz und ich, sagte Felice zu Max und strich eine Haarsträhne glatt, die aus ihrer Steckfrisur ausgebrochen war, fühle ich mich so sichtbar.

Mit Ungeduld sehnte Felice den Feierabend herbei. Noch nie seit Beginn der Korrespondenz mit Franz hatte es sie so wie jetzt gedrängt, ihm zu schreiben. Das übliche Stimmengewirr aus der Telefonzentrale, ich verbinde, Fräulein Brühl kämpfte im Nebenzimmer leise fluchend mit einem verklemmten Schreibmaschinenhebel, Felices verdiente Mittagspause fiel aus, weil ein englischer

Großkunde, den man nicht einfach hinauskomplimentieren konnte, sich ausführlich über den Parlografen informieren ließ und Fragen über Fragen zur Handhabung des neuen Geräts stellte. Automatische Aufzeichnung, erklärte Felice dem Engländer, dachte, dass Franz gerade jetzt in seiner Zerrissenheit einen Menschen brauchte, der für ihn da sein konnte. Ob man Spezialpapier für die Walze bräuchte, fragte der Kunde mit dem charmanten Akzent. Felice hatte sich anfangs so schwer getan, einen Briefwechsel mit dem Mann aus Prag zu beginnen; sie hatte den Weg zögerlich beschritten, nun aber war sie umso entschlossener, ihn bis zum Ende zu gehen. Ja, Spezialpapier, gab sie zur Auskunft, selbstverständlich auch bei uns erhältlich wie sämtliches Zubehör. Ob bei der Abnahme von fünf Parlografen ein Sonderpreis gewährt würde. Felice nickte. Ja, doch, Franz, jetzt erst recht! Gleich, wenn sie zu Hause wäre, würde sie ihm mit kühlem Kopf schreiben und seine überreizten Nerven beruhigen. Gegen alles ist ein Kraut gewachsen. Anscheinend wollte Franz den Briefwechsel bloß aus lauter Rücksicht beenden, weil er glaubte, Felice mit seinen gedanklichen Ausschweifungen zu überfordern, aber war sie bis jetzt nicht mit allem Möglichen fertig geworden? Jetzt hatte sie erst recht eine Aufgabe, sie musste den Zauderer an die Hand nehmen und ihn von seinen nagenden Zweifeln erlösen! Am Ende des Weges stand der Tempel, in den sie eintreten würden, um, masel tov, die Ehe einzugehen, die ihnen ein schönes, gerades Leben aufzeigen würde. 50 Prozent Zeitersparnis beim Diktat, dafür garantiert die Lindström AG. Okay, bestens. Der britische Kunde verabschiedete sich mit Handschlag.

Good bye Miss Bauer! Thank you very much!

Der Engländer war aus der Tür, Felice kam endlich dazu, ihr Mittagessen nachzuholen. Zu mehr als drei Riegeln Schokolade, die sie sich in den Mund steckte, fehlte ihr jedoch schon wieder die Zeit, denn Rosenbaum, der nette Mitarbeiter, kam mit einem Einschreiben gelaufen, das sie abzeichnen musste, und dann wurde sie erneut in die Telefonzentrale gerufen. Diesmal war es zum Glück nicht privat.

Noch einmal an diesem Tag, spätabends und schon halb im Bett, setzte Felice ihren Namen auf ein Blatt Papier. Das reibungslose Funktionieren des Parlografen versprach sie ihren Kunden zehnmal am Tag. Jetzt steckte sie einen Brief ins Kuvert, mit dem sie Franz Kafka ihrer bedingungslosen Zuneigung versicherte. »Wenn wir uns erst besser kennen«, schrieb sie, »werden unsere Worte füreinander nicht mehr so fremd klingen.« Es gibt nur Heilung von Mensch zu Mensch, so Franz' eigene Worte, es war das Gebot der Stunde. Etliche Generationen vor ihnen hatten den Fehler begangen, wie zwei Fremde in die Ehe zu tappen. Bis heute war es gerade in jüdischen Kreisen üblich, dass die Eltern eine Ehe anbahnten und die Verkuppelten sich zum ersten Mal überhaupt im Tempel erblickten, wenn der Bräutigam den Schleier der Braut lüpfte. Kein Wunder, dass es da zu Verwerfungen kam wie bei Felices eigenen Eltern, diese ewigen Missverständnisse, die im Hause Bauer herrschten und vor denen Felice am liebsten die Augen verschloss.

Felice musste nicht lange auf eine Antwort warten. Prag schrieb postwendend: »Gott sei Dank! sage auch ich. Ich habe Sie also nicht verloren.« Felice beschlich der leise Verdacht, Kafka habe sie mit seinem Adieu nur auf die Probe stellen wollen. Ermutigt durch ihr Treuebekenntnis, sprang er von einem Satz zum nächsten vom Sie ins Du: »Ich antworte z. B. auf Ihren Brief und liege dann scheinbar still im Bett, aber ein Herzklopfen geht mir durch den Leib und weiß von nichts als von Ihnen. Wie ich Dir angehöre, es gibt wirklich keine andere Möglichkeit es auszudrücken und die ist zu schwach.« Felice verspürte eine Wallung, ein warmes Gefühl durchströmte ihren gesamten Körper bis in die Fingerspitzen, in denen Franz' Brief leicht zitterte. »Ich bin noch knapp gesund für mich«, las sie weiter, »aber nicht mehr zur Ehe und schon gar nicht zur Vaterschaft.« Felice musste sich setzen. Der eiskalte Guss auf ihre erwärmten Gefühle trieb ihr den Schweiß auf die Stirn. Mal hü, mal hott, Franz warf Nebelkerzen. Doch die entscheidenden Begriffe waren im Spiel, das ließ sich nicht mehr leugnen, und das allein zählte. Was Franz mit Herzklopfen zu Papier brachte, waren eindeutig Liebesbriefe, auch wenn sie eine merkwürdige Verneinung ihrer selbst in sich bargen. Er schien sich über diesen Widerspruch allerdings genau im Klaren zu sein, denn er fragte Felice erneut, ob sie ihm bei all dem Irrsinn tatsächlich weiter schreiben wolle?

»Schmonzes«, beruhigte mütterlich Felice, »quäl Dich nicht immer so.«

Vermutlich war Franz' Schwanken eine Art Masche, sie erst recht anzulocken, seine geradezu feminine Koketterie mit der eigenen Unzulänglichkeit konnte durchaus amüsant sein. Felice hatte sein Du erwidert, und schon hatte sie ihn wieder ganz für sich gewonnen.

»Du Liebste! Kann ich jetzt Deiner sicher sein? Das ›Sie‹, das gleitet wie auf Schlittschuhen, in der Lücke zwischen 2 Briefen kann es verschwunden sein, man muss dahinter her jagen mit Briefen und Gedanken am Morgen, am Abend, in der Nacht, das Du aber, das steht doch, das bleibt wie Dein Brief da, der sich nicht rührt und sich von mir küssen und wieder küssen lässt. Was ist das für ein Wort! So lückenlos schließt nichts zwei Menschen aneinander, gar wenn sie nichts als Worte haben wie wir zwei.« Franz drehte den Spieß einfach um: Er war ja der Wackelkandidat gewesen, der sie in Unsicherheit gelassen hatte, nicht sie. Doch Felice war glücklich, Franz mit der Erwiderung des Du beruhigen zu können. Ein ähnliches Glücksgefühl verspürte sie, wenn sie den Kindern auf der Straße von ihren Bonbons schenkte.

»Wie kamst Du zu dem Namen?«, wollte Franz nun wissen.

Damit traf er einen wunden Punkt, denn Felice hatte ein kleines Problem mit ihrem Vornamen; die Leute waren sich unsicher, wie sie ihn aussprechen sollten. Der eine intonierte französisch, der andere italienisch, die meisten sprachen den Namen aus wie Felize oder nannten sie Felicitas. Und als sie es auf einer Messe einmal mit einem waschechten Italiener zu tun bekam, wunderte der sich, dass der Verfasser der Geschäftsbriefe, die er von Lindström erhalten hatte, eine Frau war. Am liebsten hätte Felice Franz geantwortet: Ich heiße so, weil Franz und Felice klingt wie füreinander erfunden.

Ob er sie kurz ›Fe‹ nennen dürfe, fragte er. Das erinnere ihn an die Fee aus dem Märchen, ein Kosename zum ins Ohr flüstern. Gewiss dürfe er das, schrieb Felice. Franz schwenkte auch bei Kleinigkeiten gern um: »Wieder gefällt mir Fe nicht so gut wie Felice, es ist zu kurz, der Atem weht nicht lange genug hindurch. [...] es ist für

Mitschülerinnen gut, für flüchtige Berührungen; Felice ist mehr, ist schon eine ordentliche Umarmung.«

Auf ihrem niedlichen Schreibtisch mit den schlanken Beinen wuchs ein ansehnlicher Stapel in die Höhe. Sie nahm ihn einmal mehr zur Hand und blätterte durch das Konvolut wie durch ein Daumenkino. Allein, dass Franz so quengelte, wenn sie nicht postwendend antwortete, ließ sie bei der Ankunft jedes Briefes aus Prag nach Luft schnappen, denn das hieß, sie musste sofort nachlegen, wollte sie Vorwürfe vermeiden: »Liebste, das solltest Du nicht! Versprechen, dass ein zweiter Brief kommt und es nicht halten.« Sie kam kaum nach mit dem Schreiben, dabei nutzte sie jede freie Minute, verdarb sich die Augen im Schein ihrer Nachttischlampe. Felice bekam einen Totenschreck, als plötzlich die Mutter in ihrem Zimmer stand und fragte, wie, musst du nicht morgen früh raus? In flagranti erwischt, ließ sie den Federhalter sinken. Löschte das Licht, schlief ein paar Stunden und wieder viel zu kurz, am nächsten Morgen schrieb sie in schlechter Haltung mit dem Briefbogen auf den Knien in der Elektrischen weiter, verwackelte, aber leserliche Zeilen, hin und wieder opferte sie auch die Mittagspause und tippte ihre Privatpost auf der Oliver. Oft zerriss sie eine vollgetippte Seite wieder. Wie schwer es doch war, die Zwischentöne zu treffen, Briefe bekamen gleich sowas Bekenntnishaftes. Felice schwindelte; jedes Mal, wenn sie die Feder zur Hand nahm oder an der Schreibmaschine saß, blickte sie ein Ungeheuer an, das sie zu verschlingen drohte.

Ende November schon, das Jahr 1912 eilte mit Riesenschritten davon, ohne dass Felice den emsigen Schreiber wiedergesehen hatte. Die bevorstehenden Weihnachtsfeiertage boten doch die beste Gelegenheit für ein Treffen; Felice bekam eine ganze Woche Urlaub, und auch bei der Prager Versicherung würde die Arbeit ruhen. Sie zog einen Briefbogen aus der Schreibtischschublade und setzte den Federhalter aufs Papier: »Lieber Franz, was wirst Du in den Weihnachtstagen machen?«

Sie stellte sich vor, wie sie über die im festlichen Lichterglanz erstrahlende Leipziger Straße flanierten und auf dem Schlachtensee Schlittschuh liefen, vielleicht gab es weiße Weihnachten. Andererseits, Berlin war groß und laut, und ein Treffen mit Franz im Kreise der Familie erschien noch zu früh. Außerdem, Felices Erholungsbedürfnis war enorm, warum also nicht erstmal zu zweit oder anstandshalber in Gesellschaft der Brods ins Gebirge, am besten an einen Ort, den Franz von Prag aus gut erreichen konnte, zur Schneekoppe oder ins Erzgebirge, das wäre für sie beide etwa der halbe Weg. Felice brütete an jenem Abend über einer Landkarte von Böhmen und Mähren, und als sie gegen Mitternacht das Licht löschte, schlief sie über dem vielversprechenden Reisegedanken ein, träumte, wie sie mit Franz eine glitzernde Winterlandschaft durchwanderte.

Franz' Antwort, zügig wie immer, fiel diesmal kurz und knapp aus: Er müsse schreiben. An einem neuen Manuskript, das zu einem Roman werden sollte, Max Brod hatte es schon angedeutet, es hieß *Der Verschollene*, vorläufig. Schon bevor er Felice über den Weg gelaufen war, hatte er an dieser Prosa gesessen, und die war die Geliebte mit den älteren Rechten. Felice vermochte es nicht zu leugnen, sie war eifersüchtig auf die Geister, mit denen Franz sich umgab. Lieber verbrachte er Zeit mit diesen

Luftgestalten als mit ihr, einer Frau aus Fleisch und Blut. Da half es auch nichts, dass Franz ihr wortreich erklärte, alle seine erdichteten Menschen liefen vereint Arm in Arm auf sie zu, um letzten Endes ihr, Felice, zu dienen. Was hatte sie denn davon? Abgesehen vom, zugegeben, erhabenen Gefühl, mit einem hoffnungsvollen Dichter zu korrespondieren, nichts, bis jetzt jedenfalls. Und was meinte er mit dem Nutzen, den sie von den Geistern hätte? Beim Blick in die Auslagen der nahen Buchhandlung in der Prenzlauer Allee sah sie die Bücher, die sich derzeit gut verkauften, Romane von Hermann Sudermann und Gerhart Hauptmann, und dann der Dauerbrenner *Quo Vadis*, den Erfolgsroman des Polen Henryk Sienkiewicz über Nero und den Niedergang des alten Rom. Der Autor war steinreich geworden damit, hatte den Nobelpreis erhalten und konnte nun schreiben, was er wollte, oder er musste überhaupt nicht mehr schreiben. Der konkrete Nutzen der Geister konnte doch nur sein, dass Franz eines Tages von der Literatur eine Familie würde ernähren können, so wie die Schriftsteller, die in allen Buchhandlungen lagen. Vorerst bewirkten die Geister aber nichts anderes, als ihn, Franz, von ihr fernzuhalten. Sein Urlaub vom Büro schien auch nicht gerade üppig auszufallen: »Übrigens erinnere ich mich nicht, jemals Weihnachten eine Reise gemacht zu haben; irgendwo hinzurollen und nach 1 Tag zurückzurollen, die Nutzlosigkeit einer solchen Unternehmung war mir immer erdrückend.«

Felice ließ den Brief in den Schoß sinken. Schroffe Worte aus der Feder desselben Mannes, der sie bereits als seine Liebste anschmachtete und der seine Briefe, ja, so gestand er, mit Küssen versiegelte. Wohl eher die romantische Anwandlung eines Moments. Wenn er seine Liebesschwüre wirklich ernst meinte, müsste es ihn dann nicht mit allen Fasern zu Felice nach Berlin drängen? Und hatte Franz ihr nicht noch vor wenigen Tagen, zum fünfundzwanzigsten Geburtstag, Flauberts *Éducation sentimentale* übersandt und einen Blumenboten in der Immanuelkirchstraße vorbeigeschickt, mit einem Strauß duftender roter Rosen? Der Strauß stand in einer Vase in Felices Zimmer, doch die Blumen ließen längst die Köpfe hängen. Felice hatte Franz' heutigen Brief noch nicht zu Ende gelesen. Die letzten Zeilen schürten erneut Hoffnung auf ein baldiges Wiedersehen: »... ist es nicht wichtiger, als der Schreibwut die Freiheit von 6 fortlaufenden Tagen und Nächten zu geben, meine armen Augen endlich mit Deinem Anblick zu sättigen? Antworte Du, ich sage für mich ein großes ›Ja‹.« Die Schneekoppe ragte wieder auf am Horizont.

Felice konnte sich sogleich an den Schreibtisch setzen, einen unternehmungslustigen Brief an Franz schreiben: »Habe sechs Tage Berghotel *Wilder Mann* gebucht.« Oder sie konnte schon jetzt zwei Karten vorbestellen für die hochgelobte Inszenierung von Gerhart Hauptmanns *Rose Bernd* im Lessing-Theater oder für *Orpheus in der Unterwelt*, der über Weihnachten im Theater am Nollendorfplatz gegeben wurde. Die Ballets Russes gastierten in der Kroll-Oper, die Truppe unter Leitung ihres Impresarios Sergeij Djagilev wurde überall mit Brio empfangen, die Kritiker überschlugen sich mit Lob, aber Franz hatte die Compagnie bereits in Prag erlebt. Ohnehin gab er den Tanzaufführungen von Dalcroze den Vorzug, die in Dresden-Hellerau Schule machten, wo sich gerade neuartige Reformideen Bahn brachen und über jedes bestehende Gesetz der Kunst hinwegsetzten, sei es im Tanz, in der Architektur oder in der Gestaltung von Möbeln. Felice wollte Franz etwas Spektakuläres bieten, in einer Stadt wie Berlin herrschte ja kein Mangel an Auswahl. Das *Berliner Tageblatt* war voller Vorankündigungen für die Feiertage, und bei Wertheim waren die Bestellungen für Präsentkörbe mit Entenstopfleber, Marzipankugeln und Dresdner Stollen in vollem Gange. Felice konnte sich noch nicht entscheiden.

Das entschlossene Ja, das Franz Felice am Ende seines letzten Briefes entgegengerufen hatte, verhallte ohne Antwort. Felice war gerade vollauf mit den aufwendigen Vorbereitungen fürs bevorstehende zehnjährige Firmenjubiläum der Lindström AG beschäftigt. Für den 30. November war eine große Feier mit Tanz und Theateraufführung geplant, in einem Saal in der Potsdamer Straße. Tanzen, ja, das konnte Felice, nur für ihre Rolle als Verkörperung des ›Humor‹ in einem kleinen Sketch, von den Mitarbeitern selbst verfasst, musste sie noch ein wenig üben und ihren Text lernen. Am Abend der Betriebsfeier erschien Felice in Begleitung ihrer Schwester Toni. Der Empfang begann mit Reden der beiden Lindström-Chefs Straus und Heinemann. Bereits im Jahre 1906, zogen sie selbstbewusst Bilanz, habe man auf die stolze Zahl von 150.000 verkauften Grammofonen schauen können. Auch die Weiterentwicklung der Klanggeräte durch einen beweglichen und zurückklappbaren Tonarm sei ein Verdienst der Lindström AG. Seit der Fusion mit Odeon habe man die Verkaufszahlen noch weiter steigern können und die Schallplatte ins Angebot aufgenommen. Herausragend auf dem Markt seien die unterschiedlichen Sprechmaschinen der Lindström AG, vor allem der Parlograf, das Flaggschiff unter den Lindström-Produkten. Die Angestellten wurden für ihr Engagement gelobt, Felice dankte den Vorgesetzten für die angenehmen Arbeitsbedingungen und die Kollegialität, die in der Firma herrsche. Applaus, Musik hob an, eine Schallplatte drehte sich auf dem Odeon-Grammofon, der muntere Schlittschuhwalzer.

Die Aufführung des Sketchs ging mit viel Gelächter über die Bühne, flott berlinernd gab Felice den Humor in Person, mit dem sie schlagfertig einen schwierigen Kunden zufriedenstellte, den der Kollege Rosenbaum spielte und der die absurdesten Fragen zu den Lindström-Produkten stellte. Ob der Parlograf auch moderne Schlager spielen könne? Ob es die schöne Verkäuferin gratis dazu gebe? Felice verdrehte die Augen, fertigte den Kunden alias Rosenbaum mit einem unterschriebenen Kaufvertrag über zehn Parlografen ab und freute sich demonstrativ über das gute Geschäft. Applaus, Gelächter, jemand aus dem Publikum fragte Felice nach der Darbietung, ob sie schon mal in München gewesen sei, da trete neuerdings ein beliebtes Komikerpaar auf, Karl Valentin und Liesl Karlstadt, an die erinnere der Auftritt, Kompliment! Felice und Toni ließen sich den Spaß an jenem Abend nicht nehmen. Sie tanzten Walzer und Polka mit Rosenbaum und dem Prokuristen Salomon, bis der letzte Ton verklang und sie mit einer Droschke von der Potsdamer Straße nach Hause fuhren zum Prenzlauer Berg. Am nächsten Morgen schmerzten Felice immer noch die Füße.

Eine geschlagene Woche war über den Festivitäten verstrichen, und Felice war Franz immer noch eine Antwort auf sein Ja zum Wiedersehen schuldig. Öffnete sie die Tür zu ihrem Zimmer, fiel ihr Blick auf den Schreibtisch, da lag wie ein Vorwurf das Briefpapier, lauter unbeschriebene, weiße Seiten. Endlich nahm sie die Feder zur Hand: »Weihnachten bleibe ich nun doch in Berlin.« Aber Franz, der könne ja reisen und nach Berlin kommen. Verwandtenbesuch hatte sich angekündigt, ein Haufen Einladungen war inzwischen ins Haus geflattert, wahrscheinlich würde man über die Feiertage von einer Gesellschaft zur nächsten fahren, auch eine weitere Tanzveranstaltung in einem der zahlreichen Ballsäle Berlins stand auf dem Programm sowie ein Termin beim Fotografen für ein aktuelles Familienporträt. Wenig einladende Aussichten für einen wie Franz, kam es Felice in den Sinn, als ihre Post mit einem dumpfen Geräusch ins Dunkel des nächsten Briefkastens fiel. Nein, Weihnachten wäre ein denkbar ungünstiger Zeitpunkt für ein erstes Wiedersehen. So sehr Felice sich wünschte, Franz die Grunewaldseen zu zeigen, auf denen Schlittschuhläufer ihre Pirouetten drehten, ihn der Familie vorzustellen, die sie schon lange mit neugierigen Fragen nach dem Herrn aus Prag löcherte, neben ihm über einem Orchestergraben zu sitzen und den Berliner Philharmonikern zu lauschen – größer als all diese Wünsche zusammen war Felices Angst vor dem Theater, das sie Franz vorspielen müsste, käme er tatsächlich nach Berlin. Jetzt rächte sich, dass sie in den vielen Briefen, die sie seit dem Spätsommer nach Prag geschickt hatte, inmitten harmloser Plaudereien über Berliner Tanzvergnügen und den revolutionären Parlografen, eine Mauer des Schweigens errichtet hatte. Denn Felice verheimlichte Franz ein Familiendrama.

Verschwörung der Frauen

Felices Schwester Erna war schwanger, im fünften Monat. Der Kindsvater, ein unsicherer Gesell, hatte sich aus der Affäre gezogen. Felice war die Einzige, der Erna sich in ihrer Zwangslage anvertraut hatte. Auf Felice war stets Verlass, früher schon, wenn man was angestellt hatte, holte sie die Kastanien aus dem Feuer. Felice half, wo immer sie konnte, flickte zerrissene Strümpfe, rettete bei Hausaufgaben, legte gute Worte bei Vater und Mutter ein. Aber ein uneheliches Kind, das war weiß Gott eine andere Größenordnung als eine schlechte Schulnote. Die beiden Schwestern kamen überein: kein Sterbenswort zu den Eltern. Auch vor dem Gerede der Leute musste Felice Erna schützen, nicht auszudenken, wie schief man sie ansähe als gefallenes Mädchen. Erna musste weg aus dem kleinen Ort Sebnitz bei Dresden, wo jeder jeden kannte. Das Kind woanders zur Welt bringen, eine Pflegefamilie finden, darum kreisten Felices schwere Gedanken. Das hieß, Erna musste ihre solide Sekretärinnenstelle bei einer Elektroinstallationsfirma kündigen und Felice für die Schwester finanziell in die Bresche springen.

Das Stakkato der Schreibmaschinenmusik verklang, die Kolleginnen wünschten einander wie immer einen schönen Feierabend, die Räume der Lindström AG leerten sich, doch Felices Arbeitstag war noch nicht zu Ende. Sie hatte sich vor Kurzem auf eine Kleinanzeige im *Tageblatt* gemeldet, da suchte jemand eine tüchtige Schreibkraft in Nebentätigkeit für die Abendstunden, das passte.

Felice wurde bei einem Professor vorstellig, der schnell erkannte, welch hoch qualifizierte junge Frau er engagiert hatte. Dreimal die Woche wurde vereinbart, Felice konnte sofort anfangen. Während ihr der Professor mit sonorer Stimme naturwissenschaftliche Abhandlungen diktierte, von denen sie nur Bruchstücke kapierte, flogen ihre flinken Finger mechanisch über die Tastatur einer Remington. Kein Wunder, dass Felice der Sinn wenig nach Briefeschreiben stand, wenn sie am fortgeschrittenen Abend nach Hause kam, die Hand ins Kreuz gestützt wie eine alte Frau. Sie lehnte sich mit dem schmerzenden Rücken an den warmen Kamin, um sich etwas Linderung zu verschaffen, im Bett fielen ihr sofort die Augen zu. Als die Fakturistin bei Lindström krank wurde und Felice auch noch deren Arbeit übernehmen musste, bekam sie zu allem Überfluss Ärger mit der Mutter, die zeterte, als sei Felice auf krummen Pfaden unterwegs gewesen: Jetzt kommst du erst nach Hause? Weißt du eigentlich, wie spät es ist, Felice? Alle Handarbeiten bleiben liegen, soll ich etwa den Pullover für Ferri fertigstricken? Der gereizte Ton der Mutter war nicht zu überhören. Die selbstständige Tochter entzog sich ihrer Kontrolle, und dann auch noch diese Gestalt aus Prag, von der man nichts Genaues wusste. »Ihr letzter Brief ist so nervös«, schrieb Franz, »dass man das Verlangen bekommt, Ihre Hand einen Augenblick lang festzuhalten.«

Ja, gerade jetzt hätte Felice dringend einen Vertrauten in ihrer Nähe gebraucht, dem sie ihr Herz ausschütten konnte. Aber Händchenhalten war ein Kunststück zwischen Spree und Moldau, und was nutzte es schon, Franz mitzuteilen, dass sie gern Strindberg las, oder ihm Anekdoten der Bürokolleginnen zum Besten zu geben, wenn sie über das Wichtigste, was sie beschäftigte, über Ernas missliche Lage, schweigen musste wie ein Grab? Franz reinen Wein einschenken, viel zu riskant. Nicht auszudenken, wenn er mit seinem Antwortbrief in deutlichen Worten auf die derzeitige Situation einginge. Felice hatte ihre Mutter ja bereits dabei ertappt, wie sie unter dem Vorwand, nur eine Briefmarke zu suchen, neugierig in ihren privaten Papieren herumkramte, als sei ihr Schreibtisch ein offener Zeitungskiosk. Auch Toni war schon mal mit hochrotem Kopf aus Felices Zimmer hinausgeschlüpft, als die früher als erwartet nach Hause kam, weil der Professor ausfiel. Noch schlimmer wäre, wenn Franz' Mutter Wind von der Sache bekäme und das Geheimnis der beiden Schwestern auf dem Umweg über Prag nach Berlin vordringen würde.

Unwahrscheinlich war das nicht. Erst vor ein paar Wochen, Mitte November, hatte wieder ein Brief aus Prag auf Felices Schreibtisch gelegen, doch die Schrift auf dem Kuvert war nicht die gewohnte. Felice riss den Brief auf, unterschrieben hatte Julie Kafka. Wie kam die Frau dazu, ihr zu schreiben?

»Ich habe durch Zufall einen an meinen Sohn adressierten Brief vom 12/11 datiert und mit Ihrer w. Unterschrift verseh'n zu Gesicht bekommen. Ihre Schreibweise gefiel mir so sehr dass ich den Brief zu Ende las, ohne zu bedenken, dass ich dazu nicht berechtigt war.« Felice versuchte sich zu erinnern, was sie an jenem 12. November an Franz geschrieben hatte, vielleicht vom bevorstehenden Firmenjubiläum, von einem Besuch beim Zahnarzt? Felice war erbost, man steckte seine Nase nicht in Briefe, die jemand anderem galten. Wie weitsichtig, kein Wort über Erna verloren zu haben! Trotzdem saß Felice beim

Weiterlesen die Angst im Nacken, was wollte Julie Kafka, die sich so schmeichlerisch wand, bloß von ihr? Es ging, das stand nach wenigen Zeilen fest, um Franz: »Dass er sich in seinen Mußestunden mit Schreiben beschäftigt, weiß ich schon viele Jahre. Ich hielt dieß aber nur für einen Zeitvertreib. Auch dieß würde ja seiner Gesundheit nicht schaden, wenn er schlafen und essen würde wie andere junge Leute in seinem Alter. Er schläft und isst so wenig, dass er seine Gesundheit untergräbt, und ich fürchte dass er erst zur Einsicht kommt, wenn es Gott behüte zu spät ist. Darum bitte ich Sie sehr, ihn auf eine Art darauf aufmerksam zu machen und ihn befragen wie er lebt, was er isst, wie viel Mahlzeiten er nimmt, überhaupt seine Tageseintheilung. Jedoch darf er keine Ahnung haben, dass ich Ihnen geschrieben habe überhaupt nichts davon erfahren, dass ich um seine Correspondenz mit Ihnen weiß. Sollte es in Ihrer Macht stehen, seine Lebensweise zu ändern, würden Sie mich zum großen Dank verpflichten und zur glücklichsten machen.« Da schlug ein besorgtes Mutterherz. Julie Kafka sah nachts die Lampe im Zimmer ihres Sohnes brennen, aber tagsüber kam er kaum aus dem Bett. Er war ein schlechter Esser, magerte ab und wurde immer blasser. Schließlich wäre ein regelmäßiger Lebenswandel auch ganz in Felices Sinn, hinsichtlich einer gemeinsamen Zukunft mit Franz. Konnte Felice der Frau lange böse sein?

Als brave Schwiegertochter in spe erfüllte sie Julie Kafkas Bitte. Acht Stunden Schlaf, riet sie Franz, weniger sei der Gesundheit abträglich. »Halte Maß! Behalte das Ziel im Auge! Ist es Dir nicht möglich, Dein literarisches Schaffen auf zwei, drei Stunden täglich zu beschränken?« Welch absurder Vorschlag für einen wie Franz! Wahrscheinlich brauchte er an manchen Tagen schon ein bis zwei Stunden, um die Wortbrocken in seinem Kopf zu ordnen und überhaupt einen einzigen Satz zu formulieren, der ihn zufriedenstellte. Er hatte es ihr doch beschrieben, und von Max wusste sie, dass diese Literaten sich einen Dreck um den Feierabend scherten, die kriegten schlechte Laune, wenn man sie nicht schreiben ließ, sobald ihnen Sätze kamen. Trotzdem warf sie den Brief an Julie Kafka noch am selben Tag ein.

Die Verschwörung der Frauen blieb Franz nicht lange verborgen. Denn in einem Brief an Max Brod entschlüpfte Felice die Frage, ob Franz seine Post denn nicht an sicherem Orte aufbewahre. Der konnte eins und eins zusammenzählen: »Ich nahm Deine heutigen Briefe als ein Ganzes und Deine Ratschläge betreffend das Essen und den Schlaf verblüfften mich nicht besonders, was sie doch eigentlich hätten tun müssen, da ich Dir doch schon geschrieben hatte, wie froh ich bin, die gegenwärtige Lebensweise gefunden zu haben, welche die einzige halbwegs befriedigende Lösung der Widersprüche ist, in denen ich leben muss. Als mir aber Max heute eine auch nur ganz zarte Andeutung machte, wegen der Aufbewahrung von Briefen und wie seine Sachen vor den Eltern niemals sicher sind – seines Vaters Suchen und Forschen in allen Zimmerecken ist mir geradezu schon aus der Anschauung bekannt – da liefen mir mit diesen Bemerkungen alle zugehörigen Bemerkungen aus Deinen heutigen Briefen zusammen, denn Deine Briefe waren mir wie immer so auch diesmal so gegenwärtig wie der Gesichtsausdruck des Menschen, mit dem ich spreche – und ich wusste bald nicht alles zwar, aber genug, um Max zu zwingen, alles zu sagen.« Franz machte Felice keine Vorwürfe, er fing an, sich für seine kleine Schlamperei zu rechtfertigen: »Natürlich trage ich jetzt nicht alle Briefe bei mir herum wie in jenen ersten armseligen Zeiten, aber den letzten oder die zwei letzten noch immerhin. Ich trage zuhause einen anderen Rock und hänge den Rock des Straßenanzuges an den Kleiderrechen in meinem Zimmer. Die Mutter gieng durch mein Zimmer, als ich gerade nicht darin war – mein Zimmer ist ein Durchgangszimmer oder besser eine Verbindungsstraße zwischen dem Wohnzimmer und dem Schlafzimmer der Eltern – sah den Brief aus der Brusttasche schimmern, zog ihn mit der Zudringlichkeit der Liebe heraus, las ihn und schrieb Dir.« Franz hatte seine Mutter daraufhin zur Rede gestellt. Sie war nicht nur in sein Zimmer, sondern in einen verbotenen Raum eingebrochen, wo sie nichts zu suchen hatte. Franz versprach Felice hoch und heilig, in Zukunft besser achtzugeben. Konnte Felice sich darauf verlassen?

Über Erna also weiterhin kein Wort. Die konspirative Geschichte mussten die Schwestern allein zu Ende bringen. Womöglich servierte Felice Franz mit Ernas Dilemma ein gefundenes Fressen, Stoff, den er in neue Prosa verwandeln konnte. Wenn er nun Weihnachten nach Berlin käme, im engen Familienkreis in der guten Stube säße, hätte Felice zwei Möglichkeiten: ihn vorher einweihen oder nicht. Im ersten Fall wäre er gezwungen, sich angestrengt auf die Zunge zu beißen und das Versteckspiel mitzumachen – entschieden zu viel verlangt für einen Antrittsbesuch bei künftigen Schwiegereltern, der Franz sicher schon so genug belastete. Im anderen Fall müsste sie ihm direkt ins Gesicht lügen, denn

Verschweigen war auch eine Lüge. Das widerstrebte Felice, die am liebsten geradeheraus und eine ehrliche Haut war, zutiefst. Wie eine geballte Faust drückte sich das zermarterte, übermüdete Hirn gegen ihre Schläfen: Die ständigen Kopfschmerzen, unter denen sie seit einiger Zeit litt, bekämpfte sie mit Aspirin und Pyramidon. Als sie einmal mehr beim Arzt im Wartezimmer saß, weil sie ein neues Rezept brauchte, als sie schließlich aufgerufen wurde und ins Behandlungszimmer trat, schaute der Doktor sie aufmunternd an: Na, junge Frau, Sie sehen ja aus wie eine Leiche auf Urlaub! Diese Formulierung entlockte der geplagten Felice spontan ein Lächeln. Sie schrieb Franz noch am Abend, dass der Arzt ihr dazu geraten hatte, sich alle Sorgen frei von der Leber zu reden, und dass sie deshalb in Zukunft keine Geheimnisse mehr vor ihm haben wolle. Doch um welche Geheimnisse es sich handle, das verschwieg sie Franz weiterhin. Schön dumm. Jetzt wollte er erst recht wissen, was sich hinter ihren kryptischen Bemerkungen verbarg. »Bald wird die Bombe platzen«, vertröstete sie ihn. Und gab Franz damit noch mehr Rätsel auf.

Weihnachten stand unmittelbar vor der Tür, und der Brief, den Felice von Franz bekam, enthielt die enttäuschenden, gleichwohl von ihr selbst heraufbeschworenen Worte: »Meine Weihnachtsreise ist noch zweifelhafter geworden.« Franz' Schwester Valli heiratete am ersten Feiertag, schon deshalb war er unabkömmlich. Also Besuchstrubel nicht nur bei den Bauers, sondern auch bei den Kafkas. Vor den Festtagen machte Felice sich mit einem Päckchen auf den Weg zur Post, wo sie Schlange stand mit anderen Weihnachtskunden, die schwer an ihren Geschenken trugen. Das Päckchen enthielt ihre Gabe an Franz, ein Täschchen, darin ihr Foto, eines, auf dem sie sich einigermaßen gut getroffen fand, mit festem, offenem Blick. Als sie endlich an die Reihe kam, das Päckchen über die Theke schob und der Schalterbeamte es mit einer Briefmarke versah, als das Päckchen in einem großen schwarzen Kasten verschwand, den ein grau gewandeter Diener in einen fensterlosen Raum am Ende eines Ganges beförderte, schien Felice eine gemeinsame Zukunft mit Franz in unendliche Ferne gerückt. Auf dem Rückweg von der Post liefen ihr die Tränen übers Gesicht. Tränen waren Felices einziges Ventil. Sie flossen auf offener Straße, im Büro, in der Elektrischen. Sie kamen Felice unvermittelt am Esstisch und abends beim Handarbeiten. Sie stahl sich in ihr Zimmer, bevor die Mutter aus der Küche hereinkam und ihr verweintes Gesicht sehen konnte. Die Tränen bahnten sich den Weg in dem Riss, der durch ihr Leben ging. Hier Verantwortungsgefühl, dort Sehnsucht des Herzens. Aber Blut war dicker als Wasser, und die pflichtbewusste Felice hatte dem eigenen Glück die Tür versperrt. Sie musste sich für die Eltern unbedingt noch eine Ausrede überlegen, warum Erna dieses Jahr zu Weihnachten nicht kommen konnte.

Im Büro war Felice viel unbeschwerter als zu Hause, denn in der Familie herrschte, wie so oft, auch heute eine gespannte Atmosphäre. Nur auf den ersten Blick sah alles friedlich aus, die Mutter und Toni, zwei links, zwei rechts, mit Strickzeug im Wohnzimmer, der Vater zurückgezogen mit Lesestoff im Schlafzimmer. Es war ihm nicht gelungen, seine Ehefrau wieder auszusöhnen, obwohl das, was sie ihm zur Last legte, Schnee von gestern war, die einstige Geliebte. Noch so eine Geschichte, dachte Felice, die ich Franz unmöglich erzählen kann: dass der Vater sich aus dem engen Korsett der jüdischen Mischpoche befreit hatte. Vor elf Jahren war das gewesen, Felice war ein vierzehnjähriges Mädchen und hatte zu vermitteln versucht zwischen dem gutmütigen, lebensfrohen Papa und der strengen, alles überwachenden Mutter, aber er war ausgezogen, zu seiner Geliebten. Seine Kinder hatte er fortan nur noch in Cafés und Restaurants getroffen, Felice fungierte als Geldbotin und überbrachte der Mutter den Unterhalt des Vaters in bar. Nach drei Jahren starb die Geliebte, und Carl Bauer, der die Einsamkeit nicht ertrug, kehrte reumütig zu seiner Familie zurück. Da saß er nun allein im Schlafzimmer, und Anna Bauer war noch immer ein wandelnder Vorwurf. Sie konnte es einfach nicht lassen, giftige Pfeile auf ihren Gatten abzuschießen, ihre Spitzen trafen auch Felice, die dem Vater längst verziehen hatte und kein Hehl aus ihrer Tochterliebe machte.

Die Ehe ist die einzig gültige Form des Zusammenlebens, sprach die strickende Anna Bauer, als sei das der kategorische Imperativ, und wies mit einer stummen Kopfbewegung auf den dicken Brief, der an Felices Platz auf dem Esszimmertisch lag.

Felice wagte sich sehr weit vor, als sie die Mutter zaghaft darauf hinwies, dass auch eine Ehe kein Garant für ewiges Glück sei, das müsse sie doch aus eigener Erfahrung wissen.

Anna Bauer ließ das Strickzeug in den Schoß sinken und bohrte die lange Nadel in die Luft.

Ja, wann lässt sich dein Herr Doktor denn mal blicken?, fragte sie so, als hätte sie die Hoffnung auf eine Begegnung mit dem großen Unbekannten ohnehin schon abgeschrieben.

Dass Herr Kafka sehr beschäftigt sei, antwortete Felice, schließlich sei er neben seinem anspruchsvollen Posten bei der Versicherung Teilhaber einer Fabrik, und außerdem schreibe er ja auch noch an einem Buch.

Was muss er denn schriftstellern, entgegnete Anna Bauer, er hat doch einen richtigen Beruf.

Der Mutter war die Vorstellung von einem Dichter vollkommen fremd, und wenn Felice ehrlich war, fiel es auch ihr nicht leicht, sich in ein Gehirn wie das von Franz hineinzuversetzen, in einen Menschen, der in geistigen Höhenflügen Sätze formte, bis ihm die Geister aus den Sätzen leibhaftig entgegentraten.

Franz erscheint mir mit seinen feinen Gedanken wie ein Mysterium, in ihm steckt etwas ganz Großes, das fühle ich, entfuhr es ihr stattdessen laut und trotzig.

Anna Bauer ließ nicht locker: Das Dichten ist wohl ansteckend, kein Wunder, dass du dir die Nächte mit Briefeschreiben bei Kerzenlicht um die Ohren schlägst und gähnst, wenn der Wecker in der Frühe klingelt! Das ist dein Ruin!

Felice erschrak dieser Tage ja selbst über ihr wenig liebliches Spiegelbild: Augenringe, eine angestrengte steile Falte stieg auf der Stirn empor, und sprießte da nicht ein erstes graues Haar am Scheitel?

Das hat mit Franz gar nichts zu tun, sagte sie abwehrend. Sie schob ihre Erschöpfung auf die viele Arbeit, auf diesen Herrn Neble, ein Vertreter der übelsten Sorte, der sich wegen irgendwelcher unvollständigen Materiallisten beim Chef über sie beschwert hatte.

Die Stricknadeln klapperten wieder gleichmäßig in Anna Bauers Händen, als Felice sich mit dem Brief aus Prag in ihr Zimmer entfernte und die Tür hinter sich schloss. Unmöglich, ihn im Beisein der Mutter zu öffnen; das wäre wie eine große Umarmung vor fremden Leuten. »Liebste meine Liebste«, las sie, »aus Liebe wollte ich, nur aus Liebe, mit Dir tanzen, denn ich fühle jetzt dass das Tanzen, dieses Sichumarmen und Sichdabeidrehn, untrennbar zur Liebe gehört und ihr wahrer und verrückter Ausdruck ist. [...] Dein Franz.« Felices Tränen flossen ungebremst und wollten nicht versiegen, als sie die Feder zur Hand nahm und schrieb: »Wir gehören unbedingt zusammen.«

Doch der Zug von Prag nach Berlin, der noch rechtzeitig zum Fest ankäme, war bereits abgefahren.

Die Weihnachtstage fielen wider Erwarten recht angenehm aus, auch Felices Kopfschmerzen hielten sich in Grenzen. Die Wertheim-Kaufhäuser blieben ausnahmsweise am Sonntag vor Heiligabend ab 13 Uhr geöffnet, das Stündlein der lebenden Karpfen und der Oderbruchgänse hatte geschlagen. In der zentralen Warenhaushalle voller echter Palmen und plätschernder Brunnen duftete es würzig nach Lebkuchen. Die Gedecke bei Wertheim waren köstlich, und jetzt, wo die Leute sich die Adventszeit veredeln wollten, bot die Küche besonders feine Speisen an, Sarah-Bernhardt-Suppe und Mandelpudding. Felice gönnte sich Spargel, die weißen Stangen aus Übersee schmeckten ebenso köstlich wie im Frühling die aus Beelitz, und weil Franz auch jedes Detail ihrer Ernährung wissen wollte, beschrieb Felice ihm ihre Gaumenfreuden. Spargel im Winter! Das löste beim enthaltsamen Fan der Reformküche einen kleinen Skandal aus.

Die Bauers wussten das christliche Fest durchaus zu genießen. Zwar hatte man keinen lamettageschmückten Weihnachtsbaum aufgestellt, zu Hause auf dem Vertiko im Wohnzimmer brannten die Kerzen eines Chanukkaleuchters. An den Feiertagen kamen wie angekündigt Bekannte der Eltern zu Besuch, man saß bei Punsch und selbst gebackenen Plätzchen am Tisch. Ein ausgedehnter Spaziergang führte die Familie bis in den Grunewald, wo sie in einer Ausflugsgaststätte einkehrten und schon nachmittags mit Wein anstießen. Man freute sich an der elektrischen Beleuchtung, die zunehmend die Berliner Straßen erhellte, Sterne und Schneekristalle passend zum Fest. Felice kam sogar dazu, das *Berliner Tageblatt* zu lesen, ein Luxus, den sie sich bei ihrer knapp bemessenen Zeit sonst nicht leisten konnte; gewöhnlich erhaschte sie nur die Schlagzeilen der Zeitungen in den Händen der Leute in S-Bahn und Elektrischer.

Am ersten Weihnachtstag lancierte das *Tageblatt* eine launige Umfrage unter dem Motto ›Muss er hübsch sein? Muss sie klug sein?‹ Rede und Antwort standen die russische Primaballerina Anna Pawlowa, der junge Prager Schriftsteller Franz Werfel oder eine Berliner Malerin: »Sobald er einen Schnurrbart trägt, ist's aus«, antwortete diese, und das erinnerte Felice daran, dass sich, lange bevor sie Franz kennenlernte, ein Herr um sie bemüht hatte, den sie schon wegen seiner Glatze nicht leiden konnte. Was der verrückte Dichter Paul Scheerbart schrieb, entzückte Felice: »Das Schwierigste bei der Sache ist dieses: Sie muss wahrhaftig eine ganze Fülle von Klugheit besitzen, um Ihm geschickt was vormachen zu können …

aber – wehe, wenn Ihr einfällt, eine ›wirklich‹ kluge Frau zu werden! Dann würde sie ja unter Umständen geneigt sein, ›kritisch‹ gegen Ihn vorzugehen. Na – und da kann ich nur aus langjähriger Erfahrung sagen: die Kritik löst die besten Ehen auf.«

Felice schnitt den Artikel aus und schickte ihn Franz, gespannt auf seine Antwort, die vielleicht etwas über seine Zukunftsvorstellungen verriet. Postwendend kam Antwort, darin stand nichts, was Felice auch nur annähernd zu mehr Aufschluss verhalf. Franz hatte wenig Sinn für die Blüten, die der Journalismus in den Feiertagsbeilagen trieb: »Was für urdumme Fragen da gestellt sind! Die Zeitung bekommt dadurch eine Art menschlichen, wenn auch idiotischen Gesichtes. [...] Also ›er‹ muss allerdings hübsch sein. ›Sie‹ dagegen muss nichts mehr und nichts weniger sein, als ganz genau so, wie sie ist.«

Der Tänzer vom Silvesterball

Zu Silvester tanzte Felice, ohne Franz. Der saß zu Hause in Prag allein in seinem Zimmer, trank, in ein warmes Tuch gehüllt, heiße Limonade und träumte von ihr. In allen Ballhäusern Berlins war ordentlich was los, Berlin war voller Festsäle, die buntes Programm boten, Bühlers Ballhaus in der Auguststraße, der Saalbau in der Pappelallee, das populäre Riviera in Grünau. Felice musste sich entscheiden, ob sie mit Arbeitskolleginnen in den vornehmen Admiralspalast oder mit Schwester Toni in eins der näher gelegenen Etablissements im Prenzlauer Berg gehen wollte.

Kein Geheimnis, dass Bälle der Eheanbahnung dienten, schon jetzt war Franz eifersüchtig auf die vielen Leute, mit denen Felice sich zuprosten, lachen und tanzen würde, das ließ er sie wissen.

Als Felice am Silvesternachmittag im rosaroten Samtkleid vor einem hohen Spiegel stand und sich auf dem Absatz ihrer Tanzschuhe drehte, wünschte sie sich Franz herbei. Sie nahm das Foto zur Hand, das sie neben dem von Nichte Muzzi in einem Medaillon um den Hals trug. Schwarzes, offenbar extra für den Atelierbesuch pomadisiertes Haar, Mittelscheitel, hochgeschlossener Kragen, ziemlich elegant. »Ein verdrehtes Gesicht habe ich in Wirklichkeit nicht, den visionären Blick habe ich nur bei Blitzlicht, hohe Kragen trage ich längst nicht mehr«, so Franz' Kommentar zu seinem Porträt.

Ein schöner Mann, der sich doch nicht spreizte wie ein eitler Pfau, und dem man nicht ansah, welch absonderliche Ideen in seinem Kopf herumturnten. Und dennoch, dachte Felice mit geschlossenen Augen, ist es wirklich Franz, nach dem ich mich sehne? In ihrem Traum vom Sichumarmen und Sichdabeidrehn kam er, so sehr sie ihre Fantasie bemühte, nicht vor, und zu Franz' Stimme, die sie aus seinen Briefen vernahm, gehörte gar kein Körper. Felice öffnete die Augen wieder und sah sich im Spiegel neben einem unsichtbaren Tänzer stehen. Heute, dachte sie, bin ich frei.

Willkommen auf dem Silvesterball! Die feierfrohe Berliner Gesellschaft strömte aus der Winterkälte hinein ins warme Foyer des Ballhauses, unter ihnen Felice und Toni. Der große Saal füllte sich, man nahm Platz an runden, mit Kristallgläsern auf gestärktem Damast festlich eingedeckten Tischen. Kellner flitzten umher und nahmen Bestellungen auf, Blicke wanderten von Tisch zu Tisch, auf einer Bühne stimmte ein Orchester die Instrumente und hob zu einem flotten Schieber an. Nicht lange, und Toni war im Gewimmel auf dem Parkett verschwunden, Felice saß verloren am Tisch, sah man ihr etwa an, dass sie bereits jemandem versprochen war? Ragtime, Walzer, noch ein Schieber, nach einer alleine verbrachten Stunde, vor sich ein leeres Glas und umgeben von ausgelassen tanzenden Menschen, fühlte sich Felice in ihrem schönen rosaroten Samtkleid welken wie ein Mauerblümchen. Sie hatte nicht übel Lust, ihren Mantel von der Garderobe zu holen, durch die Berliner Feiernacht nach Hause zu fahren und in der Stille ihres Zimmers einen Brief an Franz zu schreiben. Das Orchester hob zu einer neuen Melodie an, Toni winkte von der Tanzfläche aus und tauchte wieder im Getümmel unter; natürlich konnte Felice jetzt nicht gehen, sie hatte der Mutter versprochen, die Schwester im Auge zu behalten. Andere allein Herumsitzende taten verlegen mit Zigaretten und Gläsern beschäftigt, Felice nippte missmutig am Weißwein, da trat jemand vor sie hin. Ein schlanker, gut aussehender Mann mit tiefer Stimme, rotblondem Haar und im Smoking machte einen höflichen Bückling.

Darf ich bitten, gnädiges Fräulein?

Von der Tanzfläche aus, im Arm des Unbekannten, sah die Welt wieder anders aus. Der Fremde erwies sich als guter Tänzer, Felice spürte ihre eigenen Muskeln, wie sie sich unter seiner kräftigen Hand bewegten. Nach drei Tänzen, Felice war richtig ins Schwitzen gekommen, fragte der Mann, ob er sich an ihren Tisch setzen dürfe.

Gewiss, sagte sie, und ja, gern ein Glas Wein.

Galant wurde Felice ein Stuhl zurechtgerückt, sie tupfte sich dezent mit einem Batisttüchlein über die Stirn. Der Kellner trat mit einer schlanken, grünen Flasche in einem Silberkübel an den Tisch und ließ den Herrn probieren. Der hob das Glas, trank, nickte zufrieden, Felice sah, dass er keinen Ring am Finger trug. Was er von Beruf sei, fragte sie und erfuhr, dass sie es mit einem Kinderarzt zu tun hatte. Eine Unterhaltung kam in Gang, über die Abnahme der Säuglingssterblichkeit hierzulande und die dringend nötigen Wohnungsneubauten für Arbeiterfamilien, deren Geißel nach wie vor die Tuberkulose war. Auch der Mutterschutz müsse verbessert werden, fand der Arzt. Einen Augenblick überlegte Felice, ob sie hier einhaken und von Ernas bevorstehender Niederkunft berichten sollte, doch galt die ärztliche Schweigepflicht denn auch für Konversation auf Silvesterbällen? So fragte sie nur, ob er zufällig im neuen Kinderkrankenhaus in Weißensee tätig sei, Felice hatte es auf ihrem Weg zur Arbeit als Stenotypistin bei Odeon noch im Bau gesehen. Der Arzt nickte, er kenne die Geburtshilfeabteilung, da herrschten modernste Standards. Nun wolle er aber endlich wissen, was Felice so mache, beruflich, sie wirke auf ihn nicht gerade wie ein sittsames Fräulein, das sich mit Handarbeiten am Kamin zufriedengebe.

Der Parlograf, hob Felice schwungvoll an, und erklärte einmal mehr, was es mit dem neuartigen Gerät auf sich hatte, der Schalltrichter, die tickenden Nadeln auf der rotierenden Wachswalze, die aufgezeichnete Stimme wie von fern. Felice vergaß darüber fast, ihre weiblichen Reize spielen zu lassen, hin und wieder ein unschuldiger Augenaufschlag, ein aufreizendes Lächeln, ein absichtslos zu Boden gleitender Handschuh, zugegeben, genau dieses Repertoire fiel ihr schwer. Denn wenn sie bei Lindström, wo sie gern den Verkehr mit Geschäftskunden pflegte, eines gelernt hatte, dann den sachlich-freundlichen Umgang mit dem männlichen Geschlecht. Noch nie war ihr etwas Unangenehmes widerfahren, eine anzügliche Bemerkung, eine Äußerung des Zweifels an ihrer Kompetenz. Felice hatte ihr sachliches Verhalten Männern gegenüber auf der Arbeit derart gut eingeübt, dass ihr ein Rollenwechsel partout nicht gelingen wollte, sie konnte nicht aus ihrer Haut, nein, sie wollte es gar nicht. Ihrem Tischherrn schien auch gar nichts zu fehlen, er hörte Felice mit aufmerksamer Miene zu, als sie erläuterte, dass Odeon-Grammofongeräte inzwischen ein großer Exportschlager seien, ebenfalls Schellack-Schallplatten.

Ganz bezaubernd, wie anschaulich, wie begeistert Sie von Ihrem Beruf erzählen können, gnädiges Fräulein! Der Kinderarzt war ein guter Zuhörer. Die Rede kam auch auf Jascha Heifetz, das zwölfjährige Wunderkind, das die Berliner vor Kurzem im Beethovensaal entzückt hatte, ob es von dem jugendlichen Geiger auch schon Schallplattenaufnahmen gebe, fragte der Arzt. Es ging auf Mitternacht zu, die Weinflasche war längst geleert. Wir brauchen noch was zum Anstoßen, rief Felices Tischherr dem vorbeieilenden Kellner zu, Champagner!

Die letzten zehn Sekunden des alten Jahres wurden heruntergezählt, das Orchester hob an, der Mitternachtswalzer. Der Kinderarzt verneigte sich vor Felice, Prost Neujahr!

Felice hatte schon einen leichten Schwips. Noch ein Tanz, man holte die Mäntel von der Garderobe und ging hinaus; Feuerwerk prasselte über der Stadt, mit Raketendonner wurde die Zahl 1913 in den Berliner Nachthimmel geschrieben.

Zum Abschied hauchte der Kinderarzt Felice einen Kuss auf den Handschuh: Darf ich hoffen, Fräulein Bauer, Sie bald wiederzusehen?

»... ein fröhliches neues Jahr meinem liebsten Mädchen; ein neues Jahr ist eben ein anderes Jahr und wenn das alte uns auseinandergehalten hat, vielleicht treibt uns das neue Jahr mit Wundern und mit Gewalt zusammen. Treibe, treibe, neues Jahr!« Mit diesen Wünschen aus Prag begann 1913. Dass Wunder und Gewalt es richten sollten, war für Felices Geschmack allerdings allzu schweres Geschütz. Sie wusste, was wirklich half: Offenheit und Vertrauen. Bekämen sie das nicht hin, sollte sie den Briefwechsel mit Franz von heute auf morgen lieber beenden. Dem Spuk ein Ende machen. Sich auf den sympathischen, rotblonden Kinderarzt einlassen, der mit beiden Beinen auf dem Boden zu stehen schien, statt auf einen sensiblen Künstler und unzufriedenen Büroangestellten zu warten.

Doch schon am ersten Arbeitstag im neuen Jahr wurde Felice von ihren Kolleginnen mit Fragen bombardiert. Kein Mensch interessierte sich für den Festtagsbraten, für den Silvesterball und den Kinderarzt. Stattdessen wollte die Stenotypistin Emmy Brühl wissen, was denn der Doktor aus Prag geschrieben hätte? Warum er über die Feiertage nicht in Berlin gewesen sei? Weil er einen Roman schreiben müsse, *Der Verschollene*, eine Geschichte, die in den Vereinigten Staaten von Amerika spiele, gab Felice bedeutungsschwanger zur Auskunft, als verlange die Welt bereits händeringend nach diesem Buch, das außer in Franz' Kopf noch kaum existierte.

Den Kolleginnen bei Lindström waren die Veränderungen in Felices Leben nicht verborgen geblieben. Denn das Phantom Franz schrieb auch an die Büroadresse, Felice hat schon wieder Verehrerpost, so wurde getuschelt, wenn auf ihrem Schreibtisch ein Kuvert lag, abgestempelt in Prag und mit der gleichmäßigen Handschrift, die alle schon bestens kannten. Niemandem war entgangen, dass Felice häufig ein Gähnen unterdrückte, doch den Kolleginnen fiel auch ein neues Leuchten in ihren Augen auf.

Na, wen hast du da an der Angel?, fragte Emmy Brühl.

Für einen kurzen Moment gewährte Felice der Brühl, deren Neugier unbezähmbar war, einen Einblick in das Medaillon an ihrer Brust.

Hui, fuhr es aus der heraus, fescher Bursche!

Wenn Felice im Heer der vielen Angestellten in geschäftsmäßigem Schneiderkostüm durch die Straßen der Stadt hastete, um die nächste Elektrische zu erwischen, fühlte sie sich herausgehoben aus der grauen Menschenmasse und von einer geheimnisvollen Aura umgeben. Nie, noch nie zuvor im Leben, war Felice so viel Aufmerksamkeit zuteil geworden. Es klang paradox: Dieser Mann, der so weitschweifig über seine finsteren Abgründe schreiben konnte, trug ein hell strahlendes Licht in ihre von Sorgen umwölkten Tage. In diesem Meer aus Lügen und Verschweigen waren Franz' Briefe eine von reinen Blumen bewachsene Insel, auf die sie sich jederzeit retten konnte. Als Felice dem netten Kinderarzt gleich in der ersten Januarwoche zufällig erneut begegnete und der sie unumwunden fragte, ob sie ihn auf den vor der Tür stehenden Faschingsball im Eispalast begleiten wolle, griff sie kurzerhand zu einer Notlüge, die all sein Werben im Keim erstickte. Nein, sagte Felice, es gibt da einen Mann. Ich bin verlobt.

Offenheit und Vertrauen: Beseelt von diesem Vorsatz schilderte Felice Franz den Silvesterabend mit großem Orchester und Feuerwerksspektakel und ließ, auch hier wollte sie Farbe bekennen, den netten Kinderarzt nicht aus. Normale Männer verabredeten sich mit dem Rivalen in einer nebligen Schlucht zum Duell, zumindest in Romanen las man das, aber einer wie Franz trat nur allein gegen sich selbst an: »Nein, ich klage, ich jammere eigentlich, ich hätte wollen, dass der Kinderarzt zu Euch hinaufgekommen wäre, dass er sich als der nette Mensch, der er an Sylvester war, auch weiterhin bewährt hätte, dass er lustig gewesen und lustig aufgenommen worden wäre. Wer bin denn ich, dass ich mich ihm in den Weg zu legen wage? Ein Schatten, der Dich unendlich liebt, den man aber nicht ans Licht ziehn kann. Pfui, über mich!« Franz' Brief nahm mit dem nächsten Satz eine jähe Kehrtwendung: »Ich wäre zerfressen vor Eifersucht, wenn ich aus der Ferne hören müsste, dass dem Kinderarzt tatsächlich alles das gelungen ist, was ich ihm auf der vorigen Seite so dringend wünschte und die Unwahrheit, die Du ihm sagtest, war nicht aus Deinem reinen Innern, sondern aus mir heraus gesprochen und ich will fast glauben, dass Deine Stimme in jenem Augenblick einen kleinen Beiklang von der meinigen gehabt hat.«

Derlei Liebesbriefe klangen so anders als das übliche Säbelrasseln der strammen preußischen Kerle, anders auch als das Süßholzraspeln der Schmocks auf dem jüdischen Heiratsmarkt. Nur Franz' Strenge befremdete Felice, und sie fragte ihn, ob er denn auch herzlich lachen könne. Ja, unbedingt, behauptete er: »... ich bin sogar als großer Lacher bekannt ...« Natürlich, hatte er sich nicht mit der ahnungslosen Brühl schon einen Scherz erlaubt? Felice hatte zu ihrem fünfundzwanzigsten Geburtstag im November Geschenke der Kolleginnen auf ihrem Platz gefunden, nebst einem Gedicht, das die Brühl gereimt hatte. In etwas holperigen, aber lustigen Versen wünschte sie Felice einen Ehemann mit Adelstitel. Felice hatte Franz das verraten, und er konterte mit einem Wunsch für das Fräulein Brühl, es sollten »... von heute ab Abend für Abend nach Geschäftsschluss ein Jahr lang bis zu ihrem nächsten Geburtstag zwei rasende Prokuristen rechts und links neben sie treten und ihr ununterbrochen und gleichzeitig, bis Mitternacht Briefe diktieren.«

Kurze Zeit später schickte Franz aus reinem Spaß am

Jux eine anonyme Glückwunschkarte an die Brühl. Die Kollegin drehte und wendete die Karte ratlos in den Händen, und Felice, die in Franz' Schabernack eingeweiht war, verspürte eine diebische Freude über ihr Rätselraten. Ein heimlicher Verehrer? Ein Kunde? Ja, Franz hatte auch Humor, eine Seite an ihm, die Felice besser kennenlernen wollte. Es fiel so schwer, auf dem Papier zu lachen.

Franz konnte überdies Gedanken lesen. »... was würdest Du Frl. Lindner antworten, wenn sie statt allgemeiner Fragen geradeaus fragen würde: War eigentlich dieser Mensch im Laufe des letzten Vierteljahres schon einmal in Berlin? Nicht? Und warum nicht? Er fährt Samstag mittag von Prag weg oder wenn das nicht geht, am Abend, ist über den Sonntag in Berlin und fährt abend nach Prag. Es ist ein wenig anstrengend, aber im ganzen eine Kleinigkeit. Warum macht er das nicht? Was wirst Du arme Liebste antworten?«

Die Antwort erübrigte sich, als eines Tages ein schmales, aber veritables Buch im Büro ankam, auf dem braunen Umschlag der Name, den die Kolleginnen schon so oft gelesen hatten: Franz Kafka. Der unsichtbare Verehrer aus Prag, es gab ihn wirklich, da stand es schwarz auf weiß. Dafür lohnt es sich doch zu warten, sagte jemand, der Mann ist ein richtiger Dichter. Einer wie Goethe! Wie haben Sie den denn kennengelernt, Fräulein Bauer?

Betrachtung war Franz' erstes Werk, das Manuskript hatte er eines vergangenen Augustabends noch zu Max Brod getragen, voll Sorge um die sichere Expedition zum Verleger, und nun war es tatsächlich im Buchhandel zu haben. Felice schlug das Buch auf und fand eine handschriftliche Widmung: »Für Fräulein Bauer, um mich bei ihr mit diesen Erinnerungen an alte unglückliche Zeiten einzuschmeicheln.« Felice rätselte noch, wie Franz das meinte, aber die Lindner, die Brühl und die Grossmann waren komplett aus dem Häuschen. Die Lindner kniete gar vor Felice nieder wie vor einer Ausersehenen, auf die der Heilige Geist gekommen war. Wann Felice ihnen diesen bedeutenden Mann endlich mal persönlich vorstellen könnte?

Da müssten sie sich wohl noch ein wenig gedulden, sagte sie, jeden Moment der Befragung durch die aufgeregten Frauen genießend.

Statt nach Berlin zu kommen, spazierte Franz hin und wieder absichtsvoll durch die Prager Ferdinandstraße, dicht vorbei an dem Haus, in dem die Lindström-Vertretung saß, um sich Felice nahe zu fühlen. »Wenn ich Dir nicht schreibe, bin ich Dir viel näher, wenn ich auf der Gasse gehe, und überall und unaufhörlich mich etwas an Dich erinnert«, teilte er mit. Aber eine Beziehung zwischen Postämtern und Bahnhöfen, in Briefen und Eisenbahnen, das reichte Felice nicht mehr aus. Die Briefe aus Prag lagen vor ihr wie eine Patience.

Ob sie sich aus der Hand lesen lassen wolle, nur so aus Scherz, fragte Emmy Brühl.

Sie lese lieber Fahrpläne, entgegnete Felice, die, wenn Franz schon nicht kam, längst eine Reise nach Prag in Erwägung gezogen hatte. Sie war weder abergläubisch, noch glaubte sie an faulen Zauber mit Glaskugeln oder Kaffeesatz, sie beschäftigte sich weder mit Astrologie noch mit der Kabbala, doch die Brühl griff ungefragt nach ihrer Hand und lachte: Wovor hast du Angst? Ist ja nur zum Spaß.

Nun gut, da der abwesende Franz Felice immer wieder Rätsel aufgab, musste sie eben das Orakel befragen. Felice öffnete ihre Hand und streckte sie der Kollegin bereitwillig entgegen. Eine gepflegte Stenotypistinnenhand hielt die andere, ein Zeigefinger wanderte über Lebenslinie, Marslinie, Kopflinie. Die Brühl analysierte: Selbstständigkeit und Karrierechancen, sehr gut. Aber entscheidend ist die Herzlinie, je breiter, desto größer die Chance auf eine lange, glückliche Liebe. Ist sie unterbrochen, könnte der Partner untreu sein. Was für ein Segen, Felices Herzlinie verlief als lange, ununterbrochene und ausgeprägte Furche quer über die Handfläche. Bedaure, sagte Emmy Brühl zögernd, während sie weiter über Felices Hände tastete, aber reich wirst du wohl niemals werden, deine Sonnenlinie ist kaum zu sehen.

Warum überrascht mich das nicht, sagte Felice.

Ein Leben in Saus und Braus war mit Franz schwer vorstellbar. Die Anteile an der Asbestfabrik wäre er lieber heute als morgen los, er träumte ja sogar davon, bei der Versicherung zu kündigen, damit er zum Schreiben käme, und zwar nicht über Sicherheitsfräsköpfe und dergleichen, aber, mal ehrlich, wer konnte schon von der Literatur leben, so wie Sienkiewicz, Sudermann oder Gerhart Hauptmann?

Weil das Handlinienorakel als geschickter Hinweis auf Felices konkrete existenzielle Bedenken dienen konnte, als willkommener Wink mit dem Zaunpfahl, schrieb sie Franz von dem kurzen Ausflug in die Chiromantie während der Arbeitszeit. »Wenn Frl. Brühl nicht nachgeholfen hat«, schrieb er zurück, »dann ist die Handdeutung eine schöne Kunst und besonders gegebenen

Falls in der Prophezeiung des ›niemals-reich-werdens‹ leider unanfechtbar, allerdings steckt auch ein grober Fehler darin.« Felice überlegte lange, welcher Fehler sollte das denn sein, wieder erging er sich in recht nebulösen Formulierungen. Klar, es gehörte keine große Kunst dazu, bei einem wie Franz ein eher genügsames Leben vorauszusagen. Er machte kein Geheimnis aus seinem recht bescheidenen Jahreseinkommen: »… im günstigsten, vergleichsweise günstigsten Fall, werden meine Frau und ich arme Leute sein, welche diese 4588 K sorgfältigst werden einteilen müssen. Wir werden viel ärmer sein als z. B. meine Schwestern, die gewissermaßen wohlhabend sind. […] Und wenn irgendwelche große Ausgaben eintreten werden, durch Krankheit oder sonstwie, werden wir gleich verschuldet sein. Wird sie auch das ertragen?«

Franz' *Betrachtung* lag neben Felices Bett, seit dem Tag, an dem das Buch im Büro angekommen war. Sie hatte noch keine einzige Zeile darin gelesen, auch die Junggesellengeschichte nicht, die sie bereits als Manuskript kannte. Immer wenn sie einen Blick hineinwerfen wollte, zuckte ihre Hand reflexartig zurück. Der bloße Anblick des Buches beunruhigte sie. Franz machte tatsächlich Ernst mit der Schreiberei. Ein Satz von Strindberg kam ihr in den Sinn: ›Solltest du einmal heiraten, so nimm den Verleger, nicht den Dichter.‹ Das brachte Felice endlich darauf, welchen groben Fehler der spitzfindige Franz in Emmy Brühls Handliniendeutung ausgemacht hatte: Die Geister, mit denen sie um ihn konkurrieren musste, waren Büttel, die am Bettelstab gingen. Mit Reichtum meinte Franz nicht klingende Münze. Reichtum, das war für ihn die Freiheit, schreiben zu dürfen. Ein Reichtum, zweifellos, den sie mit ihm würde teilen müssen. Sie würde mit ihm zusammen im Keller leben, wie er es prophezeite. Franz war vor allem gierig darauf, das fertige Buch in den Händen zu halten, er erwartete gar keine horrenden Vorschüsse vom Verleger, und man brauchte schon viel Optimismus, um daran zu glauben, dass die Leute seine kryptischen Texte kaufen würden wie geschnitten Brot. Doch die persönliche Widmung in dem Buch auf ihrem Nachttisch, die schmeichelte ihr ungemein, denn es lag ein großer Reiz darin, einen Verehrer zu haben, der schrieb, richtige Bücher. Felice wagte es und schlug vor dem Einschlafen eine beliebige Seite in der *Betrachtung* auf: »»Sie haben offenbar noch nie mit Gespenstern gesprochen. Aus denen kann man ja niemals eine klare Auskunft bekommen. Das ist ein Hinundher. Diese Gespenster scheinen über ihre Existenz mehr im Zweifel zu sein, als wir, was übrigens bei ihrer Hinfälligkeit kein Wunder ist.‹ – ›Ich habe aber gehört, dass man sie auffüttern kann.‹««

Rendezvous mit Kleist

Ende Februar 1913 reiste Felice in geheimer Mission nach Dresden. Bei ihrer Stellung kein Problem, zu einer der Familiendiplomatie geschuldeten Notlüge zu greifen; dass sie in Dresden einen Geschäftstermin wahrnehmen musste, nahm ihr jeder ab, selbst die misstrauische Mutter. In der Eisenbahn nach Dresden saßen viele Reisende, die weiter wollten, nach Prag. Bei der Einfahrt des Zuges in die Stadt schien sich neben den Gleisen eine Fata Morgana vor Felices Augen zu erheben, in den blauen Himmel ragten die schlanken, weiß-rot gestreiften Türme eines Minaretts und die schwarzglänzende Kuppel einer Moschee. Ein Märchentraum aus 1001 Nacht, den sich die Tabakfabrik Yenidze da vor Kurzem erfüllt hatte, als fantastischen Geschäftspalast. Am Dresdner Hauptbahnhof stieg Felice in die Vorortbahn nach Sebnitz, nur von Weitem erhaschte sie den Anblick der Frauenkirche und der Brücken über den Fluss, die Silhouette von Elbflorenz. Wie gern würde sie mit Franz in die Semperoper gehen oder durch die Elbauen, aber es durfte nicht sein, jetzt noch nicht. Er spielte durchaus mit dem Gedanken, nach Dresden zu kommen, nur ein Katzensprung von Prag, knapp 150 Kilometer, doch sie konnte Franz in dieser Situation unmöglich begegnen. Er geriete unvorbereitet mitten hinein in den Aufbruch der Schwester, deren Bauch sich nun unübersehbar nach vorne wölbte, bis zur Niederkunft nur noch zwei Monate. Felice war geradezu erleichtert, als Franz ihr mitteilte, er fühle sich elend und verzichte auf die Fahrt, »was würde Deine Schwester sagen, wenn sie mich so zum ersten Mal erblickte?«

Felice fand Erna Kisten packend in ihrem Zimmer in dem kleinen Ort Sebnitz, der von der Produktion von Kunst- und Seidenblumen lebte. Erna musste sich immer wieder auf den einzigen verbliebenen Stuhl im Zimmer setzen, konnte in ihrem Zustand nichts Schweres mehr tragen, Felice fegte Ecken aus, hängte Bilder ab, stellte tatkräftig Habseligkeiten zusammen, die Erna mitnehmen wollte in die neue Bleibe in der Nähe von Hannover.

Das wäre geschafft, sagte Felice, als sie die letzte der Umzugskisten verschloss und sich darauf niedersetzte.

Dich bedrückt doch was, sagte Erna, ich seh' dir das an der Nasenspitze an.

Felice sprach sich endlich aus. Franz, sagte sie, sei so zögerlich, etwas antriebsschwach, dabei faszinierten sie die schillernden Sätze seiner Briefe. Sie sei sich nie ganz sicher, ob er wirklich ein ernstzunehmender Heirats- kandidat war oder ein Gaukler, der sie zum Narren hiel- te. Zum Beispiel von Palästina sei nie mehr die Rede ge- wesen, überhaupt, Franz wurde selten konkret und war schwer zu greifen wie ein nasser Fisch.

»Musst Du nicht Liebste fast glauben, es schreibe Dir kein Mensch, sondern irgendein falscher Geist?«, hatte er sie gefragt. Tatsächlich wusste Felice manchmal nicht mehr, wem sie eigentlich schrieb. War er wirklich ein Mensch, in dessen Adern Blut floss? Jeder seiner Briefe erreichte sie wie eine Nachricht von einem fernen Stern, weit weg wie der Mond, den man zwar sehen, aber nicht bereisen konnte. Ein ewiger Menschheitstraum,

Spielwiese für Utopisten und Fantasten. Doch da lief einer durch Prag, spazierte an der Moldau entlang, warf Steine ins Wasser, überquerte die Karlsbrücke, starrte in den Himmel und grämte sich, weil schon wieder kein Brief aus Berlin bei ihm angekommen war. Vor allem beunruhigte es Felice, dass sich der Ton in Franz' Briefen verändert hatte. »Niemals dürfte ich es wagen«, las sie mit zusammengekniffenen Augen, »Dein Reisebegleiter sein zu wollen. Ich gehöre allein in den Winkel eines Coupees; dort soll ich bleiben. Niemals darf ich den Zusammenhang mit Dir, den ich mit meinen letzten Kräften erhalten will, durch eine solche Reisebegleitung gefährden.« Das war doch nicht mehr derselbe Mann, der ihr vollmundig die Palästinatour vorgeschlagen hatte! Eine Beziehung pflegte man doch nicht, indem man sich aus dem Wege ging.

»Franz, Du bist so anders geworden in letzter Zeit«, schrieb Felice zurück, »Du bist anders als am Anfang.«

Franz pflichtete ihr sogar bei: »Ich bin ein anderer Mensch, als ich es in den ersten 2 Monaten unseres Briefwechsels war, es ist keine neue Verwandlung, sondern eine Rückverwandlung und wohl eine dauernde. Wenn Du Dich zu jenem Menschen hingezogen fühltest, musst Du, musst Du den heutigen verabscheuen.« Keine zwei Tage hielte sie es neben ihm aus, schrieb er, und er könne seine Abartigkeit durchaus noch auf die Spitze treiben. »In die Zukunft stolpern das kann ich, und am besten kann ich liegen bleiben.« Wenn sie glaube, aus ihm einen brauchbaren Menschen machen zu können, »mit dem ein gleichmäßiger ruhiger lebendiger Verkehr möglich ist«, täusche sie sich. Spielte er ihr aus lauter Lust an der Koketterie nur die Rolle des kopflosen

Nebbich vor? »Ich bin der magerste Mensch, den ich kenne«, mit solchen Ansagen machte Franz Reklame mit seiner Lebensuntüchtigkeit, obwohl Felice doch schon wusste, dass er sich bereits als Junge gern körperlich ertüchtigt hatte. Er besuchte mit sportlichem Ehrgeiz die Schwimmschule in der Moldau und besaß ein eigenes Boot. Er begeisterte sich für moderne Fahrradmodelle und sogar für Motorräder, wie sein Onkel Siegfried Löwy eines besaß, für die Krankenvisiten auf dem Land. Von Max Brod wusste sie, dass Franz auch sinnenfroh sein konnte, gemeinsam waren die beiden Freunde im September 1911 in Paris gewesen, wo sie Varietétheater, Cafés und, das wollte Felice allerdings gar nicht so genau wissen, womöglich auch bestimmte Etablissements am Montmartre aufgesucht hatten. Felice ärgerte es ein wenig, dass Franz ständig seine Befindlichkeiten aufs Tapet brachte; es ging ihm doch gut, er verfügte über ein festes Einkommen, hatte drei nette Schwestern, ein Dach überm Kopf, und selbst sein Traum vom Schriftstellerdasein nahm langsam Gestalt an. Ihr konnte er doch nichts vormachen. »Ich glaube nicht an Deine Lebensuntüchtigkeit, und auch Du glaubst es nicht«, schrieb Felice ohne einen Funken Mitleid dem ewig Klagenden, der für seine Selbstquälerei fast genüsslich so viele Worte fand. Seine Antwort bestätigte Felice in all ihren Vermutungen: »Es geht mir immer 10 mal besser als ich schreibe, die Feder gleitet eben aus, das ist alles.« Na bitte!

Du musst ja nichts übers Knie brechen mit deinem Franz, riet die Schwester Erna.

Davon, entgegnete Felice, könne wirklich nicht die Rede sein. Felice hatte es noch nie mit einem Mann zu tun gehabt, der permanent vor sich selbst warnte. Und genau diese Warnungen waren Lockungen. Franz war so anders. Ich wünsche mir, dass er bald nach Berlin kommt, sagte sie.

Wie, fragte Erna, ihr habt euch erst ein einziges Mal gesehen? Dann sieh zu, dass du bald Nägel mit Köpfen machst. Pack dein Glück endlich beim Schopfe. Sonst ist der Mann schneller wieder weg vom Fenster, als dir lieb ist.

Als der Zug zurück nach Berlin an der Zigarrettenfabrik Yenidze vorbeifuhr, stieg eine Rauchsäule aus dem Minarett auf, aber der Ruf des Muezzin ertönte nicht, Dresden war nicht Cordoba. Die orientalische Szenerie war eine fantastische Vorspiegelung falscher Tatsachen, ähnlich wie die ganze Dresdener Geheimaktion. Zurück in Berlin, und wäre Erna an einem sicheren Ort, würde sie Franz endlich alles anvertrauen und ihm in die Augen sehen können.

Am Anhalter Bahnhof wurde Felice vom berüchtigten Berliner Verkehrschaos empfangen. Das bunte Treiben aus Fahrrädern, Pferdekutschen, Automobilen, Elektrischen und den wie Ameisen durcheinanderwuselnden Menschen auf dem Bahnhofsvorplatz brachte Felice auf die aberwitzige Idee, ihren Erklärungsbrief mit einem dramatischen Auftakt beginnen zu lassen. »Ein Automobilunfall«, schrieb sie, als sie sich endlich an ihren Schreibtisch setzte, um Franz von Ernas Sündenfall zu berichten, »wäre das Ende aller Probleme, die Befreiung von allen Sorgen.« Mit Selbstmordfantasien wollte Felice nun nicht gerade herumfuchteln, das musste ja nicht sein, aber wenn sie sogar eine Unfallkatastrophe willkommen hieße, konnte sie Franz am besten deutlich machen, wie tief sie und Erna in der Bredouille steckten. Dann sah er ihr undurchsichtiges Verhalten sicher in milderem Licht und könnte ihr verzeihen. Er liebte ja drastische Bilder.

»Aber Liebste, warum lässt Du Dich denn von mir so beeinflussen, dass Dir ein Automobilunfall die beste Lösung von Sorgen erscheint. Das bist doch nicht Du, Liebste?« Franz fiel nach Felices Offenbarung aus allen Wolken: »Und ich, der ich mich ganz verbohrt immerfort um mein eigenes Unglück drehe, ahnte nichts und wünschte Dir, armes Herz, in dem Brief, den ich Dir nach Dresden schickte ›ruhige Stunden‹.« Franz gelobte Stillschweigen, er hielt dicht.

Felice öffnete das Medaillon mit seinem Foto und drückte es fest an ihre Brust. Wie hatte sie bloß geglaubt, ihm nicht vertrauen zu können? Neue Schuldgefühle breiteten sich in Felice aus. Als Zeichen der Entschuldigung legte sie ihrem nächsten Brief eine Aufnahme von Erna bei, Franz sollte nun auch das Gesicht zu der Person sehen dürfen, um die sich ihre Sorge die ganze Zeit gedreht hatte. Felice war endlich wohler. Ihre Tränen versiegten, die Kopfschmerzen wichen. Denn jetzt, bei einem Treffen in naher Zukunft, konnte sie Franz endlich in der ersehnten Offenheit begegnen.

Die Tage waren schon wieder spürbar länger, eines Morgens Mitte März wurde Felice vom Frühkonzert zwitschernder Vögel geweckt. Sie stand auf, barfuß am Fenster lehnte sie die Wange an den Fensterknauf. Unten auf der Straße ging ein Mann vorbei, beschwingt mit Spazierstock wie auf dem Weg zu einem unerhörten Ereignis, als wolle er am liebsten losrennen, was ihm nur der Gedanke an seine herrenhafte Würde verbot.

»Was wirst Du Liebste Ostern machen?«, fragte Franz und unterstrich, dass er sich an den Feiertagen jederzeit mit ihr treffen könne: »Ich wiederhole, es könnte eine beliebige Stunde sein, ich würde in Berlin nichts tun als auf sie warten […] und wenn es keine ganze Stunde, sondern 4 Viertelstunden würden, es wäre auch gut, ich würde keine verpassen, ich würde mich nicht aus der Nähe des Telephons rühren. Die Hauptfrage also bleibt, ob Du es für gut hältst; bleibe Dir dessen bewusst, was für ein Mensch in mir zu Besuch kommt.« Kaum hatte Franz seine Reiseabsichten bekräftigt, folgten Einschränkungen auf dem Fuße. Felice hatte ein Déjà-vu: Er wollte Felices Verwandte auf keinen Fall sehen, dazu fühle er sich schon wegen seines alten Anzugs nicht geeignet, angeblich dem einzigen, den er besaß. Felice stutzte; das stimmte doch gar nicht, hatte Franz' Mutter nicht ihren Brief in einer anderen Rocktasche gefunden als der des Anzugs, den er zu Hause trug? Ein Treffen zu Ostern, ein Antrittsbesuch bei zukünftigen Schwiegereltern, erschien ihm wohl immer noch zu früh.

Felices Sehnsucht entzündete sich weiterhin an dem Bild, das Franz ihr vor einer Weile geschickt hatte, das Porträt mit Mittelscheitel und hochgebundenem Hemdkragen, denn in ihrer Erinnerung war sein Gesicht längst verblasst. »Natürlich habe ich Zeit«, schrieb sie ihm, »Zeit, so lange Du willst.«

Aus der Antwort, die tags darauf aus Prag kam, drang mitnichten die jubelnde Vorfreude eines ungestümen Geliebten, der ungeduldig auf gepackten Koffern saß. »Ich weiß nicht, ob ich werde fahren können. Heute ist es noch unsicher, morgen kann es schon gewiss sein.« Er habe eine Unmenge Arbeit auf dem Schreibtisch liegen, aber wann hatte er das nicht? Gut gebrüllt, Löwe, Felice wappnete sich weiterhin mit Geduld. Zwei Tage später kam erneut ein Brief aus Prag, den sie unter Aufbietung ihres von Hoffnung befeuerten Willens als Zusage auffasste, obwohl Franz sich ankündigte wie ein Schreckgespenst: »Ich fahre nach Berlin zu keinem andern Zweck, als um Dir, der durch Briefe Irregeführten, zu sagen und zu zeigen, wer ich eigentlich bin. Werde ich es persönlich deutlicher machen, als ich es schriftlich konnte?« Einen Tag vor dem nur vage verabredeten Termin flatterte eine weitere ungefähre Hiobsbotschaft ins Haus: »Noch immer unentschieden.« Franz machte es spannend.

Ob der Prager Verehrer sie vielleicht verschaukeln wolle, fragte eine Bürokollegin, als Felice auf die Frage nach Ostern weiterhin stumm mit den Achseln zuckte. Irgendwer murmelte ins Klappern der Schreibmaschinen hinein etwas von einem unsicheren Kandidaten. Das habe ich mir selbst zuzuschreiben, dachte Felice, schließlich bin ich selbst lange so rumgeeiert. Bei all dem Vor und Zurück beruhigte es sie wenig, als Franz schließlich durchblicken ließ, dass er wohl am Samstag, den 22. März gegen 23 Uhr am Anhalter Bahnhof ankommen und im *Askanischen Hof* in der Königgrätzer Straße absteigen werde. Das aber würde sie erst glauben, wenn er am Ostersonntag leibhaftig vor ihr stände.

Die Wetteraussichten waren gut, die beißenden Ostwinde waren einer lauen Frühlingsbrise gewichen, das Thermometer kletterte auf zehn Grad, bald wagten sich die Blütenblätter der Magnolien aus den dicken Knospen hervor. Am besten hinaus in die Natur, untergehakt vorbei am Luna-Park mit Gelächter und Marschmusik-kapellen, vorbei am Jagdschloss Grunewald und dem Hundekehlesee, immer tiefer hinein ins Grüne, ein zünftiger Osterspaziergang. Felice wollte Franz die Grunewaldseen zeigen, die sie so liebte. Im Westen von Berlin zogen sie sich als blaues Band durch den Wald und durch die Villenkolonie Grunewald, wo der Verleger Ullstein und die Bankiersfamilie Mendelsohn in prachtvollen Häusern lebten, mit Bootsstegen direkt am Hertha- und am Dianasee. Am schönsten waren Krumme Lanke und Schlachtensee, baumumstanden und mit Badestellen im märkischen Sand. Sogar die Osterausgabe des *Weltspiegels* zierte ein lustiges Foto, auf dem beliebte Berliner Bühnenkünstler beim lustigen Eiersuchen am Wannsee zu sehen waren. An schönen Tagen strömten die Leute scharenweise aus dem S-Bahnhof Schlachtensee, wo die Wannseebahn hielt. Unter denen würde Felice morgen sein, hoffentlich, zusammen mit Franz.

Zufrieden jauchzet groß und klein: Hier bin ich Mensch, hier darf ich's sein! Ein Ostersonntag wie von Goethe gedichtet. Felice war allerdings zumute, als sei Fausts Pudel mit im Spiel, unsichtbar raschelnd im Unterholz zwischen Buchen und Birken am Uferweg. Schon eine Viertelstunde war sie mit Franz unterwegs, und noch immer hatten sie kaum ein Wort miteinander gesprochen. Wie war die Reise, Franz?

Die Antwort blieb er Felice schuldig. Wahrscheinlich hatte Franz die ganze Zeit in der zusammengeknautschten Zeitung gelesen, die aus seiner Manteltasche hervorragte. Man nährte sich von Wortfetzen vorübergehender Spaziergänger, Felice schnappte die Stichworte der

Schlagzeilen auf, über die sich die Anwohner der Grunewaldseen echauffierten. In der Zeitung las man, dass
der berühmte Architekt Hermann Muthesius, der an
der nahen Rehwiese wohnte, sich für die Erhaltung des
Nikolassees einsetzte, der trockengefallen war, seit in der
eiszeitlichen Rinne, in der die Seenkette entstanden war,
Grundwasser gefördert wurde. Und demnächst sollte hier
in der Nähe eine Übungsstraße entstehen, für Automo-
bilisten, die immer zahlreicher wurden, reiche Leute, die
mitten durch den Wald und direkt ans Ufer des Nikolassees eine geteerte Schneise schlagen ließen, um mit Mo-
torenlärm und Benzingestank ihrem Hobby zu frönen.
Felice konnte Franz erzählen, was den Berliner gerade
beschäftigte, doch die gemeinsame Zeit war kurz und
kostbar. Sie verstrich im Schweigen. Waren die intimen
Offenbarungen aus den Briefen wirklich nur Papier? Der
lang Herbeigesehnte schritt stumm neben ihr her, steif
und ernst im Wintermantel wirkte er wie ein Außerirdi-
scher zwischen all den entspannten Spaziergängern in
Feiertagsstimmung. Nach einer halben Seeumrundung
ließen sie sich auf der Sonnenseite des Schlachtensees
auf einem Baumstamm nieder. Felice musste etwas falsch
gemacht haben, gleich bei der Begrüßung am Bahnhof.
In die Stille, die zwischen ihnen herrschte, drang Enten-
geschnatter, zwei Blässhühner waren unablässig dabei,
Ästchen und Moose zu sammeln und im seichten Gestade aufeinanderzuschichten. Kunstvoll flochten sie
ihre Nester, unbeirrt durch vorbeiziehende Ruderboote,
die von der *Alten Fischerhütte* zum *Schloss Schlachtensee* fuhren, dem Biergarten am anderen Ufer. Das Pat-
schen der Ruder auf dem Wasser und Gelächter wehten
herüber. Die Nachmittagssonne fiel durchs Geäst der

noch unbelaubten Bäume, im Halbschatten saß ein Maler vor einer Staffelei und setzte zarte Pinselstriche auf eine Leinwand. Der Pudel raschelte noch immer im Unterholz.

Franz räusperte sich. Als bewege er seit der Begrüßung vor einer guten Stunde nur einen einzigen Gedanken in seinem Kopf, brach eine Frage plötzlich aus ihm heraus: Ob es möglich sei, nun, da sie schon in der Nähe wären, das Kleistgrab am Kleinen Wannsee zu besichtigen. Weit entfernt nur noch die Stimmen aus der Gartenwirtschaft, wo man hätte einkehren können, zu Kaffee, Kuchen, Berliner Weiße an gedeckten Tischen, nichts wäre Felice lieber gewesen. Nun, da das Wort vom Kleistgrab ausgesprochen war, hätte sie mit einem derartigen Vorschlag geradezu pietätlos vor Franz gestanden. Kleist, das wusste sie, gehörte zu seinen Lieblingsautoren, schon zu Studienzeiten hatte er seinen Schwestern gern Kleist vorgelesen, vor allem die Novelle *Michael Kohlhaas*, diese kuriose Geschichte eines schlichten Rosshändlers, der grob getäuscht wird und die Suche nach Gerechtigkeit mit dem Leben bezahlt. Franz hatte die Novelle bereits zehnmal gelesen, geradezu mit Gottesfurcht gegenüber der nahezu vollkommenen Prosa des berühmten Altvorderen; dass er Felice den *Kohlhaas* irgendwann vorlesen wolle, kündigte er an wie eine kommende Predigt.

Was blieb Felice anderes übrig, sie wollte Franz den Wunsch erfüllen, immerhin bot Kleist ein Thema, über das sie sprechen konnten. Zu Fuß war es zu weit zu seinem Grab, sie mussten zurück zum S-Bahnhof und zwei Stationen hinunter zum Wannsee fahren. Österliche Ausflügler auch hier, aber Felice war neben Franz inmitten der unbeschwerten Menge von Leuten, die zum Schiffsanleger strebten, gebunden in einer anderen Welt. Er schien immun gegen die feiertäglichen Lockungen um ihn her, ja, es war, als müsse er sich erst recht mit ernster Miene gegen die kalendergenaue Fröhlichkeit wappnen. Sie überquerten die breite Chaussee nach Potsdam, ließen die Dampferstation am Großen Wannsee links liegen und erreichten bald eine kleine Grünanlage. Unter Bäumen fanden sie einen schlichten Steinquader mit eingemeißelten Versen: ›Er lebte, sang und litt / In trüber, schwerer Zeit, / Er suchte hier den Tod / Und fand Unsterblichkeit.‹ Kein Wort von Henriette Vogel, jener Frau, mit der zusammen sich der Dichter hier entleibt hatte, an einem Novembertag des Jahres 1811; Kleist hatte zuerst seine Freundin erschossen, danach sich selbst. Hier am Seeufer war es passiert, und hier, an Ort und Stelle, hatte man das unglückliche Paar dereinst begraben, Selbstmörder, denen kein geweihtes Gräberfeld die letzte Ruhe gestattete. Felice mutete es etwas merkwürdig an, dieses einzelne, unendlich verloren wirkende Doppelgrab am Rande einer Villenkolonie, gegenüber als rote Trutzburg die Villa des Fabrikanten Siemens in einem weitläufigen Park, wo fein gekleidete Damen unter einer Pergola am Seeufer auf einer Bank saßen, junge, fröhliche Menschen, denen der Gedanke an den Tod ferner war als der Mond. Aber vor gut hundert Jahren, als Kleist die geladene Pistole in die Hand genommen hatte, war man hier mitten im Wald gewesen, vollkommen einsam, kein Mensch weit und breit, ein trefflicher Ort, sich zu erschießen. Nur in der nahen Ausflugsgaststätte *Stimmings Krug,* wo das lebensmüde Paar die Nacht zuvor Abschiedsbriefe verfasst hatte, waren Pistolenschüsse zu vernehmen gewesen.

Weil ihm auf Erden nicht zu helfen war, flüsterte Franz kaum hörbar hinein in die Schweigeminute, die, dachte Felice, eigentlich schon seit Stunden anhielt. Sieh, von den vier Menschen, die ich als meine eigentlichen Blutsverwandten fühle, von Grillparzer, Dostojewski, Kleist und Flaubert, hat nur Dostojewski geheiratet und vielleicht nur Kleist, als er sich im Gedränge äußerer und innerer Not am Wannsee erschoss, den richtigen Ausweg gefunden. Franz' Ansichten und Vorlieben konnten einem schon Angst einjagen. Und schließlich hatte er in einem Brief schon einmal von einem Sprung ins Nichts fantasiert, wie er in einer verzweifelten Nacht am Fenster stand und mit der Klinke spielte, bereit, sich auf die Gasse hinauszuwerfen. Vereint vor dem Stein wie am Grab eines engen Freundes, hätte Felice Franz gern bei der Hand genommen und die Worte wiederholt, die sie ihm in einer Anwandlung äußerster Sehnsucht geschrieben hatte: »Wir gehören unbedingt zusammen.« Zur Bekräftigung ihres Treuegelöbnisses hatte Franz ihr in seinem Antwortbrief eine Szene aus der Französischen Revolution geschildert: Ein liebend Paar wird da an den Händen zusammengebunden zum Schafott geführt. Bei ewiger Liebe dachte er an Martyrium und Tod. War das so verwunderlich? Ein Mensch, der sich wie Franz den lieben langen Tag mit Katastrophen und Unglücksfällen auseinandersetzen musste, mit von Leitern stürzenden Ladenmädchen und mit Fabrikarbeitern, deren Finger in Sägemaschinen gerieten, kriegte den Tod eben nicht mehr aus dem Kopf. Hatte Franz nicht auch erzählt, dass er bereits als Knabe fasziniert vorm Schaufenster eines Bildergeschäfts stehen geblieben war, wo ein Buntdruck mit einem umschlungenen Liebespaar hing, das, beschienen vom kalten Wintermond, am Ende eines Landungsstegs bereit war zum Sprung in den Tod?

Die Sonne stand bereits hinter den Baumwipfeln, das spiegelglatte Wasser des Wannsees glänzte schwarz, die Mädchen am Parkufer der Siemensvilla waren im Haus verschwunden; Felices kalte Hände steckten fest in den Manteltaschen, als sie zur S-Bahn zurückgingen. Wir gehören unbedingt zusammen – was sie mit leichter Hand nach Prag schreiben konnte, ließ sich jedoch nicht aussprechen, denn der Mann, der neben ihr herging und wenig später in der Halle des Anhalter Bahnhofs verschwand, ließ sie mit einer Gänsehaut zurück. Felice war am Schlachtensee nur einem stummen Doppelgänger von Franz begegnet.

Die Briefe aus Prag lagen auf Felices Nachttisch wie ein ausgelesenes Buch. Der Ostersonntag hatte die Innigkeit von Franz' Zeilen binnen weniger Stunden ausgelöscht. An Hochzeit war schon gar nicht mehr zu denken, als Felice sich über jene Schriftsteller schlau machte, die Franz besonders verehrte. Von Grillparzer las sie, dass er lebenslang mit seiner Jugendliebe Katharina Fröhlich verlobt blieb, da ihm zum Heiraten der Mut fehlte. Immerhin lebte er bis zu seinem Tode unter einem Dach mit ihr und ihren beiden Schwestern zusammen. Flaubert hauste noch im fortgeschrittenen Alter bei seiner verwitweten Mutter und unterhielt eine Beziehung zur zehn Jahre älteren Schriftstellerin Louise Colet, die er selten sah und der er fleißig schrieb. Dostojewski war zweimal verheiratet gewesen, die erste Frau hielt sich einen Liebhaber, die zweite musste für seine enormen

Spielschulden aufkommen, beileibe keine idealen Vorbilder. Doch der Selbstmörder Kleist war, zweifellos, bei Weitem das abschreckendste Beispiel im Hinblick auf die Ehe. Franz war Felice nach seinem Besuch fremder denn je. Als sie eine Woche nach dem verunglückten Ostertreffen seinen Brief in den Händen hielt, rieb sie sich ungläubig die Augen: »Wie nah ich Dir von meiner Seite durch die Berliner Reise gekommen bin! Ich atme nur in Dir.«

Dass Franz sich immer wieder selbst im Weg stand, ahnte Felice, er war halt ein wenig verkopft und verklemmt. Ein einziges Mal nur hatten sie sich vor Ostern gesehen, kein Wunder, dass ihnen die Briefe voller Vertraulichkeiten und Versprechungen in Siebenmeilenschritten vorausgeeilt waren. Mit einem Ausflug zum Kleistgrab ließen sich die auf dem Papier geweckten Erwartungen nicht einlösen. Natürlich war das letzte Wort nicht gesprochen. Sie mussten dringend mehr Leben in die Waagschale werfen, damit sich die andere mit den Briefen nicht noch weiter nach unten senkte.

»Meine eigentliche Furcht«, offenbarte Franz, »[...] ist die, dass ich Dich niemals werde besitzen können. Dass ich im günstigsten Falle darauf beschränkt bleiben werde, wie ein besinnungslos treuer Hund Deine zerstreut mir überlassene Hand zu küssen, was kein Liebeszeichen sein wird, sondern nur ein Zeichen der Verzweiflung des zur Stummheit und ewigen Entfernung verurteilten Tieres. Dass ich neben Dir sitzen werde und, wie es schon geschehen ist, das Atmen und Leben Deines Leibes an meiner Seite fühlen werde und im Grunde entfernter von Dir sein werde als jetzt in meinem Zimmer.«

Aber genau da, aus seinem Zimmer, wo der passionierte Grübler immer trauriger zu werden schien, wollte Felice den Stubenhocker, den man zu seinem Glück zwingen musste, hervorlocken, und so schrieb sie mit fester Hand, man könne sich ja schon zu Pfingsten wiedersehen, Anfang Mai.

»Wäre schon Pfingsten!«, so das Echo aus Prag.

Gut, dass Felice Franz nicht verraten hatte, dass es mitten im Grunewald einen Selbstmörderfriedhof gab. Er hätte sich sicherlich schon jetzt im Voraus eine kleine Wanderung dorthin gewünscht.

Ist das noch Berlin?

Mit sorgenvoller Miene wälzte Anna Bauer eines Morgens das dicke Berliner Adressbuch. Wir haben ungebetene Gäste, sagte sie ungehalten und suchte nach einem Kammerjäger.

Seit einiger Zeit schon hörte Felice nachts leises Rascheln, Toni hatte Mauseköttel unter ihrem Bett entdeckt, schließlich sah Carl Bauer mit eigenen Augen eine Maus an der Scheuerleiste entlangflitzen und in einem schmalen Spalt hinterm Kachelofen verschwinden, Toni sprang kreischend auf einen Stuhl.

Wir brauchen keinen Kammerjäger, sagte Felice ungerührt, wir brauchen eine neue Wohnung.

Schon lange störte Felice, die am liebsten bei offenem Fenster schlief, der nächtliche Lärm unten auf der Immanuelkirchstraße. Von wegen Stille, Löwys Expertise musste an einem Tag entstanden sein, an dem keine Bierkutscher und keine lärmenden Gesellen am Prenzlauer Berg unterwegs gewesen waren. Wie oft schon war Felice nach Mitternacht im Bett hochgeschreckt, weil eine Gruppe lallender Betrunkener an der Straßenecke herumlungerte. Der Prenzlauer Berg war ein nicht besonders wohlhabendes und dicht bevölkertes Viertel, jüngste Statistiken besagten, dass ein Drittel aller Wohnungen heillos überbelegt war. In Einzimmerwohnungen hausten oft mehrköpfige Familien. Häufig schlüpften sogenannte Schlafburschen ins Bett eines Familienvaters, wenn der zur Schicht aufbrach, im Centralviehhof an der Landsberger Allee, bei Siemens oder in einer der Chemiefabriken in der Rummelsburger Bucht. Mit Schlafplatzvermietung ließ sich ein wenig dazuverdienen. Vom Mietskasernenelend war andauernd die Rede, auch, weil die meisten Wohnungen nicht nur qualvoll eng, sondern auch stockduster waren. Viele Berliner Hinterhöfe waren nicht mehr als dunkle Schächte, wenn sie nicht größer als die von der Baupolizei vorgeschriebenen 28 Quadratmeter maßen, diese Fläche reichte einer Feuerspritze zum Wenden.

Die Bauers konsultierten den Wohnungs-Anzeiger, lasen Inserate in den Tageszeitungen rauf und runter. Alle waren sie sich einig, man wollte in eine bessere Gegend umziehen, am liebsten nach Charlottenburg. Das gehörte zu den reichsten Städten des Kaiserreiches, rangierte gleich hinter Wiesbaden, wo der Kaiser gern kurte. In den letzten Jahrzehnten war im sogenannten ›Neuen Westen‹ mächtig gebaut worden, kaum zu glauben, dass die Zeitungen trotzdem von einer Flaute im Baugewerbe berichteten. Entstanden waren in Charlottenburg ganze Straßenzüge mit dem Kurfürstendamm als Lebensader, der alte königliche Reitweg vom Stadtschloss nach Sanssouci in Potsdam. Die Charlottenburger Mieten waren wesentlich höher als die im Prenzlauer Berg, vor allem für Wohnungen mit elektrischem Licht. Am Lietzensee gab es eine Sieben-Zimmer-Wohnung für 2400 Mark Jahreszins, das musste ja nicht sein. Fünf Zimmer reichten auch, Ferri war schon so gut wie aus dem Haus. Felice sah sich einige Wohnungen in der Nähe vom Savignyplatz und rund ums Amtsgericht an, die meisten davon mit dem großen Salon nach Süden raus und mit opulentem Stuck, aber für das Budget der Bauers zu teuer. In der

Wilmersdorfer Straße war Felice sofort entschieden. Der Jahreszins blieb unter 2000 Mark, schöne Flügeltüren und Fischgrätparkett, vor allem die Lage stimmte, viele Läden in der Umgebung und dennoch ein recht beschauliches Quartier. Carl Bauer unterschrieb den Mietvertrag.

Beim Einpacken von Geschirr kam Felice eine alte Zeitung in die Finger: Im *Tageblatt* vom Ostersonntag berichteten unter der Überschrift ›Beiträge zur Charakteristik der Familie in Europa‹ verschiedene Schriftsteller über das häusliche Leben. Einer der Autoren, der die familiäre Situation in Österreich beschrieb, war kein anderer als Max Brod: Eine »… Tatsache, die man jetzt wieder häufiger antrifft: dass der erwerbende und geistig unabhängige Sohn nicht seinen Stolz darein setzt, so schnell als möglich eine ›eigene Wohnung‹ zu beziehen, sondern gern im gemeinsamen Haushalt mit den Eltern bleibt.«

Max sprach aus Erfahrung; er ging auf die Dreißig zu und lebte noch immer bei seinen Eltern, in jener Wohnung in der Prager Schalengasse, wo Felice Franz begegnet war. Auch der kam ja nicht von zu Hause weg, ein junggesellenhafter Hang zur Bequemlichkeit, der Felice fremd war. Wäre es nicht unüblich gewesen, sich als unverheiratete junge Frau eine eigene Wohnung zu nehmen, Felice hätte es längst getan und sich dem forschenden Auge der Mutter entzogen, schließlich verdiente sie genug, um für sich selbst zu sorgen. Doch was würden die Leute dazu sagen, zudem war sie den Eltern als Mitversorgerin der Familie verpflichtet.

Felice strich die zerknitterte Zeitungsseite glatt und las, was der Hamburger Schriftsteller Otto Ernst über das

Paar als Keimzelle der deutschen Familie zu sagen hatte: »Die langsam gewachsene Beziehung ist vielleicht echter, kernfester. Der beste Teil der Liebe ist Freundschaft, zwar eine ganz andere Freundschaft als die zwischen Mann und Mann oder Weib und Weib; mit Freundschaft aber hat der Rausch der Flitterwochen eigentlich gar nichts zu tun. Vielleicht starben Romeo und Julia zur rechten Zeit, bevor der Streit, ob Nachtigall oder Lerche, bedenkliche Formen angenommen hatte.«

Da klang ein neuartiger Ton an, Ehepartner als Kameraden, die einander den Rücken stärkten, das gefiel Felice. Sie las sich fest in diesem Beitrag, der sie in eine Art Aufbruchsstimmung versetzte, eine Zukunft der Ehe als gleichberechtigte Beziehung zwischen zwei Partnern, eine Vision, die zu verfolgen sich bestimmt lohnte. Felice hob die Zeitung auf, auch wegen Max. Jetzt musste sie schleunigst weitermachen, bald rückten die Möbelpacker an. Die Briefschatulle aus Ebenholz, der silberne Kerzenleuchter, der ovale Handspiegel mit dem Griff in Gestalt einer schlanken Nymphe, jedes Ding glitt noch einmal durch Felices Hände, bevor die Leute vom Fuhrunternehmen kamen und sich am Inventar zu schaffen machten. Der gesamte Bauersche Hausstand wanderte durchs Treppenhaus und auf die Straße hinunter, selbst das vornehme Biedermeiervertiko aus Kirschholz sah dort unten auf dem Trottoir aus wie nutzloser Sperrmüll.

In der ersten Nacht in der neuen Wohnung verspürte Felice eine leichte Unruhe. In den Räumen mit den nackten Wänden, an denen noch keine Bilder und Spiegel hingen, hallte sogar der eigene Atem. In der neuen Gegend, dachte Felice, kann ich vielleicht besser bei offenem Fenster schlafen, Charlottenburg hat einen guten Ruf, weniger zwielichtige nächtliche Rumtreiber als am Prenzlauer Berg. Und was hatte Emmy Brühl gesagt? Was man in der ersten Nacht in der neuen Wohnung träumt, geht in Erfüllung. Doch so sehr Felice am nächsten Morgen auch versuchte, sich ans Geträumte zu erinnern, ihr wollte partout nicht einfallen, welches Orakel ihr die erste Charlottenburger Nacht beschert hatte.

»Ab 3. April 1913 Wilmersdorfer Straße 73, Berlin W«, teilte Felice Franz die neue Anschrift mit. Das vierstöckige, mit schmiedeeisernen Balkons und einem Türmchen geschmückte Eckhaus war wie die Nachbarhäuser 1906 fertiggestellt worden. Die neuen Nachbarn der Bauers waren bürgerliche Familien, einige davon Juden wie die Seligsohns und die Israels, denen die koschere Fleischerei im Nebenhaus gehörte. Im Erdgeschoss befanden sich eine Bäckerei, eine Filiale der Cigarrenhandlung Richter & Franke und ein Gummiwarengeschäft mit allerlei Dichtungen und Schläuchen in den Auslagen. Die neue Wohnung besaß einen gängigen Zuschnitt, dazu gehörte das Berliner Zimmer, welches die Räume zur Straße mit denen zum Hof verband. Lehnte man sich aus dem Fenster und schaute nach Norden, war die Bahntrasse zu sehen, die sich über die Wilmersdorfer spannte. Felice kam die Nähe zur Stadtbahn zupass, von Charlottenburg zum Alexanderplatz konnte sie durchfahren und die Zeit nutzen, um Franz zu schreiben. Die S-Bahn schaukelte auch nicht so wie die Elektrische, in der sie nur verwackelte Briefe zustande kriegte. Und Franz, der nie genug erfahren konnte über ihren Alltag, wartete begierig auf Schilderungen der neuen Gegend: »Nun kenne ich Berlin beiläufig, schreib mir alle Gassen – nicht Gassen, sondern Straßen – und Orte mit Namen, wo Du warst.«

Nun, trat Felice aus dem Haus, fiel ihr Blick auf einen kleinen, baumbestandenen Platz, über den der Duft aus dem Kaffee- und Kakaogeschäft an der Ecke wehte. Vorm Café *Richter* stellten sie am ersten warmen Aprilwochenende die Stühle raus. Vor der Patzenhofer-Destille schräg gegenüber hielt täglich der Bierkutscher, um neue Fässer für den Abend anzuliefern. Vorm Mommsen-Eck schwadronierten bierbäuchige Herren, was Felice mit leichtem Unbehagen zur Kenntnis nahm. Nach einigen Gläsern Molle und Korn unterschieden sich die soignierten Charlottenburger womöglich nicht mehr viel von den Nachtgestalten am Prenzlauer Berg. Im Mommsen-Eck, so hieß es, war Else Lasker-Schüler ein häufiger Gast, ebenso der berühmte Theatermann Rudolf Nelson, ein Nachbar wusste, das sei auch die Stammkneipe von Robert Koch, dem renommierten Arzt. Tolle Gegend, wenn hier so viele Prominente wohnten, denen man jederzeit begegnen konnte. Zum Ku'-damm hin die Mommsen-Apotheke, beruhigend, bei den Zahn- und Kopfschmerzen, von denen Felice bei zu großer Anstrengung heimgesucht wurde, in der Nähe eine Quelle für Medikamente zu wissen, die sie, Franz jedenfalls fand das, viel zu häufig einnahm. »Weg mit dem Pyramidon und allen solchen Dingen! Auf die Gründe der Kopfschmerzen losgehen, statt in die Apotheke!«, so riet er ihr. Natürlich hatte er recht, aber leichter gesagt als getan: Sie wusste ja, dass sie zu viel arbeitete, doch die Bauers brauchten jeden Pfennig, wegen der neuen

Wohnung erst recht. Und Franz war sich nicht klar, dass er selbst den Druck in Felices Kopf lieferte, so sehr sie sich über seine Briefe freute.

»Gleich hinter der Apotheke«, das teilte sie ihm wunschgemäß mit, »führt die Giesebrechtstraße zum Kurfürstendamm. An dessen Ende, am Ufer des Halensees, befindet sich der Luna-Park mit Hippodrom, einer langen Wasserrutsche direkt in den See und der beliebten Wackeltreppe.« Felice hörte manchmal von fern das leicht frivole Gekreisch der Damen, die sich diesem schwankenden Vergnügen aussetzten und sich von einem in die Treppe eingebauten Gebläse auch noch unter die Röcke pusten ließen.

An Flanieren auf dem Boulevard oder gar Amüsement im Luna-Park war vor lauter Arbeit nicht zu denken. Wenigstens die lange Wilmersdorfer ging Felice mal hinauf; jenseits der S-Bahn-Brücke kam man bald in einen recht dörflich wirkenden Bereich mit niedrigen Häuschen, auf denen windschiefe Dächer saßen, denn die Wilmersdorfer führte durch den alten Dorfkern von Lietzow, das in Charlottenburg aufgegangen war. Das Charlottenburger Rathaus am Ende der Straße wirkte mit seinem hohen Turm viel imposanter als das Stadtschloss Unter den Linden, sodass der Kaiser vor Neid einen weiten Bogen um das monumentale Gebäude machte. Überhaupt wetteiferte Charlottenburg mit Berlin, das nagelneue Kaufhaus des Westens am Wittenbergplatz stand Wertheim in nichts nach, auch die Deutsche Oper an der Bismarckstraße musste sich hinter der Lindenoper nicht verstecken. Erst letzten November war sie mit Beethovens *Fidelio* eröffnet worden. Und das Theater des Westens an der Hardenbergstraße, wo im August ein Brand gewütet hatte, stand wieder wie neu. Franz ging so gern ins Kino, ihn würde interessieren, dass es in Charlottenburg jede Menge Lichtspieltheater gab. Also schrieb Felice ihm, dass nur ein paar Schritte die Wilmersdorfer hinunter das Regina mit neuen Filmen lockte, und das kürzlich eröffnete Marmorhaus am Kurfürstendamm mit einem Foyer aus Glas wetteiferte mit der Pracht des Ufa-Palasts am Zoo, wo zur Premiere der Monumentalfilm *Quo Vadis* gezeigt wurde.

Zu einem Kinobesuch war Felice auch noch nicht gekommen. Nur eine Woche nach dem Umzug stand sie mit gepacktem Koffer auf dem Bahnhof und wartete auf die Eisenbahn nach Frankfurt am Main. Erst jetzt, auf dem Perron, fiel ihr der Traum der ersten Nacht in der neuen Wohnung wieder ein, und sie errötete: Felice betrat auf bloßen Füßen ihr Zimmer, über dem Ofenschirm hing ein schwarzer Gehrock, halb davon verdeckt in ihrem Bett lag Franz friedlich schlafend wie ein Kind, zusammengerollt auf einer Decke wie ein zutrauliches Tier, und er war splitternackt. In dem Moment, als Felice an seine Schlafstatt trat und ihre Hand ausstreckte, um ihn zu berühren, musste sie aufgewacht sein.

Das Frankfurter Schweigen

Vom 10. bis zum 20. April 1913 fand in Frankfurt am Main die ›Ausstellung für Geschäftsbedarf und Reklame‹, kurz ›Augur‹, statt. Felice vertrat dort die Lindström AG. Der Wunsch führte ihr die Hand, als sie Franz vor ihrer Abreise schrieb, sie werde in Frankfurt sicher freie Zeit finden, die man, wenn er sich von Prag loseisen sollte, miteinander verbringen könne, etwa ein Ausflug in den Taunus oder in den Rheingau. Auch las man Interessantes über den Frankfurter Zoo, der nach dem Berliner der zweitälteste in Deutschland sein sollte, über den Palmengarten und über das Kunstmuseum Städel, wo so berühmte Gemälde hingen wie Tischbeins *Goethe* und Lucas Cranachs *Venus*. Franz' Kommen stand in den Sternen, als Felice aus Berlin wegfuhr. Sie nutzte die Dienstreise zunächst für einen kurzen Abstecher nach Hannover. Erna stand kurz vor der Niederkunft, ihr ging es den Umständen entsprechend gut, sie sah dem Ereignis tapfer entgegen; dass Felice zu ihr hielt, nichts von ihrem Geheimnis zu den Eltern durchgesickert war und Erna vom Geld, das Felice ihr schickte, eine Babyausstattung hatte kaufen können, sagte sie, sei unbezahlbar. Und was mit Franz Kafka sei, fragte Erna. Felice antwortete, sie würde ungern noch mal zum Schlachtensee mit ihm fahren.

Zuversichtlich, dass sich für Erna alles fügen werde, stieg Felice wieder in den Zug, erreichte am frühen Abend Frankfurt. Das Hotel *Monopol Métropole*, in dem sie untergebracht war, lag gleich am Hauptbahnhof. Ihr Arbeitgeber ließ sich nicht lumpen, es wurde als Haus ersten Ranges geführt und stand sogar im Grieben-Reise-führer. Zu Recht: Das Hotel verfügte über eine moderne Niederdruck-Dampfheizung, die kaum Geräusche mach-te, über Zimmer mit separaten Duschbädern und eine große Gartenterrasse. In der Halle standen bequeme Korbsessel unter echten Palmen, im Speisesaal brach sich das Licht in allen Regenbogenfarben im geschliffenen Glas der Kristalllüster unter der Stuckdecke. In Felices Zimmer stand ein kleiner Sekretär, der sie sogleich daran erinnerte, dass Franz wieder auf Nachricht wartete. Doch nach den Strapazen der Reise wollte sie erstmal ankommen, eine ganze Woche hatte sie schließlich Zeit, da musste sie nicht gleich am ersten Tag schreiben, Franz sähe es ihr sicher nach. Das graue Flanellkostüm musste sie auch noch aus dem Koffer befreien und auf den Bügel hängen, damit sie morgen eine gute Figur machte.

Vom Hotel *Monopol Métropole* konnte man gut zu Fuß zur Messe gehen, keine zehn Minuten. Aus dem Frankfurter Hauptbahnhof strömten geschäftsmäßig gekleidete Menschen scharenweise zur prächtigen, neu erbauten Festhalle, in der Prozession war Felice in ihrer elegantesten Bürokluft, das dunkelgraue, seriöse Norfolk-Kostüm mit hohem Taillengürtel, eine der wenigen Frauen. Am Eingang der Messehalle zeigte sie beim Pförtner ihren Firmenausweis vor und strebte geradeaus in den zentralen Saal hinein. Felice schaute auf einer Übersichtstafel nach der Standnummer von Lindström, 11, das war im vorderen Bereich. Die meis-ten Aussteller hatten ihre Stände unter der großen

Glaskuppel schon geöffnet, Felice machte die Runde, um sich einen Überblick zu verschaffen. Der größte Stand gehörte den Frankfurter Adlerwerken, für die war das hier ein Heimspiel. Gleich daneben die Konkurrenz, die Deutschen Kleinmaschinen-Werke aus München, die ihre Helios-Schreibmaschine für den stolzen Preis von 135 Mark präsentierten; das Reklameplakat zeigte eine im Stil der griechischen Antike gewandete Frau, die das Gerät an vorgestreckten Armen wie eine Torte vor sich her balancierte. Die Liliput-Schreibmaschine von Bamberger & Co. war schon ab 28 Mark zu haben. Der Slogan ›Schreibst Du mit der Feder noch so gut, weit besser schreibt die Liliput!‹ hing unübersehbar als großes Werbebanner über dem Messestand. Einen Gang weiter fand man alles zum Thema Papier, Bütten, handgeschöpft, mit und ohne Wasserzeichen, Seriendrucke von Formularen, alles Produkte des Unternehmens Dössel & Rademacher aus Hamburg. Felice war unbedingt für standardisierte Formulare in normierten Vordrucken, das würde ordentlich Zeit einsparen. Seit einer Weile wurde über die Einführung von Normverfahren geredet, bei den immer komplexeren Handelsbeziehungen wäre das eine zweckmäßige Neuerung. Die praktischen Leitz-Aktenordner waren auch schon weiter verbessert worden, durch ein Griffloch im Rücken, was die Entnahme eines schweren Ordners aus einem Kontorschrank erheblich erleichterte. Bei den vielen weiblichen Bürokräften war das sehr sinnvoll. Bunte Faber-Castell-Bleistifte und glänzende Soennecken-Stahlschreibfedern fanden sich in trauter Gesellschaft mit der bewährten Pelikan-Tinte, die in Fässchen mit verschiedenen Füllmengen zu haben war. An einen Fleischwolf erinnerte ein kleiner, mit einer Handkurbel betriebener Apparat, Myers Bleistift-Anspitzmaschine von der Firma Mechanical Products & Co. aus Brooklyn. Felice drehte an der Kurbel des Ausstellungsstücks, der Kollege am Stand trat auf sie zu, reichte ihr einen stumpfen Bleistift, den sie in das praktische Gerät steckte. Wie aus einem Prospekt kam es, mit leicht amerikanischem Akzent, aus ihm heraus: Myers einzigartige Anspitzmaschine lässt sich auf drei verschiedene Spitzenarten einstellen und stellt die weitere Schrägung ein, wenn der gewünschte Spitzengrad erreicht ist.

Felice drehte weiter die Kurbel, das Gerät entließ eine lange Holzspirale. Das müsste Franz mit seinem Interesse an technischen Neuerungen doch gefallen. Überhaupt wäre diese Messe für ihn, bei dem sich alles um Schreiben und Kommunikation drehte, ein Paradies.

Kaum etwas war ermüdender als ein Tag auf der Messe. Schon nach dem ersten Vormittag in der großen Halle brannten Felice die Augen. Am Stand vorüberziehende Menschenschwärme, ein dicker Klangteppich, das Konzert aus Schreibmaschinen, Schritten, Stimmen und dem Knistern des Parlografen, den Felice wieder und wieder den staunenden Standbesuchern demonstrierte. Erwachsene Leute standen mit offenen Mündern wie Kinder im Zauberkabinett, wenn Felice die Haube vom schwarzen Kästchen mit dem Elektromotor entfernte, wenn sie den Schlauch mit dem Schalltrichter zum Mund führte und hineinsprach, die Wachswalze sich zu drehen begann und auf Knopfdruck ihre Stimme wiedergab.

So kann jederzeit ein Diktat aufgenommen werden, auch wenn die Sekretärin schon Feierabend hat, sagte

Felice ihr Sprüchlein auf, fünfzig Prozent Zeitersparnis, dafür garantiert die Lindström AG.

Das Instrument war, gar keine Frage, die größte Sensation der Messe. Die *Frankfurter Zeitung* sprach von der enormen Leistungsfähigkeit dieser brandneuen Erfindung. Davon, dass unsere Vorfahren sich nie hätten träumen lassen, einmal von automatischen Frankiermaschinen, mechanischen Brieföffnern und vor allem diesem utopisch anmutenden Gerät zu profitieren, das von einer jungen, überaus kompetenten Frau aus der Reichshauptstadt Berlin präsentiert wurde.

Das neuartige Gerät beflügelte auch Franz' Fantasie: »Übrigens ist die Vorstellung ganz hübsch«, fand er, »dass in Berlin ein Parlograph zum Telephon geht und in Prag ein Grammophon, und diese zwei eine kleine Unterhaltung miteinander führen.«

Abends um acht, als sich die Pforten der Festhalle schlossen, trat Felice mit schweren Beinen auf die Straße. Ihr Hals kratzte vom wiederholten Erklären des Parlografen und vom unablässigen Parlando während eines Geschäftsessens in einem großen Restaurant. Und abends, wenn sie, endlich Ruhe, den Portier um ihren Zimmerschlüssel bat, wenn sie die Stufen der breiten Treppe in der Hotellobby hinaufstieg und die Tür ihres Zimmer hinter sich schloss, schwirrte ihr der Kopf. Sie warf noch einen kurzen Blick in die *Büro-Bedarfs-Rundschau*, Pflichtlektüre, die sie lieber morgens beim Frühstück fortsetzte, löschte das Licht und fand im bequemen Bett mit gestärkten, weiß bezogenen Daunenkissen den ersehnten Schlaf. Kaum auszudenken, wäre Franz tatsächlich mitgekommen. Er hätte den ganzen Tag wie ein treuer Hund vor der Festhalle auf sie gewartet, um dann am Abend neben einer übermüdeten Begleiterin, die ihre Augen kaum mehr offen halten konnte, in einem Restaurant zu sitzen. An Wanderungen im Taunus und im Rheingau wäre schon gar nicht zu denken gewesen.

Der Morgen begann für Felice mit dem Luxus einer heißen Dusche, dem zarten Fliederduft der Hotelseife und dem weichen Vlies der weißen Hotelbadetücher auf der Haut. Sie zog eine frische Bluse an, zurrte den Gürtel um die Taille, warf einen prüfenden Blick in den Spiegel, bevor sie die Treppe ins Foyer hinunterschritt. Der Portier winkte mit Post. Felice las sie zum Frühstück mit Spiegeleiern. Franz rügte schon jetzt, nach ein paar Tagen Sendepause, das ›Frankfurter Schweigen‹, ein Vorwurf wie in Stein gemeißelt. Der Mann hatte Nerven! Sah sich als Opfer von Felices Treulosigkeit, weil der Postbote wieder nur mit leeren Händen vor ihm stand. Was glaubte Franz denn, was sie in Frankfurt trieb? Sie war doch nicht zum Spaß hier! Niemals hätte sie ihm gegenüber von Palmengarten und Rheingau fantasieren dürfen, jetzt war es kein Wunder, dass Franz sich verschaukelt fühlte, wenn er nicht mal eine Ansichtskarte von ihr bekam. Pflichtschuldigst schickte Felice von der Poststelle in der Festhalle sogleich ein Telegramm ab und noch eine Karte hinterher, die das noble Hotel zeigte, das die Firma Lindström ihren Angestellten spendiert hatte, und klebte eine Reklamemarke mit dem Haupt eines antiken Helden darauf, wahrscheinlich der Augur, zu dem sich die Anfangsbuchstaben der Ausstellung fügten. Als der Concierge ihr am Abend des nächsten Tages einen weiteren Brief überreichte, war Felice auf weitere Vorhaltungen gefasst, aber Franz, der ihre Karte schon erhalten hatte, wollte nur wissen, hinter welchem der Fenster Felice denn logierte. Und wieder plagte ihn eine geradezu selbstmörderische Eifersucht, diesmal nicht auf den Kinderarzt, sondern auf die feschen Kollegen, die auf der Messe um Felice herumschwirrten, »repräsentative gutangezogene, kräftige, gesunde lustige junge Leute, also Leute, gegenüber denen ich mich, wenn man mich ihnen zum Vergleich gegenüberstellen wollte, einfach niederstechen müsste.«

Zwischen all den Utensilien, die der Korrespondenz dienen sollten, Bleistiftsortimente, Briefwaagen, Markenanfeuchter, kam Felice auch in den folgenden Tagen nicht zum Schreiben. Eines hatte Franz jedenfalls geschafft, Felice plagte das schlechte Gewissen, gerade so, als würde sie ihn mit einem der gutangezogenen, kräftigen und lustigen Herren, mit denen sie immerhin mit dem ortsüblichen Trunk, dem Frankfurter Apfelwein, anstieß, nach allen Regeln der Kunst betrügen. Frankfurt, Goethes Geburtsstadt, man plauderte über das schöne Barockgebäude am Hirschgraben und die Vorzüge der neuen Messehalle, jemand pries die lokale Spezialität Grüne Soße, die in einem Gasthof am Römer ganz besonders zu empfehlen sei. Hart gekochte Eier mit einer Tunke aus Sauerrahm und siebenerlei Kräutern, ließ sie sich erklären, durchaus was für den Geschmack von Franz, der sich in Sorge um seinen anfälligen Körper schon länger dem Vegetarismus verschrieben hatte. Stets in lebendiger Gesellschaft, vergaß Felice sein Lamento über verspätete Postzüge und Briefträger fast. Erst im Hotelzimmer wurde sie wieder vom schlechten Gewissen eingeholt, es kam per Telegramm: »wieder keine nachricht bitte bitte ein offenes wort«.

Felice löschte das Licht, der sich rundende Mond erhellte das Zimmer. Morgen werde ich ihm schreiben und ihn von seiner Pein erlösen, nahm sie sich vor. Zwischen all den fortschrittlichen Apparaten, dachte Felice, die auf der Ausstellung vorgeführt wurden, fehlt einer, der noch märchenhafter wäre als der Parlograf. Durch Felices letzte Gedanken vorm Einschlafen gaukelte eine kleine, handliche Maschine, die man mühelos in der Handtasche verstauen konnte und die per Knopfdruck eine Nachricht, kaum dass man sie der Maschine diktiert hatte, durch die Luft an den Empfänger sandte.

Abermals direkt aus der Festhalle telegrafierte Felice am nächsten Morgen zurück: »Bitte keine unnütze Sorge. In Eile, Deine Felice.«

Was Franz in seinem komplizierten Kopf als Boykott seiner Person verbuchte, war ein schlichtes Zeitproblem. Er war doch selbst oft im Außendienst tätig, war in der Zwischenzeit von seinen Chefs zu Mandanten nach Aussig geschickt worden und musste aus eigener Erfahrung wissen, dass Briefe sich schlecht zwischen Tür und Angel schreiben ließen, zumal solche, wie er sie einforderte, Detailschilderungen auf mindestens einer doppelt beschriebenen Seite. Tatsächlich kam auf Felices Telegramm hin ein weiterer Brief im Hotel an, in dem er zerknirscht bedauerte, dass er immer wieder mit seinem Gejammer in ihre Arbeit hineinfuhr. Endlich, er sah es ein! An den beiden letzten Messetagen war Felice die Ruhe selbst, obwohl sie sich nach einer Woche in der betriebsamen Halle urlaubsreif fühlte. Auf der Rückreise nach Berlin stellte sie sich vor, mit geschlossenen Augen im komfortablen Erster-Klasse-Abteil und die Aussicht auf die schöne, hügelige Landschaft zwischen Frankfurt und Kassel verschlafend, dass sie unterwegs war mit Franz in Richtung Italien, in den Süden.

Seit der Büroartikelmesse brachte Franz mehr Verständnis für die Briefpausen auf, dennoch, das ›Frankfurter Schweigen‹ war zur stehenden Rede geworden. Der Vorwurf hing über Felice wie eine dunkle Wolke, wann immer sie einen Brief von Franz öffnete, der eine Antwort einklagte. Er unterstellte ihr gar, froh zu sein, bliebe seine Post ganz aus, dann bräuchte sie nicht mehr zu antworten. Er tat ihr bitter unrecht; selbst Emmy Brühl war enttäuscht, wenn sich zwischen all der Geschäftspost, die bei Lindström ankam, kein Brief von Doktor Kafka aus Prag fand.

Allein auf Ruinen

»Wäre schon Pfingsten!« Nun war es so weit. Die Bauers beschäftigte vor allem ein Ereignis: Ferris Verbindung mit Lydia Heilborn. Dem Bruder, der bislang als leidlich erfolgreicher Korsettvertreter durch die Lande getingelt war, winkte dadurch der berufliche Aufstieg, denn der künftige Schwiegervater war ein angesehener Berliner Luxuswäschefabrikant. Wäre ja gelacht, wenn da für Ferri kein schöner Posten als Geschäftsführer herausspränge. Nun hatte der ausgerechnet für Pfingsten seine offizielle Verlobung angekündigt. Blankes Entsetzen in Prag: »Zum Empfangstag zu gehn, wäre doch ein wenig zu phantastisch glaubst Du nicht?« Vor Franz türmte sich ein Katastrophenszenario auf. Nach sechs Stunden Eisenbahnfahrt Ankunft bei Felices Eltern im zerknautschten Anzug, Händeschütteln mit fremden Leuten inmitten palavernder Gäste. Gleich zwei Empfänge drohten, Pfingstsonntag bei den Bauers in Charlottenburg, Pfingstmontag bei den Heilborns in Mitte, da würde Franz schon wieder an seine Abreise denken, weil dienstags das Büro auf ihn wartete. Felice würde wahrscheinlich von lauter beliebigen Menschen herumgezogen werden, statt Zeit für ihn zu haben.

»Was werden wir an diesen Tagen tun?«, fragte Franz, »ich hätte eigentlich nicht davon gesprochen, dass ich Deine Eltern besuchen will, denn repräsentationsfähig sehe ich ebensowenig wie vor 2 Monaten aus und bin es auch ebenso wenig, aber ich fürchtete mich mehr als vor allem davor, wieder nur augenblicksweise mit Dir beisammen zu sein, in Berlin zu sein und etwa 5 Stunden auf dem Kanapee zu liegen und den doch immer unsichern Telephonanruf zu erwarten. [...] Trotzdem denk' nach, denk nach! Mein Kopf will nicht!«

Felice dachte nach. War für einen Menschen, der offizielle Anlässe mied wie der Teufel das Weihwasser, nicht das beste Heilmittel, den Stier bei den Hörnern zu packen? Statt wieder wie ein flüchtiger Waldgeist durch den kahlen Grunewald zu irren, wäre es besser, mutig mitten hineinzuspringen in den Schoß der Familie Bauer! Die wollte den Unsichtbaren aus Prag längst mal kennenlernen. Dann wäre auch endlich Schluss mit der Schnüffelei, den Vorwürfen und Sticheleien der Mutter. Felice blieb fest bei ihrem Entschluss: »Wir sehen uns an Pfingsten, was soll denn groß geschehen?«

Doch Franz ließ sich nur schwer beruhigen: »... was wird diesem Pfingsten folgen?«

Franz zog, großes Aufatmen bei Felice, seine Reisepläne trotz aller Bedenken nicht zurück. Samstagabend vor Pfingsten traf er am Anhalter Bahnhof ein, wieder stieg er im *Askanischen Hof* ab. Sonntagvormittag erwartete er Felices Anruf, wahrscheinlich rechnete er mit den prophezeiten fünf Stunden auf dem Hotelkanapee. Felice war noch mit Erna zugange, die Schwestern nutzten die Zeit zu einer Besprechung im Café, es ging um Unterhaltszahlungen, zu denen Erna den Kindsvater verdonnern konnte. Erna hatte erst vor gut zehn Tagen, am 30. April, ein gesundes Mädchen zur Welt gebracht, die kleine Eva, und war bei den Eltern hineinspaziert, als sei nichts gewesen. Felice machte Notizen, reihte Ziffern untereinander und errechnete, was der Kindsvater zu zahlen verpflichtet war, wie viel Erna, wie viel die Pflegefamilie bekommen musste. Die Schwestern, Stenotypistinnen unter sich, nutzten eine Geheimschrift, deren Sinn den Eltern verborgen bliebe, selbst wenn ihnen die Notizen in die Hände fielen. Da Felice kein anderes Stück Papier zur Hand hatte, kritzelte sie die kryptischen Zeichen auf die Rückseite des Briefes, den ihr Franz vor seiner Abreise aus Prag geschrieben hatte und den sie in ihrer Handtasche bei sich trug.

Du kannst deinen Franz jetzt wirklich nicht länger im Hotel warten lassen, sagte Erna, aber hat er überhaupt eine Ahnung, was los war mit mir?

Felice nickte, Erna könne Franz unbedingt vertrauen, er habe hoch und heilig Diskretion gelobt. Sie winkte den Kellner herbei: Haben Sie einen Münzfernsprecher im Haus?

Lützow 4588, der Portier vom *Askanischen Hof* verband Felice umgehend. Franz' Stimme drang aus weiter Ferne an ihr Ohr.

Wir sind so weit, schickte Felice ins Rauschen der Leitung hinein, du kannst jetzt losfahren, zum gemeinsamen Kaffeetrinken, und vergiss die Blumen für Mutter nicht!

Am liebsten wäre Franz im gewöhnlichen Sommeranzug aufgetaucht und hätte die Rolle des zufällig Hereingeschneiten gespielt, so wie damals bei Brods, das lang Geplante engte ihn ein. Je öfter er eine Szene gedanklich durchspielte, desto mehr Hindernisse stellten sich ihm in den Weg. Die Bauers würden ihn als potenziellen Schwiegersohn genau unter die Lupe nehmen. Die Szene, die ihm jetzt bevorstand, bewegte er seit gut vier Wochen im Kopf, und sie hatte sich dort gewiss längst in einen surrealen Horrorfilm verwandelt.

Die Türglocke wurde geläutet, das Dienstmädchen lief. Angespannt stand der neue Gast in der geöffneten Tür der Bauer'schen Wohnung, gestatten, Franz Kafka, zog den Hut und streckte Anna Bauer, die in der Diele erschien, das bestellte Bukett am ausgestreckten Arm entgegen wie eine Standarte. Er blickte in ein hartes, strenges Gesicht. Trotz aller Artigkeiten, die Franz sich abringen konnte, Diener, Kratzfuß, die schönen Blumen, verzog Felices Mutter keine Miene. Gewandet in Schwarz wie zu einer Trauerfeier taxierte sie den Neuankömmling, und als sie ihn zögerlich über die Schwelle bat, klang das wenig einladend. Natürlich war das Szenario genau so, wie Franz es vorausgesehen hatte: Felice begrüßte ihn nur flüchtig, wie zwei Geschäftspartner schüttelten sie sich die Hände, sie sprang unermüdlich umher, sah in der Küche nach dem Rechten, nahm Kuchenpakete entgegen, die aus der nahen Konditorei geliefert wurden.

Franz wurde beäugt. Gute Reise gehabt, Herr Doktor? Die Eisenbahnverbindungen werden ja immer schneller. Wenn nur dieser brandige Kohlengeruch nicht so in den Kleidern hängenbliebe, finden Sie nicht auch?

Franz schaute sich um wie auf der Suche nach einem bekannten Gesicht. Man ging zu Tisch, ganz oben an der Tafel saß als gestrenge Herrscherin die Mutter, deren Augen nichts entging. Nicht nur auf Franz übte sie eine einschüchternde Wirkung aus, sie schien der jungen Lydia gleich signalisieren zu wollen, wer bei den Bauers das Heft in der Hand hielt. Carl Bauer war um Anekdoten nicht verlegen, die von seinen Dienstreisen handelten, in wienerisch gefärbter Ausdrucksweise erzählte er von durchgelegenen Hotelbetten und von zugigen Wartesälen in ostpreußischen Provinzbahnhöfen. Die Rollen waren klar verteilt: Anna Bauer die ungekrönte Königin, ihr Mann der zum Hofnarren degradierte Prinzgemahl. Ludwig Heilborn fachsimpelte mit seinem künftigen Schwiegersohn über Damenwäsche, natürlich nur auf geschäftlicher Ebene, erklärte er mit einem Augenzwinkern den anwesenden Frauen. Erna warf Franz entwaffnende Blicke zu; als Eingeweihter musste er Fragen nach Ernas neuer Stellung in Hannover, die Erna einsilbig beantwortete, da es eine neue Stelle ja noch gar nicht gab, als besondere Theateraufführung empfinden.

Felice spielte ihre Rolle als Gastgeberin perfekt, hakte dort ein, wo ein Gespräch zu erlahmen schien, nur mit Franz wechselte sie kein Wort. Als geheimnisvoller, schweigsamer Fremder saß er in der Tischrunde wie auf dem Präsentierteller; am liebsten hätte er sich zum Verschwinden gebracht, sprach wenig mehr als ›ja, bitte‹ und ›nein danke‹, vom Mädchen gefragt, ob Sahne zum Kuchen. Franz saß da wie bei Riesen zu Gast. Er starrte auf ihre großen Mäuler, denen viel zu laute Stimmen entfuhren, sah ihre Riesenpranken mit Forken auf den Tellern herumfuhrwerken, erstarrte vor dem Stück Torte, das man ihm auf seinen Teller geladen hatte, und das er niemals würde bewältigen können. Schmeckt's ihm nicht?, fragte Frau Heilborn.

Felice geriet in Verlegenheit, als Tante Natalie sich erkundigte, wer der scheue Herr denn nun sei, der einer Familienfeier im kleinen Kreis beiwohnen durfte. Ein sehr guter alter Freund der Familie, ein hereingeschneiter Verwandter des Vaters aus Ungarn, den man noch nicht kennengelernt hatte, oder gar ein Heiratskandidat, der sich um eine der drei ledigen Bauer-Töchter bemühte?

Aus Ungarn kommt er nicht, antwortete Felice.

Kein nennenswerter Szenenwechsel am nächsten Tag zum Kaffee bei den Heilborns in der Neuen Königstraße. Ein Gespräch mit dem Gast aus Prag wollte sich partout nicht ergeben, wie auch? Was ist er eigentlich, Tscheche oder Deutscher? Fleißiger Beamter oder saumseliger Künstler?

Von Dr. Kafka hörte man so einiges, dass er literarische Ambitionen hatte und schon mal was von ihm im *Berliner Tageblatt* zu lesen gewesen war, das flößte den Bauers und sogar den selbstbewussten Heilborns durchaus einigen Respekt ein. Sie trauten sich nicht, ihm Fragen zu stellen. Mehr noch: Ihnen fielen vor lauter Angst, bei diesem promovierten Bücherwurm in ein Fettnäpfchen zu treten, gar keine Fragen ein. Die literarische Bildung der Bauers beschränkte sich auf den üblichen Schulkanon, ein bisschen Goethe, ein wenig Schiller, und von diesem neumodischen Kram, den der Verlag von Kurt Wolff herausbrachte und den Felice neuerdings anschleppte, hatte man keine Ahnung. Sie konnten den schweigsamen Fremden nicht einschätzen und erst recht nicht, wohin es ihn beruflich zog. Fragen zum florierenden Galanteriewarengeschäft seines Vaters beantwortete Franz schmallippig.

Felice schämte sich ein wenig für Franz' unhöfliches Verhalten, er krümmte sich auf seinem Stuhl, als drohe mit jeder weiteren Frage, die mit seinen ungeliebten Eltern zu tun hatte, eine Kolik. Felice ahnte es, Franz wäre niemals der Bräutigam, den die Eltern ihrer Felice zudachten. Einen fleißigen Kollegen von Lindström, einen Mann mit Sinn fürs Merkantile, kurzum, einen jener lebenstüchtigen jungen Männer, auf die Franz so eifersüchtig war, mit dem hätten die Bauers etwas anzufangen gewusst. Immerhin kein Goy, dieser Kafka, wenigstens etwas, auch für nicht orthodoxe Leute wie die Bauers.

Nachdem die Kaffeetafel aufgehoben worden war, schlug Felice Franz einen Spaziergang am Ufer des Nikolassees vor, so viel Zeit musste sein. Sie mussten dringend unter vier Augen reden, über die gemeinsamen Aussichten, das schöne, gerade Leben. Die Ausflugslokale waren wie ehedem zu Ostern gut besucht, und die Natur war jetzt, fast Mitte Mai, vollkommen erwacht. Die Entenküken hatten längst das Nest verlassen, die Forsythien leuchteten gelb, die Sonne stand hoch überm glitzernden Wasser. Felices Redefluss, die eben noch auf dem Empfang mit gelöster Zunge Konversation betrieben hatte, war während der Fahrt zum See zwischen Erwartungen und Bedenken versiegt. Wie Hänsel und Gretel stolperten sie, die Blicke ins Gras gesenkt, wieder durch den Wald, als verhexte Liebende, die das Zauberwort nicht kannten und keinen blassen Schimmer hatten, wie sie miteinander umgehen sollten. Franz bekannte, einen recht verworrenen Eindruck von der Familie Bauer zu haben, vor allem der Mutter habe er schon bei der Begrüßung die vollständige Resignation angesehen, mit so einem fatalistischen Zug im Gesicht. Nur Erna habe er sich gleich näher gefühlt. Felice versuchte zu beschwichtigen, sie sei doch da und an seiner Seite. Franz sah das ganz anders: »… sie besaßen Dich und waren deshalb so groß, ich besaß Dich nicht und war deshalb klein, aber so sah ich es doch bloß an, sie doch nicht, wie kamen sie also zu diesem Verhalten, das trotz aller Liebenswürdigkeit und Gastfreundschaft sie beherrschte. Ich muss einen sehr hässlichen Eindruck auf sie gemacht haben …« Dem konnte Felice kaum widersprechen.

Zu Hause musste sich Felice von der Mutter fragen lassen, welchen Sinn und Zweck die Anwesenheit dieses Franz Kafka denn gehabt hätte, wenn von einer baldigen Verheiratung gar nicht die Rede sei. Anna Bauer durchschaute die eigene Tochter nicht mehr. Was faszinierte sie bloß an diesem blässlichen, schüchternen Herrn, der im Essen nur mäkelig herumgestochert und den Mund auch sonst nicht aufgekriegt hatte? Felice durchschaute sich ja selbst nicht mehr. So seltsam ihr Franz' Verhalten und seine verschachtelten Gedankengänge vorkamen, er stellte eine verführerische, seltsam verschlungene Gegenwelt zu den engen bürgerlichen Vorstellungen dar, die Anna Bauer verkörperte. Hier die Einfalt der Strickarbeiten, dort die Geistesblitze aus Prag; hier die moralinsaure Belehrung, dort die bittersüße Wahrheit der Literatur, die alles offenließ.

Anfang Juni 1913 lag eine druckfrische Ausgabe des Jahrbuchs für Dichtkunst *Arkadia* auf Felices Tisch, darin *Das Urteil* von Franz Kafka. »Eine Geschichte für Felice B.«. Die Widmung stand diesmal nicht nur handschriftlich auf dem Papier, sondern gedruckt, sodass alle Welt sie lesen konnte. Gab es eine schönere Liebeserklärung? Franz hatte beim Schreiben direkt aus der Wirklichkeit geschöpft, denn die Hauptfigur der Geschichte war ein Kaufmannssohn, der kurz vor der Eheschließung stand. »Ich habe mich mit einem Fräulein Frieda Brandenfeld verlobt, einem Mädchen aus einer wohlhabenden Familie«, las Felice. Sieh an, Frieda Brandenfeld, ihre eigenen Initialen, Felice war zu Franz' Muse geworden. Sie las zufrieden weiter, doch mit jedem weiteren Satz entgleisten Felices Gesichtszüge. Zuerst tat sich der Bräutigam schwer damit, einem guten Freund die Neuigkeit von der Heirat mitzuteilen. Dann fand der Vater des Bräutigams heraus, dass die zukünftige Schwiegertochter keine ehrenhafte Frau war, sondern ein leichtes Mädchen. »Weil sie die Röcke gehoben hat«, fing der Vater zu flöten an, »weil sie die Röcke so gehoben hat, die widerliche Gans«, und er hob, um das darzustellen, sein Hemd so hoch, dass man auf seinem Oberschenkel die Narbe aus seinen Kriegsjahren sah, »weil sie die Röcke so und so und so gehoben hat, hast du dich an sie herangemacht, und damit du an ihr ohne Störung dich befriedigen kannst, hast du unserer Mutter Andenken geschändet, den Freund verraten und deinen Vater ins Bett gesteckt, damit er sich nicht rühren kann.« Die gut situierte Frieda Brandenfeld, die Felices Initialen trug, hatte sich im Handumdrehen in eine liederliche Cancan-Tänzerin verwandelt und erinnerte Felice auch ein wenig an die aufgekratzt kreischenden Frauen auf der Wackeltreppe im Luna-Park. »Häng dich nur in deine Braut ein und komm mir entgegen! Ich fege sie dir von der Seite weg, du weißt nicht wie!«, ließ Franz den Vater schnauben. Der derart bedrängte, beschuldigte und von seinen Heiratsabsichten schlagartig abgeschreckte Sohn wusste keinen anderen Ausweg, er rannte hinaus auf die Gasse, stürzte sich in einen Fluss und ertrank in den Fluten. Ein jähes Ende der Geschichte, die Franz in einer einzigen Septembernacht zwischen elf Uhr abends und sechs Uhr früh zu Papier gebracht haben wollte. Die ernüchterte Leserin wurde zu ihrem Missfallen nun auch noch um ihre Meinung gebeten: »Findest Du im ›Urteil‹ irgendeinen Sinn, ich meine irgendeinen geraden, zusammenhängenden, verfolgbaren Sinn? Ich finde ihn nicht und kann auch nichts darin erklären.«

Felice ließ Franz wissen, es sei niederschmetternd für sie, sowas Trauriges übers Heiraten zu lesen, gerade aus seiner Feder. Am Ende stand die Braut sogar als Schuldige da. Felice betrachtete die Widmung im Buch nach der Lektüre mit anderen Augen als vorher, sie stand auf dem Papier wie eine Drohung. Felice konnte das Jahrbuch mit der neuen Geschichte leider nicht stolz im Büro herumzeigen, bloß nicht, die Kolleginnen würden sofort ihre messerscharfen Schlüsse ziehen, wenn sie die Widmung lasen. »Franz, wie kannst Du mich eigentlich liebhaben«, fragte Felice, »wenn Du sowas zu schreiben imstande bist?«

Zwei kurze Sätze genügten, um Felice zu besänftigen: »Ob ich Dich lieb habe, musst Du nicht fragen. Manchmal ist mir, als wäre alles, alles menschenleer und Du säßest allein auf den Ruinen von Berlin.« Das klang nach umstürzenden Türmen, zerbrochenen Brücken und in sich zusammenfallenden Mietskasernen, nach jener expressionistischen Großstadtlyrik, die in den literarischen Kreisen Berlins gerade en vogue war. Das Bild, das Franz zeichnete, traf Felice mitten ins Herz: Mutterseelenallein auf einem Trümmerhaufen, so fühlte sie sich.

Körper und Geist

Die ganze Nacht wälzte sich Felice von Zahnschmerzen geplagt schlaflos hin und her. Weder Nelkenöl noch die viel gepriesene Amol-Watte, die sie gegen die schmerzende Stelle drückte, brachten Linderung. Mal wieder kam Felice um einen Besuch beim Zahnarzt nicht herum. Im Wartezimmer, im Vorgefühl rascher Abhilfe, ließen die Schmerzen nach, bevor Felice kneifen konnte, steckte die Sprechstundenhilfe den Kopf zur Tür herein, der Nächste bitte, und augenblicklich fand sich Felice mit einem Lätzchen auf der Brust im Zahnarztstuhl wieder. Der Doktor beugte sich über ihr Gesicht und leuchtete mit einer Taschenlampe im Mund herum. Nichts zu erkennen, sagte er mit gerunzelter Stirn, das sieht nach einem Eiterherd unter der Brücke aus. Felice hörte Engel singen, als sein Hämmerchen auf die hinteren Backenzähne niedersauste.

Hilft alles nichts, konstatierte der Arzt, wir müssen die Brücke abbrechen.

Gottergeben ließ Felice die Behandlung über sich ergehen, die Nadel der Spritze, die bis auf den Kieferknochen vorzudringen schien, die krachenden Geräusche der Zange so dicht an ihrem Ohr, die trotz lokaler Betäubung entsetzlichen Schmerzen und den üblen Geruch, der sich ausbreitete, als der Druck endlich nachließ und die schlimme Stelle mit alkoholischen Tamponaden beruhigt wurde. Wie viele Stunden Felice schon im Zahnarztsessel gelitten hatte, ihr Blick wanderte auf der

Decke des Behandlungszimmers umher, über Stuck-
bänder in ruhigen, elliptischen Bahnen. Felice versuchte,
den Schmerz zu unterdrücken, indem sie an etwas
Schönes dachte. Sie stellte sich vor, wie sie Hand in
Hand mit Franz durch Berlin flanierte oder wie sie im
Sonnenuntergang am Kap einer südlichen Insel saßen,
stark und schön wie auf einer Kinoleinwand. Eine süße
Walzermusik schwappte wie Zuckerwasser durch Felices
Kopf und übertönte sogar das Dröhnen des Bohrers.
Beißender Ammoniakgeruch stieg ihr in die Nase, im
Geigenhimmel riss eine Saite, das Orchester geriet aus
dem Takt, nein, der Nerv war nicht tot. Felice riss es
aus dem Behandlungsstuhl, ihr kamen die Tränen vor
Schmerz, der metallische Geschmack von Blut drang in
ihre Kehle.

Bitte ausspülen, Fräulein Bauer. Halten Sie noch einen
kleinen Moment durch, es ist gleich vorbei.

Aber nach dem Zahnarzt war immer vor dem Zahnarzt. Es hörte nie auf, so wie die Briefflut von Franz.
Der hatte sie schon ermahnt, das Zerbeißen von Zu-
ckerstücken und Schokolade zu lassen, schon wegen des
unschönen Geräusches.

Fräulein Bauer, sagte der Doktor, wenn ich mir so ihr
Gebiss anschaue, also, das wird nicht der letzte Besuch
in diesem Jahr sein, ich weiß nicht, wie lange die Amal-
gamplomben in den anderen Backenzähnen noch halten
werden.

Ohne dass Felice mit aufgesperrtem Mund widersprechen konnte, entwarf der Zahnarzt ein Szenario, das
nicht nur von einer neuen Brücke, sondern von Wurzel-
behandlungen und etlichen neuen Goldkronen handelte.
Was das wieder kostete! Wenn das Gold wenigstens

länger hielt als die Amalgamfüllungen, die so schnell zu bröseln begannen. Mit Tamponaden in der Backe quälte sich Felice vom Kurfürstendamm die Wilmersdorfer Straße hinauf und sehnte sich nach einer Wärmflasche und ihrem Bett im abgedunkelten Zimmer. In den Spiegel mochte sie am nächsten Morgen immer noch nicht schauen.

Der eigene Anblick war an schlechten Tagen auch ohne dicke Backe ein zweifelhaftes Vergnügen. War Franz auch der Meinung, eine Frau müsse nicht hübsch sein, sondern ganz genau so, wie sie ist, Felice wusste sehr wohl um ihre Schönheitsfehler. Ihre Nase wirkte wie zerbrochen und schlecht zusammengeheilt. In der Mommsen-Apotheke hatte sie die Werbung für einen Korrekturapparat gesehen, ein furchterregendes Gerät, das man sich über Nacht aufs Gesicht schrauben musste. Bei regelmäßiger Anwendung wurde die allmähliche Zurückdrängung vorstehender Nasenknorpel versprochen. Einen Moment lang erwog Felice die Anschaffung dieser Maschine, wer schön sein will, muss leiden, doch die Nase war nur das kleinere Übel, die tat wenigstens nicht weh. Und obgleich Felice in Anbetracht ihrer ruinösen Zähne der Gedanke an einen innigen Kuss mit einem Mann unangenehm war, im Körperlichen lag nicht das größte Problem. Felice fühlte sich Franz geistig unterlegen. Möglicherweise war sein Schweigen am Schlachtensee und an Ferris Verlobungstafel ein Ausdruck von Unzufriedenheit, weil er zu höflich war, um zuzugeben, dass er bei den Bauers Niveau und Intellekt vermisste. Wenn Felice las oder ins Theater ging, wollte sie gut unterhalten werden und dabei vielleicht noch etwas lernen. Wenn Franz von Büchern sprach, meinte er etwas anderes: »Du weißt nicht Felice was manche Litteratur in manchen Köpfen ist. Das jagt beständig wie Affen in den Baumwipfeln statt auf dem Boden zu gehen. Es ist verloren und kann nicht anders. Was soll man tun?« Doch Felice wollte lesen, schon um ein Band zwischen sich und Franz zu knüpfen und dahinterzukommen, was in seinem Kopf passierte.

Dass Franz die leichte Muse nicht schätzte, wusste sie seit der ersten Begegnung bei Brods. Zerstreuungskunst mit grellen Farben und lauten, hochfahrenden Stimmen war nicht sein Genre, und mit großer Oper und opulenten Bühnenbildern konnte man ihn jagen. Sein Herz gehörte eindeutig der ernsten Literatur. Im Februar 1913 hatte sich Felice im Kleinen Theater Unter den Linden *Professor Bernhardi* von Arthur Schnitzler angesehen. Die Inszenierung griff ihr ans Herz, vor allem wegen des blendend aussehenden Bruno Decarli in der Titelrolle. Das Stück war in der Donaumonarchie verboten, weil es um die Ehre eines jüdischen Arztes ging, dem ein katholischer Priester verweigert hatte, einer durch eine Abtreibung schwer geschwächten Frau die Absolution zu erteilen, denn gerade das könne sie zu Tode erschrecken. Während sich die beiden Männer erbittert streiten, verstirbt die Frau, und es kommt daraufhin zu einer Verurteilung des jüdischen Arztes Bernhardi. Genial, wie Schnitzler in seinem Theaterstück zum Ausdruck brachte, dass der Katholik die ethische Verantwortung auf Kosten des Juden abwälzte, wie er auf diese Weise den Antisemitismus anprangerte.

Aber nein, auch Schnitzler fand keine Gnade vor Franz' Augen. »Denn ich liebe den Schnitzler gar nicht und achte ihn kaum; gewiss kann er manches, aber seine großen Stücke und seine große Prosa sind für mich angefüllt mit einer geradezu schwankenden Masse widerlichster Schreiberei. Man kann ihn gar nicht tief genug hinunterstoßen.« Wie sollte Felice nach diesem Richterspruch jemals wieder unbefangen und unbekümmert in ein Schnitzler-Stück gehen? Franz' vernichtende Worte trafen ja nicht nur Schnitzler, sondern auch sie, die sich diese für Franz unwürdigen und geschwätzigen Dramen des Wieners mit Wohlgefallen anschaute, also war ja auch sie in seinen Augen eine Irregeleitete. 1910 waren bei Cassirer biografische Porträts von Herbert Eulenberg erschienen, *Schattenbilder. Eine Fibel für Kulturbedürftige in Deutschland.* Felice schätzte die knappen, klaren Darstellungen berühmter Persönlichkeiten aus der Kunst, etwa Mozart oder Rembrandt. Schon wieder hackte Franz auf ihrem Geschmack herum. Er hatte Eulenberg in Prag lesen hören und sprach danach sein vernichtendes Urteil: »eine Prosa voll Atemnot und Unreinlichkeit«. In seinem Brief erteilte Franz Felice auch noch einen Befehl: »Aber Du sollst die Schattenbilder nicht lesen!« Dick unterstrichen war dieser Satz, Felice fühlte sich angeschrien. Eulenberg, so informierte sich Felice in einem Artikel über den Autor, hatte schon 1903 seinen juristischen Brotberuf aufgegeben, um fortan als Schriftsteller zu leben. Vielleicht war es das, was Franz so wurmte. Dennoch, sie legte die *Schattenbilder* unausgelesen in die Ecke. Seit Franz' Brief hatte sie nie wieder hineingesehen.

Felice ließ sich trotz der lehrerhaften Anweisungen aus Prag nicht ins Bockshorn jagen und fragte Franz, wie er die Lyrik von Else Lasker-Schüler fände, die war doch eine Moderne und ein bisschen verrückt, die sollte doch Gnade finden. Seine Antwort fiel noch vernichtender aus als die vorherigen: »Ich kann ihre Gedichte nicht leiden, ich fühle bei ihnen nichts als Langweile über ihre Leere und Widerwillen wegen des künstlichen Aufwandes. Auch ihre Prosa ist mir lästig aus den gleichen Gründen, es arbeitet darin das wahllos zuckende Gehirn einer sich überspannenden Grossstädterin. Aber vielleicht irre ich da gründlich, es gibt viele, die sie lieben, Werfel z. B. spricht von ihr nur mit Begeisterung.«

Felice nahm noch mal einen Gedichtband zur Hand und versuchte, das ein oder andere Gedicht der Lasker-Schüler mit Franz' Augen zu lesen. »Du nahmst dir alle Sterne über meinem Herzen. Meine Gedanken kräuseln sich, ich muss tanzen. Immer tust Du das, was mich aufschauen lässt, mein Leben zu müden.«

Eigentlich ganz hübsch, ›mein Leben müden‹, das stieß bei Felice wahrlich nicht auf taube Ohren. Sie las weiter: »Ich kann den Abend nicht mehr über die Hecken tragen. Im Spiegel der Bäche finde ich mein Bild nicht mehr. Dem Erzengel hast Du die schwebenden Augen gestohlen. Aber ich nasche vom Seim ihrer Bläue.« Das mit den Bächen, fand Felice, war ein schönes Bild, die unschuldige Natur, in der man sich als Mensch nicht immer spiegeln konnte. Beim ›Seim ihrer Bläue‹, ja, da beschlich Felice eine leise Ahnung, was Franz an der Lasker-Schüler so unerträglich fand. Hier mixte eine exaltierte Spätromantikerin aus exotischen Ausdrücken das zusammen, was sich der gemeine Leser unter Lyrik vorstellte. »Mein Herz geht langsam unter, ich weiß nicht wo – vielleicht in deiner Hand. Überall greift sie an mein Gewebe.« Man sah es förmlich selbstverliebt erbeben, das Gewebe der Dichterin aus Wuppertal. Gegen die Ernsthaftigkeit, mit der Franz jedes einzelne Wort wog, war die Lasker-Schüler nichts anderes als Kitsch. Bei der Lasker-Schüler waberte das Lyrische, zuckte das Mystische, erzitterte das Phantasma der Liebe, ein ewiges Schmachten und Schwärmen. Seit ihr Gedichtband *Meine Wunder* 1911 publiziert worden war, wurde sie als deutsche Expressionistin par excellence herumgereicht. Leben konnte sie mehr schlecht als recht davon, und seit der Scheidung von Georg Lewin, dem sie das Pseudonym Herwarth Walden verpasst hatte, war sie auf milde Gaben angewiesen und ließ im *Café des Westens* anschreiben. So von Frau zu Frau konnte Felice die Lasker-Schüler irgendwie verstehen. Früh eine Waise, kein sicherer Beruf, zweimal geschieden, wie sollte die Ärmste da festen Boden unter den Füßen behalten? Karl Kraus hatte im Januar 1913 in der *Fackel* einen Spendenaufruf für sie lanciert, unterzeichnet von so namhaften Schriftstellern wie Selma Lagerlöf und Richard Dehmel, auch Adolf Loos, der Architekt, besaß ein Herz für die mittellos gewordene Dichterin, und der Komponist Arnold Schönberg zeigte sich solidarisch.

»Ja, es geht ihr schlecht«, gab Franz zu, »ihr zweiter Mann hat sie verlassen, soviel ich weiss, auch bei uns sammelt man für sie; ich habe 5 K hergeben müssen, ohne das geringste Mitgefühl für sie zu haben; ich weiss den eigentlichen Grund nicht, aber ich stelle mir sie immer nur als eine Säuferin vor, die sich in der Nacht durch die Kaffeehäuser schleppt.«

Der Beweis für Franz' eigene literarische Qualitäten lag schwarz auf weiß auf Felices Nachttisch: Im Dezember 1912 hatte er ihr einen Zeitungsausschnitt geschickt, in dem über seinen ersten öffentlichen Auftritt als Schriftsteller berichtet wurde, die Urlesung des ›Urteils‹ im Grand Hotel *Europe* am Prager Wenzelsplatz: »Den Beschluss machte Franz Kafka. Seine Novelle ›Das Urteil‹ ist der Durchbruch eines großen, überraschend großen, leidenschaftlichen und disziplinierten Talentes, das schon jetzt die Kraft hat, allein seinen Weg zu gehen.« Statt sich also weiterhin mit ihren Lesefrüchten zu blamieren, fragte Felice Franz also lieber gleich nach seiner Lektüreempfehlung. Sein Tipp: Goethes *Werther*.

Darauf hätte ich auch selbst kommen können, dachte Felice, auf den Klassiker des Dichterfürsten. Aber sie, die den kleinbürgerlichen Verhältnissen einer schlesischen Provinzstadt entstammte, tat sich schwer damit, ein intellektuelles Selbstbewusstsein zu entwickeln. Franz wartete ja immer noch auf einen Kommentar zu seiner *Betrachtung*, sie konnte ihm ja schlecht schreiben, dass sie bei dem wenigen, was sie daraus gelesen hatte, im Dunkeln tappte und sich ein Geschmacksurteil nicht zutraute. Womöglich reifte in Prag ein neuer Goethe heran, dessen Talent sie als einfache Büroangestellte nicht erkannte. Die Briefe aus Prag, für die eine einzige Schatulle schon lange nicht mehr ausreichte, erschienen bei dieser Vorstellung umso wertvoller. Felice wollte sie hüten wie einen Schatz und schloss sie sorgsam in ihrem Schreibtisch ein, als könne das Papier schon zerfallen, wenn ein Sonnenstrahl zum Fenster hineinfiel und sie traf. Wie sollte Felice, die oft zweifelte, ob sie alles richtig begriff, was Franz schrieb, auf Dauer neben ihm bestehen?

»Du bist in allem weiter als ich«, schrieb sie ihm seufzend mit Blick auf all die ungelesenen Bücher, »möglicherweise würdest Du das Zusammenleben mit mir nicht ertragen.«

Der Antwortbrief, mit dem sich Felice an einem Juniabend frische Luft zufächelte, ließ ihr heiß das Blut zu Kopfe steigen: »Aber zu langem Zögern ist nicht mehr Zeit, wenigstens fühle ich das so und deshalb frage ich also: Willst Du unter der obigen leider nicht zu beseitigenden Voraussetzung überlegen, ob Du meine Frau werden willst? Willst Du das?« Vor ihr kniete in aller Form ein Mann in der Ferne, den sie ganze dreimal unter zumeist ungünstigen Umständen gesehen hatte, Dr. Franz Kafka aus Prag, und hielt um ihre Hand an. Felices Blick wanderte noch mal zum Briefanfang, »unter der obigen leider nicht zu beseitigenden Voraussetzung«, was meinte Franz damit? Bestimmt ihre geistige Unterlegenheit, die er in Kauf nehmen wollte. Doch da schrieb er was von seinem Hausarzt, der »in seiner stupiden Unverantwortlichkeit nicht das geringste Hindernis« für eine Verehelichung sehen würde. »... ein anderer besserer Arzt wird vielleicht die Hände über dem Kopf zusammenschlagen.« Ging es hier um Franz' allgemeinen Gesundheitszustand oder spielte er auf anderes an, seine Manneskraft betreffend? Franz war ein etwas blässlicher, dennoch kerngesund wirkender junger Mann, an dessen – Felice errötete beim bloßen Gedanken daran – liebende Umarmung sie durchaus glaubte. Mit seinem Heiratsantrag wischte Franz Felices Bedenken wegen des intellektuellen Gefälles schließlich vom Tisch: »Ich bin ja nichts, gar nichts. Was eine Ehe verlangt«, erklärte er weiter, »ist menschliche Übereinstimmung, also Übereinstimmung noch tief unter allen Meinungen, also eine

Übereinstimmung, die nicht zu überprüfen, sondern nur zu fühlen ist, also eine Notwendigkeit menschlichen Beisammenseins. Dadurch wird aber die Freiheit des einzelnen nicht im Geringsten gestört, die wird eben nur gestört durch das nicht notwendige menschliche Beisammensein, aus dem der größte Teil unseres Lebens besteht.« Literarische Augenhöhe war für ihn nebensächlich. Franz wollte Seelenverwandtschaft. Felice fiel ein Stein vom Herzen.

Bevor sie weiterlas, öffnete sie das Fenster und ließ den Gesang der Vögel herein, die sich in den Platanen auf dem dreieckigen Platz vor dem Haus zum fröhlichen Abendkonzert niedergelassen hatten. Kein Vierteljahr lebten die Bauers nun hier, und Felice hatte die Immanuelkirchstraße keinen einzigen Tag vermisst. Sie hatte sich sofort eingelebt in der neuen, großstädtischeren Gegend mit den feinen Läden in Charlottenburg, den baumbestandenen Straßen mit den breiten Gehwegen.

»Nun bedenke Felice welche Veränderung durch eine Ehe mit uns vorginge, was jeder verlieren und jeder gewinnen würde. Ich würde meine meistens schreckliche Einsamkeit verlieren und Dich gewinnen, die ich über allen Menschen liebe. Du aber würdest Dein bisheriges Leben verlieren, in dem Du fast gänzlich zufrieden warst. Du würdest Berlin verlieren, das Bureau, das Dich freut, die Freundinnen, die kleinen Vergnügungen, die Aussicht einen gesunden lustigen guten Mann zu heiraten, schöne gesunde Kinder zu bekommen nach denen Du Dich, wenn Du es nur überlegst, geradezu sehnst. Anstelle dieses gar nicht abzuschätzenden Verlustes würdest Du einen kranken schwachen, ungeselligen, schweigsamen, traurigen, steifen, fast hoffnungslosen Menschen gewinnen, dessen vielleicht einzige Tugend darin besteht, dass er Dich liebt. Statt dass Du Dich für wirkliche Kinder opfern würdest, was Deiner Natur als der eines gesunden Mädchens entsprechen würde, müsstest Du Dich für diesen Menschen opfern, der kindlich, aber im schlimmsten Sinne kindlich ist und der vielleicht im günstigsten Fall buchstabenweise die menschliche Sprache von Dir lernen würde. Und in jeder Kleinigkeit würdest Du verlieren, in jeder. [...] Und nun sprich Du Felice. Überlege alles, was ich gesagt habe in allen meinen Briefen von Anfang an. Ich glaube meine Angaben über mich dürften niemals viel geschwankt haben. Übertrieben wird kaum etwas sein, zu wenig gesagt manches. Über die äußere Rechnung musst Du nichts sagen, die ist klar genug, die verbietet Dir ein ›Ja‹ aufs strengste. Bleibt also nur die innere Rechnung. Wie steht es mit der? Willst Du mir ausführlich antworten? Oder nicht ausführlich wenn Du nicht viel Zeit hast, aber klar, wie es Deinem doch im Grunde klaren, nur durch mich ein wenig getrübtem Wesen entspricht?«

War das wirklich noch ein Antrag? So klang eher die Beweisführung eines Advokaten vor Gericht, der Unredlichkeit und Schuld des Angeklagten Punkt für Punkt herausarbeitete. Franz war, auch über diesen Hürdenlauf ließ er Felice nicht im Unklaren, den Brief in der Hand zur Poststelle am Bahnsteig eilend, auf der Straße einem Bekannten begegnet. Der hatte ihn aufgehalten und neugierig gefragt, was für ein wichtiger Brief das denn sei, wenn Franz sich so spute. Er prustete laut los, als Franz ihm treuherzig antwortete: ein Heiratsantrag. Am Bahnhof angekommen, hatte Franz Probleme, pünktlich zur Poststelle am Gleis zu kommen, weil es ihm nicht gelang, eine Bahnsteigkarte zu kaufen. Warum, das schrieb Franz nicht, vielleicht hatte er einfach sein Portemonnaie vergessen, oder die Schlange am Schalter war zu lang, als dass der Brief noch beizeiten zum nächsten Postzug nach Berlin gekommen wäre. Also sprach Franz den nächstbesten Passanten mit Bahnsteigkarte an und händigte einem vollkommen Fremden, der unverhofft Schicksal spielen durfte, einen lebensentscheidenden Brief aus: »Ich kann mich doch auf Sie verlassen?«

Der Brief hatte sein Ziel erreicht. In den zwei Tagen, die dem Heiratsantrag aus Prag folgten, bewegte Felice schwere Gedanken in ihrem Kopf hin und her. Wie gern hätte sie mit einem jubelnden Ja geantwortet. Sie konnte es nicht. Franz' Briefe waren zum festen Bestandteil ihres Lebens geworden. Doch lebten sie erst zusammen, kämen keine Briefe mehr. Franz würde weiterschreiben, nicht an sie, sondern wie ein Einsiedler in seinem Zimmer. Ihr drohte Franz' Trübsinnigkeit, seine grüblerische Art, und dass er jedes Wort auf die Goldwaage legte, immer ein Haar in der Suppe, immer ein Haken irgendwo. Sie fürchtete sich vor seinem Schreibtisch ebenso wie vor dem Küchenherd, einer Zukunft als Hausfrau, die nicht dem Parlografen diktierte, sondern bestenfalls das Zepter über einer Zugehfrau schwang. Was, wenn er wirklich keine Gäste in der gemeinsamen Wohnung duldete und ihre Freundinnen vergraulte? Franz, der so ungemein schroff und herabwürdigend über sich selbst sprach, konnte zum Diktator werden, wenn es um seine eigenen Befindlichkeiten ging. In der Nacht nach Erhalt des Antragsbriefes, in der sich Felice schlaflos im Bett wälzte, zeigte er sich nur sehr flüchtig als die vor Geistesblitzen sprühende Lichtgestalt, die den Briefen aus Prag entstieg.

Mal winselte er wie ein geschlagener Hund, mal machte er sich zum Wurm, der sich im Staub wand, mal war er der hilflose Käfer unter der Bettdecke, der in seinen Manuskripten herumkrabbelte und sich mit dünnen Insektenbeinen den Weg auf Felices Kopfkissen bahnte.

Sie schreckte hoch, machte Licht, stand auf, ging über den dunklen Flur in die Küche und brühte sich einen Zitronentee. Erst als sie, die geleerte Tasse in den Händen, am Fenster saß und die Stuckornamente an den dunklen Fassaden der Häuser im ersten Tageslicht Kontur gewannen, verspürte sie ein wenig Bettschwere. Franz wirkt vielleicht manchmal etwas merkwürdig, hatte Max Brod gesagt, aber er ist kein schlechter Mensch. Franz' ungewöhnliche Ideen, seine ganze Art, schienen neue Möglichkeiten zu bergen, und genau das war auch bedrohlich. Wären sie aber erst dem Labyrinth aus Briefen entronnen, würde sich vielleicht alles grundlegend verändern und Franz' Prophezeiungen, dass sie neben dem pausenlos Schreibenden in einer Stadtrandwohnung außerhalb Prags versauerte wie die Schwester in Ungarn, wären in den Wind geschrieben. Denn Felice fühlte sich stark genug, Franz durch ihre Liebe und Treue aus seinen Kopfwelten zu befreien, er flehte sie doch geradezu an, ihn zu erlösen: »… vielleicht wird, wenn Du mir dann einmal die Hand gereicht hast, alles gut und mein Gesicht wird vielleicht bald ein menschliches Aussehn bekommen.«

Felice schleppte sich durch den nächsten Tag, unter den Zahnbrücken rumorte es, in der S-Bahn döste sie ein bis kurz vor der Station Jannowitzbrücke, und am Schreibtisch fielen ihr die Augen zu, doch sie musste Franz antworten, heute noch.

Nun, Fräulein Bauer, fragte ihr Chef, der nette Herr Straus, wieder so fleißig, gar keine Mittagspause?

Felice saß vor einem leeren Blatt in der Maschine, die Hände seit Minuten beschwörend über der Tastatur, sie rang um Worte. Verriet dem Chef, vielleicht instinktiv, weil sie sich einen Rat und einen wegweisenden Wink versprach, dass sie sich mit Heiratsplänen trug.

Straus sah seine Mitarbeiterin mit gerunzelter Stirn an: Überlegen Sie es sich gut, Fräulein Bauer. Das sprach er mit väterlichem Unterton, aber gewiss nicht ganz uneigennützig aus, man ließ seine beste Kraft nicht einfach so ziehen. Sie sind doch eine moderne und aufgeschlossene junge Frau, eine richtige Großstadtpflanze, ließ er sie wissen.

Die Worte von Direktor Straus wogen schwer. Felice war es gewöhnt, jeden Tag ins Büro zu fahren, sie vermisste den Umgang mit Kolleginnen und Kundschaft schon jetzt. Am liebsten würde sie weiter arbeiten gehen. Es musste doch möglich sein, auch in Prag eine attraktive Stelle als Prokuristin zu finden, vielleicht sogar bei der dortigen Dependance der Lindström AG. Etwas ungewöhnlich, als verheiratete Frau berufstätig zu bleiben, die Eltern würden sich die Augen reiben, die Leute sich fragen, ob der Ehemann aus eigener Kraft keine Familie ernähren konnte, aber die Aussicht auf Weiterbeschäftigung würde ihr, wenn sie ehrlich zu sich selbst war, den Schritt in die Ehe erleichtern.

Liebevoll strich Felice über die Tastatur ihrer Oliver und schickte einen sentimentalen Blick hinaus auf die Große Frankfurter, als sei es zum letzten Mal. Alle guten Vorsätze über Bord werfend, biss sie herzhaft in einen Riegel Zartbitterschokolade und schob das Stück in die rechte Backe, auf die Seite, wo es nicht wehtat. Genuss-voll lutschend, während die herbe Süßigkeit in ihrem Mund zerschmolz, begann sie zu schreiben: »Ja, Franz, ja, ja, ich will, aber, aber: Ich verlöre Berlin und was dazu gehört, dafür gewänne ich aber einen guten lieben Mann. Ich weiß aber nicht, ob ich Dir wirklich alle Menschen ersetzen kann.« Felice fügte einschränkend an, die be-vorstehenden Sommerferien, die man gemeinsam zu verbringen gedachte, könne sie übrigens nur im August machen.

Schon einen Tag später hielt sie Franz' Antwort in den Händen: »... irgendwie scheint mir Dein Wort noch immer frei zu sein.«

Der verlorene Sohn

Felice, du musst mir helfen, Ferris Stimme klang verzagt, ich habe Mist gebaut.

Jetzt ist es gerade schlecht, sagte Felice und ließ die Finger nicht von der Schreibmaschine, in der ein angefangener Brief an das Patentamt steckte, aber gegen sieben könnte ich bei *Aschinger* am Alexanderplatz sein. Was braute sich da jetzt schon wieder zusammen? Die Unwetterwolken verfolgten sie auch in diesem Sommer und verfinsterten den Himmel, der doch voller Geigen hängen sollte.

Ferri saß an einem Tisch ganz hinten in einer Ecke der gut besuchten Gaststätte oben im ersten Stock und versteckte sich hinter einem großen Glas Bier. Er spähte durch den Raum, als sei der Teufel hinter seiner Seele her. Als er Felice in all dem Kommen und Gehen zwischen den vielen Leuten entdeckte, wie sie mit festem Schritt auf seinen Tisch zukam, hellte sich seine Miene auf.

Also, spuck schon aus, sagte Felice, setzte sich ihm gegenüber auf einen Stuhl und bestellte eine Weißweinschorle.

Ferri brannte der Boden unter den Füßen, sein Ruf war ruiniert, und er konnte schon froh sein, wenn er ohne eine Haftstrafe davonkam, mit einem Bein stand er doch schon in Tegel. Als Angestellter seines Schwiegervaters, dem Luxuswäschefabrikanten Ludwig Heilborn, hatte er Geld unterschlagen, falsch abgerechnet und größere Beträge in die eigene Tasche gewirtschaftet, eine recht stattliche Summe. Der Betrug war mit Pauken und Trompeten aufgeflogen, als der Prokurist – dieser Erbsenzähler, grummelte Ferri – immense Lücken in den Büchern festgestellt und Ludwig Heilborn umgehend davon unterrichtet hatte. Schnell kam der seinem Schwiegersohn auf die Schliche, denn bevor er ihn in die Firma aufgenommen hatte, mit Sonderbefugnissen, waren Unregelmäßigkeiten bei den Bilanzen nie vorgekommen. Für die Heilborns stand außer Frage, dass man so einem Hallodri die Tochter Lydia niemals zur Frau geben durfte. Felice, die sonst so schnell nichts aus der Fassung bringen konnte, war wie vom Donner gerührt. Der Bruder, verwöhnter Stammhalter seit je, war schon immer ein Filou gewesen, aber gar ein gewissenloser Ganove, der mit dreister Berechnung in die Kasse des eigenen Schwiegervaters langte, das schlug dem Fass den Boden aus.

Was hast du dir bloß dabei gedacht, Ferdinand, fragte Felice, dein Schwiegervater hat dir doch blind vertraut!

Wie oft hatte Felice als Kind ihre Spielsachen vermisst, und wie oft war dann eine plötzlich verschwundene Puppe mit zerbrochenem Kopf, ein Bilderbuch mit herausgerissenen Seiten unter Ferris Bett wieder aufgetaucht. Weit schlimmer als der Verlust des Spielzeugs war jedoch gewesen, dass der kleine Bruder immer ohne Strafe davonkam. Stets hatte es geheißen, er ist unser Sonnenschein, das muss man dem Buben nachsehen, er ist doch noch so klein. Und so tanzte er seinen Schwestern weiter auf der Nase herum, und als die nicht mehr mit Puppen spielten, piesackte er sie völlig grundlos mit Puffen und Kneifen.

Felice sah ihren Bruder streng an: Ferdinand, was hat dich da bloß geritten?

Er entgegnete mit aufmüpfiger Miene, er habe sich von Vater Heilborn ungerecht behandelt gefühlt, weil der ihm kein höheres Gehalt ausbezahlt habe als dem Prokuristen. Hat mich mit einem lausigen Salär abgespeist, dabei war ich Juniorchef! Ferri schwadronierte noch ein wenig über Lydias gehobene Ansprüche, die er ohne zusätzliche Geldquelle niemals hätte befriedigen können.

Felice schüttelte den Kopf, sagte, auch ein Schwiegersohn müsse sich als Geschäftspartner erst bewähren. Warum hast du nicht einfach darüber gesprochen, dass du einen Vorschuss brauchst für die Einrichtung der Wohnung?

Ferri verschluckte sich fast an seinem Bier, er hatte noch nie um etwas bitten können, sich immer alles genommen, auch bei Tisch, der Junge stets zuerst, die dicksten Fleischstücke in der Gulaschsuppe, damit du ein großer, starker Mann wirst, hieß es, und den Schwestern war die dünne Suppe geblieben.

Und, Ferri, was gedenkst du jetzt zu tun?

Sag du's mir, Felice, antwortete der Bruder mit bittendem Augenaufschlag, du hast doch immer für alles eine Lösung.

Eigentlich müsste ich dir den Marsch blasen, sagte Felice bitter, wissen die Eltern es denn schon?

Ferri senkte seinen Blick ins leere Bierglas.

Felice kramte nach ihrem Portemonnaie und winkte den Kellner herbei. Zahlen bitte, ein Pils, eine Schorle.

Es waren drei Pils, korrigierte der Kellner und räusperte sich.

Anders als Ernas Schwangerschaft ließ sich Ferris Schmu im großen Stil kaum verschleiern. Die Heilborns machten einen Mordsaufstand; sie luden die Bauers zum Familiengericht in die Neue Königstraße. Wie das ausging, war vorauszusehen, Ferri wurde als Juniorchef vom Hof gejagt, und die Lösung des Verlöbnisses mit Lydia stand außer Frage. Die Bauers konnten von Glück sagen, dass die Heilborns schon um ihrer Tochter willen von einer Anzeige absahen, das arme Mädchen wäre für immer mit einem Makel behaftet und als Braut auf dem Berliner Heiratsmarkt verbrannt wie eine indische Witwe.

Das klebt an dir wie Kindspech, sagte Frau Heilborn zu ihrer schluchzenden Tochter, der Vorfall darf auf keinen Fall ans Licht kommen.

Durch deine Geldgier hast du alles zerstört, stieß Lydia unter Tränen hervor, warf Ferri den Verlobungsring vor die Füße und rannte aus dem Zimmer.

Auch Ferris Berufslaufbahn war verlorenes Terrain, vor allem in Ludwig Heilborns Revier. Der getäuschte, einflussreiche Ex-Schwiegervater schwor bei seiner Berufsehre, er würde Ferri das Leben in der Damenunterwäsche-Branche schwer machen und ihm Steine in den Weg legen, wo immer er Geschäfte machen wollte.

Anna Bauer sah ihren Mann vorwurfsvoll an: Ferri, natürlich, ganz der Papa! Keinerlei Verantwortungsgefühl! Hoffentlich ist dein feiner Franz nicht auch so ein Nichtsnutz wie dein Bruder, stichelte sie weiter.

Mutter, bitte, rief Felice aus, lass Papa aus dem Spiel! Und Franz sowieso. Er ist der aufrechteste Mensch, den ich kenne. Franz hat mit der ganzen Sache nun wirklich nichts zu tun.

Hatte er doch. Denn mitten hinein in dieses Schlamassel flatterten Franz' schwindelerregende Briefe.

»Irgendwas verheimlichst du mir schon wieder, Felice.«

In ihr Schweigen rauschten Franz' bohrende Fragen und Forderungen in dichter Folge wie die Gondeln der Achterbahn im Luna-Park, die dem Abgrund entgegenbrausten. Franz wartete auf Felices Entscheidung, das Jawort. Furcht vor Franz' komplizierter Natur, die sich von der Literatur nährte und die sich gern in ein finsteres Kellerloch zurückzuziehen wünschte, war nur ein Grund für Felices Zögern; die Ferri-Affäre musste so schnell wie möglich aus der Welt geschafft werden. Mit dem Schatten der Lüge, der sie verfolgte, konnte sie nicht reinen Herzens vor den Traualtar treten. Sie wäre sich wie eine Heiratsschwindlerin vorgekommen. Tacheles reden ging jedoch auch nicht, da riskierte sie Franz' endgültigen Rückzug. Auf Ernas Misere hatte er mit allem Verständnis der Welt reagiert, aber wer sagte denn, ob Ferris Betrug den peniblen Beamten, der in dem einfühlsamen Franz steckte, nicht endgültig zurückschrecken ließe? Felice wusste, dass nur sie die Endlosschleife von Briefen beenden konnte, denn weil ihre Briefe so verdrückt klangen, kam auch das Echo aus Prag verzerrt zurück. Aber schon wegen der Heilborns, wegen Lydia vor allem, die ihr aus tiefster Seele leid tat, das Mädchen musste sich doch immer noch die Augen aus dem Kopf weinen, konnte Felice nicht offen sprechen, auch diesmal nicht. Eher verdorrte ihr die Zunge im Mund.

Gefallene Mädchen, verlorene Söhne, was kam noch? Holland in Not, schon wieder! Erneut war es Felice, die den Karren aus dem Dreck ziehen musste. Sie war erzürnt über ihren Bruder, doch ihr ausgeprägtes Verantwortungsgefühl ließ sie handeln. Schadensbegrenzung hieß die Devise: Der gute Ruf der Familie Bauer durfte auf keinen Fall leiden, die Affäre nicht ans Licht der Öffentlichkeit kommen. Im Vertuschen von Skandalen hatte Felice ja schon Übung. Sie riet Ferri zum radikalen Schnitt: Auswanderung. Ließ nicht auch Franz seinen Romanhelden Karl Roßmann an Bord eines Schiffes gehen und in die Vereinigten Staaten emigrieren? Ja, Ferri musste nach Amerika, dorthin, wo Franz' Roman vom Verschollenen spielte. Im Land der unbegrenzten Möglichkeiten käme er als unbeschriebenes Blatt vielleicht wieder auf die Beine.

Die Übersiedlung des Bruders in die Neue Welt kam in Gang. Die erforderlichen Papiere mussten beschafft werden und das Geld für die Schiffspassage. Da Felice Erna hin und wieder auch noch etwas zuschoss, griff sie ihren lange gehüteten Spargroschen an. Und brauchte Ferri nicht auch ein polizeiliches Führungszeugnis? Hoffentlich hielten die Heilborns tatsächlich dicht. Felice kümmerte sich wie eine bekümmerte Mutter, lief zu Behörden und Ämtern, unterhielt sich mit einem treuen Lindström-Kunden über die Erfahrungen, die dessen Bruder mit der Auswanderung gemacht hatte. Man müsse auf Nummer sicher gehen, riet der, hieb- und stichfeste Gesundheitsbescheinigungen seien dringend erforderlich, denn die Einwanderungsbehörden auf Ellis Island kannten kein Pardon; wer etwa eine Augeninfektion, das gefürchtete Trachom, mitbringe, käme an der Freiheitsstatue gar nicht erst vorbei und in das Land der Glückssucher, sondern müsse das nächstbeste Schiff zurück in die alte Heimat nehmen. Also schickte Felice ihren Bruder wegen eines Attests in die Sprechstunde eines Arztes. Sie machte ihm Druck, denn die Zeit drängte, und der Bruder ließ die Dinge schleifen, als hätte er nichts zu verlieren. Doch Ferri besaß keinen Pfennig mehr, er hatte alles Geld, was er aufbringen konnte, an Ludwig Heilborn zahlen müssen, um wenigstens einen Teil seiner Schuld auszugleichen, einen ganzen Batzen hatten der Vater und Felice auch noch drauflegen müssen.

Bedenke, Ferri, mahnte Felice, du lebst gerade von meinem Notgroschen.

Warum tat Felice sich das überhaupt an? Sie strich mit der rechten Hand über ihren linken Unterarm, jene Geste, die sie an den Abend bei Brods letztes Jahr im August erinnerte. Der kleine Bruder, der sie und die Schwestern immer mit seiner Grobheit gequält hatte, jetzt konnte sie ihm das heimzahlen, jeden einzelnen blauen Fleck. Ihn auflaufen lassen. Aber wenn sie daran dachte, dass Ferri schon bald in unerreichbarer Ferne wäre, dass sie ihn wahrscheinlich nie mehr wiedersähe, stiegen ihr die Tränen in die Augen. Ferri war ein schwacher Charakter, der sich gern von einer flüchtigen Laune leiten ließ, ohne dabei an die Konsequenzen zu denken. So hatte er auch geglaubt, sein Betrug würde nicht auffliegen, als er im Heilborn'schen Kontor leichtsinnig zum Radiergummi gegriffen hatte. Ferri, der hoffnungsvolle Stammhalter, auf dem große Erwartungen ruhten, denen er nicht gewachsen war, zerbrach geradezu an der Last, der einzige Sohn zu sein. Ein Bruder hätte ihm sicher gutgetan, galt das nicht auch für Franz? Wie schön es gewesen wäre für ihn, mit den fast noch im Kindbett verstorbenen Brüdern aufzuwachsen, an die er sich kaum erinnern konnte, weil er beim Tod von Georg erst zwei und dem von Heinrich erst vier Jahre alt gewesen war. Franz hätten zwei Brüder sicherlich mehr Durchsetzungskraft gegeben, vor allem gegenüber dem gebieterischen Vater, und womöglich wäre aus Franz nicht der hypersensible, stets an sich zweifelnde junge Mann geworden, der sich selbst mit den Augen des übermächtigen Tyrannen betrachtete, von dem er am Ende eines jeden Weges zertreten wurde wie ein lästiges Kriechtier.

Schlaflos auf Sylt

Die Ferienpläne für den August lagen zwar nicht auf Eis, aber immer noch auf der langen Bank. Wenn Felice überhaupt Sommerurlaub bekommen wollte, musste sie ihn bald anmelden, und so ging sie in der Mittagspause hinunter in die Personalabteilung von Lindström. Vom 5. bis zum 21. August, ja, das wäre möglich, sagte die Kollegin mit Blick in den Kalender, soll ich das eintragen? Felice nickte. Sie wollte Franz vor vollendete Tatsachen stellen, in der Zeitspanne von gut zwei Wochen müsste es ihm doch möglich sein, ein paar Tage freizumachen. Ob er Sylt kenne, fragte sie ihn, die Nordseeinsel. Nein, Franz kannte Sylt nicht, doch bekam er erst im September frei, also klappte es definitiv nicht mit einer gemeinsamen Reise, denn im September bekam Felice keinen Urlaub mehr. Eigentlich hatte sie es schon vorher gewusst. Da saß sie nun, zwei Seelen in der Brust. Felice war froh, dass eine Cousine Lust hatte, sie zu begleiten, Erna Danziger, die Tochter von Tante Natalie. Zum Glück bestand Anna Bauer nicht darauf, sie zu begleiten. Nur ungern erinnerte sich Felice an einen vergangenen Urlaub in Binz auf Rügen, wo die Mutter nicht von ihrer Seite gewichen war, ein wahrer Cerberus, der jeden jungen Mann, der sich der Tochter auch nur auf zehn Meter näherte, mit Blicken fast getötet hätte.

Mit der Eisenbahn fuhren die Cousinen nach Hamburg. Schon in der Hansestadt blies ihr die frische Meeresbrise den Kopf frei. Die Stadtbesichtigung ließ Felice ihre innere Zerrissenheit vergessen, Fleete, die Hamburg zum Venedig des Nordens machten, die roten Backsteinbauten der Speicherstadt, man bestieg den Michel und mischte sich unter das rege Treiben auf dem Altonaer Fischmarkt. Zwei Tage später ging es weiter nach Sylt. Zehn Stunden dauerte die Dampferfahrt aus dem Hamburger Hafen nach Westerland, durch die Hoyerschleuse, vorbei an Sankt Peter-Ording und Amrum. Die beiden Frauen standen an der Reling und hielten ihre Hüte fest.

Vom Anleger in Hörnum fuhren sie inmitten anderer Sommerfrischler mit dem Inselbähnchen hinauf nach Westerland. Die Pension *Villa Sanssouci* in der Steinmannstraße 18 lag dicht am langen weißen Strand, im Windschatten der Dünen. Wenn in der Musikmuschel an der Uferpromenade ein Konzert stattfand, drangen leise Klangfetzen ins Pensionszimmer hinein. Natürlich hatte Felice ihre Urlaubsadresse längst nach Prag übermittelt, drei Wochen ohne Schriftverkehr, das würde der nach ständigen Lebenszeichen süchtige Franz nicht überleben. Gleich beim Eintreffen in der Pension, nichts anderes hatte Felice erwartet, ja, gefürchtet, wedelte der Portier mit einem Briefumschlag: Da ist schon Post für Sie gekommen, Fräulein Bauer!

»Meine Liebste Felice, es ist richtig, ich habe jetzt die Auskunft von der Mutter überreicht bekommen. Es ist ein großes ebenso grausliches wie urkomisches Elaborat. Wir werden noch darüber lachen.«

Felice war wenig zum Lachen zumute, jetzt wurde sie auf Sylt von einer ihr äußerst unangenehmen Angelegenheit eingeholt. Franz hatte seinen Eltern gegenüber bereits von ihr als seiner Braut gesprochen. Franz beichtete ihr, dass seine Mutter eine Detektei angeheuert hatte, um Erkundigungen über die Bauers einzuziehen. Es war durchaus Usus, vor einer Verheiratung Nachforschungen über die Brautleute anstellen zu lassen. In ihren Kreisen wurden immer noch Himmel und Hölle in Bewegung gesetzt, um eine standesgemäße jüdische Hochzeit zu arrangieren. Da ging es teilweise um handfeste Kuppelei, ein Geschacher um eine Mitgift wie in der Rinderauktionshalle. Wenigstens war Berlin kein Stetl, wo die Eheleute von ihrem Glück erst unter der Chuppa erfuhren, wenn der Bräutigam den Schleier lüpfte und das Antlitz der Braut zum ersten Mal sah. Schließlich hatte in Prag noch niemand Felice zu Gesicht bekommen, und wer weiß, was Franz so über sie erzählte. Wie sie ihn kannte, nicht viel. Konnte es sein, dass die Kafkas befürchteten, ihr in Literatenkreisen verkehrender Sohn, der mit seinem Freund Max früher gern ins Café Chantant gegangen war, wo halb nackte Tänzerinnen auftraten, sich seine Zukünftige in der leichtsinnigen Welt der Boheme suchte? Eine Cancan-Tänzerin gar? Schließlich wollte man durch eine Mesalliance den guten Ruf der Familie nicht beschädigt wissen. Franz war der einzige Sohn, der Stammhalter, und Hermann Kafka war wegen dessen Desinteresse an Geldangelegenheiten ohnehin schon in Sorge. In grellen Farben hatte er Franz bereits ausgemalt, dass das junge Paar zwar nicht am Bettelstab gehen, jedoch den Gürtel gehörig enger schnallen müsste, sollte sein schmales Gehalt die einzige Geldquelle bleiben.

Auch die geringfügige Erschütterung, die durch einen solchen Vorfall verursacht wurde, drohte das fragile Gleichgewicht zweier Unentschiedener wie Franz und

Felice auf der Stelle zu zerstören. Franz' Brief löste in Felice ein wahres Erdbeben aus. Die Leichen im Keller der Bauers wurden ans Licht gezerrt, gleich würde sie lesen, dass ein Mädchen aus so unsoliden Verhältnissen als Ehefrau nicht infrage kam. Ehebruch des Vaters, Ernas Bastard, Ferris Betrügerei, ein bunter Strauß an Verfehlungen, kein seriöses Eheanbahnungsinstitut hätte jemals einen Vertrag mit den Bauers gemacht. Das Register an Entgleisungen machte auch aus Felice, die sich selbst ja gar nichts hatte zuschulden kommen lassen, eine zweifelhafte Partie, man wusste ja: Der Apfel fällt nicht weit vom Stamm. Ungläubig aufatmend fand sie jedoch nur Harmlosigkeiten, nichts Nachteiliges hatte die Detektei über die Bauers herausgefunden, und das Urteil über Felice fiel überraschend kurz und milde aus: »Man hört von Dir besonders, dass Du gut kochen kannst.« Na, da stand der Hochzeit ja nichts mehr im Wege!

»Wir sind knapp dem ersten Streit ausgewichen«, schrieb Franz, durchaus zerknirscht, seiner Mutter nachgegeben zu haben, aus einer »besonders starken dialektischen Unfähigkeit heraus.«

Wer weiß, vielleicht war ja auch Anna Bauer mit ihrem Hang zum Herumschnüffeln längst auf die Idee gekommen, die Detektei Fides in der nahen Leibnizstraße auf die Kafkas anzusetzen, um zu erfahren, welchem Schwiegersohn man die Morgengabe in den Rachen schob. Franz selbst war schon auf den Gedanken verfallen, dass die Bauers ihrerseits versuchen würden, den sonderbaren Briefschreiber auszuspionieren, der nicht alle Tassen im Schrank zu haben schien.

»Es kam mir ein wenig lächerlich vor, wenn ich daran dachte, dass Deine Eltern, wenn sie ähnliche Wünsche haben sollten, nur gute Auskunft über uns bekämen und dass kein Auskunftsbureau imstande wäre, die Wahrheit über mich zu sagen.«

Felices Zorn verrauchte, bis auf einen Rest Wut auf Franz. Er war kläglich eingeknickt vor dem Wunsch der Mamme und hatte ihr eigenhändig den Namen von Felices Vater für die Detektei notiert, schöne Aussichten für eine Ehe mit einem übermächtigen Schwiegermuttermonstrum. Und es wurmte sie, das musste sie sich eingestehen, dass die Detektei sie wenig originell als gute Köchin und nicht etwa als tüchtige Prokuristin ausgemacht hatte. Diese Agentur war ihr Geld wirklich nicht wert!

Mit einer Antwort ließ Felice sich Zeit. Eine Sünde, auf dem Zimmer zu bleiben bei diesem Wetter. Dass der Blanke Hans die Sylter das Fürchten lehren konnte, bei diesem strahlenden Sonnenschein kaum vorstellbar. Das Inselbähnchen dampfte gemütlich zwischen den Dünen heran und brachte neue Gäste, am Strand herrschte sommerliches Getümmel. Kleine Jungs in Matrosenanzügen und Mädchen mit großen Schleifen im Haar planschten unter der Aufsicht von Gouvernanten im Seichten, Damen mit Schirmchen und Herren in züchtigen, gestreiften Badeanzügen saßen mit Ferienlektüre in Strandkörben. Badekarren wurden zu Wasser gelassen, denen Schwimmerinnen entstiegen, keusch im Damenbad, wo kein männlicher Blick sie aufspürte. An den Sylter Stränden war es im August 1913 genauso warm wie am Lido, wo eine neue, soeben erschienene Novelle von Thomas Mann spielte, sie hieß *Tod in Venedig* und handelte von einem etwas geckenhaften älteren Herrn, der sich in einen blonden, polnischen Jüngling verguckt hatte, eine verbotene Sehnsucht, deren Erfüllung der Tod im Liegestuhl zuvorkam.

Jeden Morgen, wenn die jungen Frauen in den Frühstückssalon eintraten, fiel Felices Blick zuerst auf den für sie und Erna eingedeckten Zweiertisch am Fenster. Das Hotelsilber blitzte im Licht der hineinscheinenden Sonne, die gestärkten Servietten standen stramm neben den Porzellantellern, und neben Felices Gedeck lag auch heute wieder ein Kuvert. Franz wollte wissen, welche Reiselektüre Felice in ihren Koffer gepackt hatte und was für ein Mädchen die Cousine Erna denn sei. Er ließ etwas indigniert durchblicken, dass er auf die geplante Landpartie am Wochenende verzichtet und stattdessen in Erwartung eines Sonntagsbriefes zu Hause ausgeharrt hatte. Konnte Franz sich denn nicht vorstellen, dass sie mal richtig ausspannen wollte? Dass sie erstmal ankommen und Eindrücke sammeln wollte, bevor sie Worte für das fand, was sie auf der Insel für der Rede wert befand? Nein, konnte er nicht; dass Felice Ferien machte, hieß in Franz' Logik, ihr bliebe mehr Zeit, ihm zu schreiben. »In vierzehn Tagen könnten wir vor beider Eltern verlobt sein«, las Felice, als könne es Franz jetzt nicht schnell genug gehen, vorausgesetzt, sie sei bereit, an ihren Strandurlaub noch ein paar Tage Prag dranzuhängen. Nun, Prag lag nicht gerade auf dem Weg. Und auf einen vorzeitigen Abbruch des Urlaubs hatte Felice keine Lust, Sylt war größer als gedacht, man brauchte schon ein bisschen, wollte man die Insel ganz erkunden. Nach einer Woche hatten die Cousinen sich mit den Konzertangeboten auf der Strandpromenade vertraut gemacht und gerade mal die Umgebung von

Westerland erforscht. Was half's, Felice musste Franz endlich schreiben, ein paar Zeilen wenigstens, bevor er wieder klagte, immer noch kein Brief aus Westerland, dabei sei sie schon tagelang fort. Ja, wusste Franz denn nicht, dass es bereits einen geschlagenen Tag lang dauerte, bis die Briefe überhaupt das Festland erreicht hatten? Sie hatte ihm doch vorsorglich bereits zwei Kärtchen aus Hamburg geschickt!

Ich will ihn nicht länger zappeln lassen, sagte Felice zu Erna, in einem Stündchen an der Musikmuschel, ja? Sie packte Schreibzeug in die Handtasche und machte sich auf in Richtung Strandpromenade, zur Ullsteinhalle. Bei diesem schönen Hochsommerwetter saßen nur wenige Leute in dem großen Lesesaal, den der Berliner Verleger auf Sylt eingerichtet hatte. Jemand raschelte mit der *Vossischen Zeitung*, die Schlagzeile kündete vom Kaiser, der gerade der Hansestadt Lübeck einen Besuch abstattete, ein Saaldiener räumte einen Stapel Bücher von einem Tischchen und ordnete die einzelnen Bände in ein Regal. Felice nahm auf einem Lesesessel am Fenster Platz und zog ein Tischchen heran. Der weiche Bleistift fuhr übers Papier, sie schwärmte von der angenehmen Pension *Sanssouci*, dem Inselbähnchen, dass sie Ausflüge nach Hörnum im Süden und Kampen im Norden der Insel machen wollten, solange das Wetter so schön sei, und abends gebe es Strandkonzerte. Von einem Umweg über Prag schrieb sie nichts. Felice gähnte, leicht betäubt von Kopfschmerz, ihre Reisegefährtin sprach im Schlaf. Durchaus etwas, was sie Franz noch mitteilen konnte, der das Leiden an störenden Geräuschen am allerbesten nachvollziehen konnte und dies als glaubwürdige Entschuldigung für ihre Schreibfaulheit der letzten Tage gewiss akzeptieren würde. Leider, schrieb Felice, ergebe sich aus Ernas nächtlichen Worten nie ein Sinn. Vielleicht war es gar nicht Erna, die ihren Schlaf störte, sondern Franz, denn dessen Überempfindlichkeit wirkte offenbar ansteckend; seit er Felice einen kleinen Text geschickt hatte, der letztes Jahr in einer Prager Zeitung abgedruckt worden war. Er hieß *Großer Lärm* und handelte von der Lärmbelästigung, der seine eigene, türenschlagende und sich offenbar nur schreiend miteinander verständigende Familie ihn in der Wohnung aussetzte; selbst noch der zarte Gesang des Kanarienvogels drang als Getöse an sein gepeinigtes Ohr. Felice lag nachts wach und wartete geradezu auf Ernas Gebrabbel, aufs Losbrechen des von Franz gefürchteten Krachs, auch zu Hause registrierte sie jedes Tropfen des Wasserhahns, jedes Knacken der Dielen und das leise Pfeifen des Windes im Kamin. Selbst das kaum wahrnehmbare Trappeln der Mäuse in der Immanuelkirchstraße war ihr nicht entgangen.

Ein Lufthauch zog durch die Ullsteinhalle, Erna entdeckte Felice sofort in der spärlich besuchten Einrichtung. Rasch steckte Felice die beschriebenen Seiten in ihre Handtasche. Erna schimpfte, weil Felice immer noch drinnen saß, statt an die frische Luft zu gehen: Jetzt komm schon, dein Stündchen ist längst rum, das ist doch nicht dein Ernst!

Die Cousinen wanderten durch die Natur hinauf nach Kampen. Aber während sie das Rote Kliff und den Leuchtturm in den Dünen besichtigten und vor schönen reetgedeckten Inselhäusern stehen blieben, Erna sich an den wolligen Schafen erfreute, die auf den saftigen Wiesen standen, und die Enten bemitleidete, die an der Fangstation ins Netz gegangen waren, wanderten Felices

Gedanken woandershin. Während Erna zusah, wie die Wellen ihre nackten Füße umspielten, saß Felice im Strandkorb und schrieb den vorhin angefangenen Brief an Franz zu Ende. Sie war ihm immer noch eine Antwort schuldig: »Dass ich jetzt nach Prag komme«, schrieb sie, »ist ganz und gar ausgeschlossen. Im übrigen wäre es in der derzeitigen Situation angemessen, wenn Deine Eltern mich offiziell einladen würden. Wieso glaubst Du aber, dass Du vorerst überhaupt nicht nach Berlin kommen könntest? Wie ist es denn mit den Weihnachtsferien?«

Doch es war noch sehr lange bis dahin. Und die letzte Begegnung lag schon wieder ein Vierteljahr zurück. Ein schwarzer Käfer war auf Felices blütenweißem Kleid gelandet. Er krabbelte über ihren Busen hinunter bis in den Schoß, tastete mit seinem haarigen Rüssel über den Stoff, spannte die Flügel auf und schwirrte ein wenig schwerfällig wieder davon. Felice sah ihm hinterher, ein dunkler Punkt, der sich in der Luft über der blauen See rasch verflüchtigte.

Franz' Botschaften erreichten die lichtdurchflutete Pension wie Nachrichten aus der Unterwelt. Sie drangen als dunkler Dauerton ins gleichmäßige Gesumm der Tischgespräche, die sich um die sensationelle Landung eines Flugzeuges neulich auf der Insel drehten und um den endlich beschlossenen Bau eines Inseldamms, der jahrelang am Protest der alteingesessenen Bevölkerung gescheitert war, wegen Angst vor Überfremdung. Der stete Unterton in Moll drang sogar in die heitere Mozartmusik aus der Konzertmuschel vor. Felice war nicht glücklich wie eine zukünftige Braut, sondern bedrückt, trotz der Wellen, der beschwingt kreisenden Möwen und des Badevergnügens. Sie watete am Gestade umher, schwimmen konnte sie immer noch nicht, wollte es aber lernen, schon Franz zuliebe. Geradezu eine Mode war das Schwimmen geworden, überall wurde Schwimmunterricht für Mädchen angeboten, auch im nahen Stadtbad Charlottenburg in der Krummen Straße. Felice hatte sich bereits darüber informiert, wie das aussah. Eine Schwimmlehrerin in keuschem Badeanzug stand am Beckenrand und hielt eine Angel ins Wasser, am Haken eine Schülerin, zappelnd wie ein Fisch. So vieles, was Felice Franz zuliebe ändern wollte. Er hatte ihr das neue Buch eines dänischen Gymnastiklehrers *Mein System 15 Minuten täglicher Arbeit für die Gesundheit* geschickt, nach dem sie turnen sollte, auf ihrem Speiseplan sollte mehr Gemüse stehen, sie würde als Ehefrau die Büroarbeit aufgeben und vegetarisch kochen lernen. Allerdings, bei Lindström zu kündigen, lag ihr am schwersten im Magen, schwerer als je ein fettiges Berliner Gericht. Vom Restaurant wehte der Duft von Backfisch herüber. Kutterscholle, grüner Hering, Sylter Krabbencocktail, was für Köstlichkeiten man an der Waterkant bekommen konnte. Und worauf man alles verzichten musste bei einer Ernährung nach Franz' Vorstellungen! Gerade in seiner Heimat, wo leckere, mit Schlagrahm gefüllte Schinkenröllchen und deftige Braten erst eine ordentliche Mahlzeit ausmachten, wäre ein vegetarisches Leben mit krachendem Zwieback und blähenden Hülsenfrüchten eine wahrhaft alttestamentarische Buße. Welche Einladung konnte man da noch annehmen, ohne unhöflich und mit langen Zähnen am Tisch zu sitzen? Doch darin lag womöglich der tiefere Sinn von Franz' Askese, die Verweigerung von Fleischmahlzeiten, Kraut und Knödeln war sein Aufstand gegen die Konvention. Die Revolution am Esstisch. Franz' Großvater Jakob Kafka war ein Fleischhauer im südböhmischen Dorf Osek gewesen, und Franz hatte einmal geäußert, er müsse nicht so viel Fleisch essen wie dieser in seinem Leben geschächtet habe. Nachvollziehbar für Felice, sie fand Leute abscheulich, die immerfort aßen, im Herzen war auch sie eine Vegetarierin, und Franz' spartanische Einstellung war ihr nicht unsympathisch, aber er trieb es auf die Spitze und kaute das Essen langsam und sorgfältig, ›fletschern‹ nannten das die Reformjünger, die er bei seinem Aufenthalt in der Jungborn-Anstalt im Harz schätzen gelernt hatte und in deren Geiste er sich zu Tisch setzte. Der Amerikaner Horace Fletcher, selbsternannter Ernährungspionier, war der Namenspate dieser Methode, mindestens 30 Mal auf einem einzigen Bissen herumzukauen, um das gründlich eingespeichelte Essen besser verdauen zu können. ›Die Natur wird diejenigen bestrafen, die nicht gründlich kauen‹, ein strenges Diktum Fletchers, das Franz äußerst ernst nahm. Zugegeben, schon etwas anstrengend, seinem ausdauernd mahlenden Kiefer beim Essen zuzusehen, da konnte er noch so oft betonen, dass er durch diese Eigenart seinen Magen geheilt habe. Kein Wunder, dass Franz' Vater sich während des Nachtessens die Zeitung vors Gesicht hielt, ehe er sich daran gewöhnte. Lieber las Felice denn auch jene Briefe, in denen Franz sie an seinen Mahlzeiten teilnehmen ließ: »Ich esse dreimal im Tag, in der Zwischenzeit gar nichts, aber nicht das Geringste. Früh Kompot, Cakes und Milch. Um 3 aus Kindesliebe so wie die andern, nur im ganzen etwas weniger als die andern und im einzelnen auch noch weniger Fleisch als wenig und mehr Gemüse. Abend um 10 im Winter, Jogurth,

Simonsbrot, Butter, Nüsse aller Art, Kastanien, Datteln, Feigen, Trauben, Mandeln, Rosinen, Kürbisse, Bananen, Äpfel, Birnen, Orangen. Alles wird natürlich in Auswahl gegessen und nicht etwa durcheinander wie aus einem Füllhorn in mich hineingeworfen. Es gibt kein Essen, das für mich anregender wäre, als dieses.« Auf Franz' Wunsch nach der vegetarischen Eheküche war Felice zu seiner großen Enttäuschung gar nicht weiter eingegangen. Er hatte Jubel erwartet. Überhaupt machte er aus seiner Unzufriedenheit mit ihrem Brief, in dem er zwischen den Zeilen las, kein Geheimnis: »Das sind wirklich der Zeit und dem Herzen abgezwungene Briefe, die mich trostlos machen.«

Welche Sünde aber, jetzt im Zimmer zu bleiben! Dass man Franz nichts vormachen konnte, verstärkte Felices Kopfschmerzen wieder. Einen ganzen schönen Ferientag verbrachte sie mit wummernden Schläfen im Bett. Das muntere Treiben an der Strandpromenade war ihr unerträglich.

Am Nebentisch im Haus *Sanssouci* saß seit ein paar Tagen ein neuer Pensionsgast. Man nickte sich freundlich zu, kam beim Essen ins Gespräch, das Wetter, die Küche, und der Fremde lächelte wissend, als er auch diesen Morgen wieder einen Brief mit Prager Stempel an Felices Platz liegen sah, auf dem Kuvert eine markante, schwarze Tintenschrift. Der Mann ließ durchblicken, er sei Grafologe, nein, kein Scherz. Die beiden Frauen zeigten sich interessiert, und was lag näher, als ihm eine Schriftprobe vorzulegen. Da Franz für Felice ja weiterhin vor allem in Briefen existierte, konnte der durchaus vertrauenswürdig wirkende Tischnachbar vielleicht das Rätsel lösen helfen, das der Briefschreiber ihr täglich stellte. Und hatte nicht gerade die gesamte Familie Kafka ihre Nase in die Angelegenheiten der Familie Bauer hineingesteckt? Der Briefbogen, den Felice zum Nebentisch herüberreichte, enthielt lediglich Allgemeinheiten übers Schreiben, und so hatte sie keinerlei Bedenken, gerade ein intimes Briefgeheimnis zu verraten. Der Schriftenkundige hielt das Papier in der Hand, runzelte lange die Stirn über der eng beschriebenen Seite. Lange sagte er nichts, an den anderen Tischen klirrten Gläser, Saaltöchter schwebten herein und räumten leer gegessene Teller ab.

Sehen Sie, sagte der Mann endlich, sehr ernst, als verkünde er ein unumstößliches Urteil, der Schreiber ist sehr bestimmt in seiner Handlungsweise. Überaus sinnlich und gutherzig. Dann verfinsterte sich seine Miene: Allerdings sei er auch, nun, geizig will ich nicht sagen, nennen wir es zwanghaft sparsam. Immer noch fixierte der Mann mit gerunzelter Stirn die Kafka'schen Zeilen. Der Grafologe hatte sein Pulver noch nicht ganz verschossen. Er schaute in Felices erwartungsvolles Gesicht und sagte bedeutungsschwer, nunmehr mit einem Lächeln: Ihr Liebster hat ein ausgeprägtes künstlerisches Interesse, nicht wahr?

Als der Mann vom Nebentisch Felice den Brief wieder aushändigte, brannte sie darauf, Franz davon zu schreiben. Er durfte ruhig wissen, dass sie sich auch in ihrem Urlaub und auch wenn sie ihm gerade nicht schrieb, mit ihm beschäftigte. Und es stimmte doch alles, was der Grafologe aus der Schrift herausgelesen hatte, Franz' Unbestechlichkeit, seine Empathie, sogar seine Sparsamkeit, vor allem aber die künstlerische Ader. Franz wäre bestimmt geschmeichelt.

Der Antwortbrief aus Prag, den Felice zwei Tage später in den Händen hielt, belehrte sie eines Besseren. Es war ein kapitaler Fehler gewesen, Franz von der Konsultation des Fremden am Nachbartisch zu berichten, überhaupt war es schon falsch gewesen, seinen Brief den Augen eines offenkundigen Scharlatans ausgeliefert zu haben. Franz war keineswegs begeistert, nein, Franz war empört. Nichts sei wahr, gar nichts, kam seine gepfefferte Antwort zurück: »Der Mann in Euerer Pension soll die Graphologie lassen.« Dabei war die wenig schmeichelhafte Diagnose ›zwanghafte Sparsamkeit‹ nicht mal der größte Stein des Anstoßes für Franz. Nein, dass der Fremde ihm ›künstlerische Interessen‹ bescheinigte, war die Höhe: »... es ist die falscheste Aussage unter allen Falschheiten. Ich habe kein litterarisches Interesse, sondern bestehe aus Litteratur, ich bin nicht anders und kann nichts anderes sein. [...] Man muss allerdings schon ein ganz ausgepichter Graphologe sein, um das aus meiner Schrift herauszufinden.«

Der Mann vom Nebentisch war am nächsten Tag zum Glück wieder abgereist. Nach Franz' unwirscher Antwort wäre Felice die neuerliche Begegnung beim Frühstück auch etwas peinlich gewesen.

»Du hast eben diesen Hang zum Schreiben«, beschwichtigte Felice.

»Nicht ein Hang zum Schreiben, Du liebste Felice, kein Hang, sondern durchaus ich selbst. Ein Hang ist auszureißen oder niederzudrücken. Aber dieses bin ich selbst ...«

Der letzte Urlaubstag, wie immer der schönste: Auf der Strandpromenade schlenderten, ein paar Schritte vor

Felice und Erna, in trauter Einmütigkeit ein Mann und eine Frau entlang. Sie hatte sich bei ihm untergehakt, beide wandten ihre Gesichter einander zu, angeregt plaudernd, sie gertenschlank im lindgrünen Sommerkleid, das im Wind wehte und ihre Fesseln umspielte, er ein Schlaks im hellen Sommeranzug. Die beiden waren schätzungsweise im Alter von Felice und Franz.

»Ein großer Briefverkehr ist ein Zeichen dafür, dass etwas nicht in Ordnung ist. Der Frieden braucht keine Briefe.« Auch so konnten Franz' Einsichten klingen. Der Mann und die Frau auf der Strandpromenade kamen Felice vor wie Boten dieses ersehnten Friedens.

Erna sprach auch in der kurzen Nacht vor der Abreise wieder im Schlaf. Felice lag wach und versuchte, den ins Dunkel gebrabbelten Worten einen Sinn abzugewinnen. »Leg ihr ein Tuch übers Gesicht«, lautete Franz' Ratschlag in einem seiner Briefe. Den hatte sie immer noch nicht befolgt. Sie wusste sehr gut, dass es nicht Ernas nächtliche Selbstgespräche waren, die sie um den Schlaf brachten. Es war der Quälgeist in Prag.

Brief an den Schwiegervater

»Nicht das Leben dieser Glücklichen, die Du in Westerland vor Dir hergehen siehst erwartet Dich, nicht ein
lustiges Plaudern Arm in Arm, sondern ein klösterliches
Leben an der Seite eines verdrossenen traurigen, schweigsamen, unzufriedenen, kränklichen Menschen, der, was
Dir wie ein Irrsinn erscheinen wird, mit unsichtbaren
Ketten an eine unsichtbare Litteratur gekettet ist und der
schreit, wenn man in die Nähe kommt, weil man, wie er
behauptet, diese Kette betastet.«

Für einen Rückzieher aus den Klostermauern, die da
im gar nicht so fernen Prag hochgezogen wurden, schien
es jetzt, da Franz, der der unentschiedenen Felice zuvor-
gekommen war und einen offiziellen Brief an Carl Bauer
geschrieben hatte, zu spät. Schon seit Wochen formulierte
und verwarf Franz Briefentwürfe für den zukünftigen
Schwiegervater. Während Felice sich auf Sylt aufhielt, war
die lange angekündigte Post in der Wilmersdorfer Straße
schließlich eingetroffen. Der Inhalt blieb Felice nicht
verborgen, der gute Vater wollte nicht selbstherrlich über
eheliches Wohl und Wehe seiner Tochter entscheiden.
Gleich nach ihrer Rückkehr aus dem Urlaub nahm er
Felice beiseite. Er fand, sie sehe wenig erholt aus, ob denn
das Wetter so schlecht gewesen sei oder die Küche in der
Pension *Sanssouci.* Carl Bauer wusste es doch besser. Auch
ihm bereitete der Brief des Anwärters Kopfzerbrechen.
Da bat ein ausgemachter Spinner, wortreich sich krüm-
mend, darum, ihm die Hand der Tochter auszuschlagen.

Hier, lies selbst, sagte Carl Bauer und reichte Felice die lange Epistel. Sie handelte davon, dass ein lustiges, gesundes und selbstsicheres Mädchen drauf und dran war, in Verkennung der Lage in ihr Unglück zu stolpern, in ein asketisches Leben neben einem miesepetrigen Diogenes in der Tonne. »Ich bin schweigsam, ungesellig, verdrossen, eigennützig, hypochondrisch und tatsächlich kränklich. [...] Neben einem solchen Menschen soll Ihre Tochter leben können, deren Natur, als die eines gesunden Mädchens, sie zu einem wirklichen Eheglück vorherbestimmt hat? Zwischen Ihrer Tochter und mir allein, war keine Lösung möglich, dazu liebe ich sie zu sehr und sie gibt sich zu wenig Rechenschaft und will vielleicht auch nur aus Mitleid das Unmögliche, so sehr sie es leugnet. Nun sind wir zu dritt, urteilen Sie!«

War das eine besonders trickreiche Variante, den Heiratsschwindler zu geben? Carl Bauer seufzte tief: Neigt dein lieber Franz denn immer zu solchen Übertreibungen?

Felice zuckte stumm mit den Schultern.

Und was ist das für eine Sache mit dem Mitleid? Liebes Kind, Mitleid ist keine Basis für eine gute Ehe.

Dem Vater konnte sie es ja sagen: Franz macht mir manchmal Angst, und im Unterschied zu den allermeisten Männern, die sich vor einer Frau aufplustern, macht er sich immer so klein. Letzteres fand Felice allerdings fast genauso unangenehm. Er liebt sich selbst so wenig, sagte sie, manchmal hält er sich für ein Insekt.

Carl Bauer sah seine Tochter an, als sei nun sie durchgedreht. Aber um Himmels willen, rief er, warum das denn, der Herr Doktor hat doch ordentlich was vorzuweisen, stammt aus bester Familie, anständige jüdische Bürger, und als Firmenteilhaber muss er doch auch Geschäftssinn haben.

Aber das, Vater, nein, das gerade nicht! Franz würde die Fabrik lieber heute als morgen fürs Schreiben an den Nagel hängen, erklärte Felice, doch nicht die Aussicht auf eine prekäre finanzielle Situation mache ihr Angst, sondern der Eremit in seiner Mönchsklausur, vor dem Franz sie warnte.

So schlimm wird es schon nicht kommen, wenn ihr erst Mann und Frau seid, beruhigte Carl Bauer seine Tochter.

Felice kamen die Tränen, sie sank an die Schulter ihres Vaters und schluchzte in seine weiche Hausjacke.

Wesentlich ist ja nur eins, sagte Carl Bauer besänftigend, strich Felice übers Haar und schaute aus dem Fenster, wesentlich ist doch, dass du ihn liebst.

Felice erwiderte tagtäglich Franz' ernsten, treuen Blick aus dem Medaillon. Zärtlich dachte sie an seine jungenhafte Gestalt und seine klugen Gedanken. Felice dachte auch an ihr eigenes Alter; sie war immerhin schon sechsundzwanzig, die Blüte der Jugend ging langsam dahin.

Ja, Felice, hakte der Vater vorsichtig noch einmal nach, liebst du ihn denn, den Franz?

Und Felice, die sich mit dem Blusenärmel eine Träne vom Gesicht wischte, sah ihren Vater an und sagte: Ja, doch, von ganzem Herzen.

Das Ja, zu dem Felice sich durchgerungen hatte, erzielte in Prag nicht die erhoffte Wirkung, das Ende der Zerreißprobe. Es befeuerte Franz in seinen Selbstbezichtigungen nur noch mehr. Er sprach von sich wie von einem Pestkranken, flehte Felice geradezu darum an, ihn fortzustoßen, damit sie nicht unter die Räder käme, auch wenn er dann vor ihr auf dem Boden läge und leiden würde wie ein Hund. Doch »… alles andere ist unser beider Untergang.« Sie legte ihm mit dem nächsten Brief ihre kühlende Hand auf die Stirn, ob er denn nicht wisse, dass er ihr blind vertrauen könne. Mit einer Gegenfrage ließ der Beziehungsskeptiker nicht lange auf sich warten: »Aber weißt Du, ob Du Dir vertrauen kannst? Ob Du Dir vertrauen kannst in allem, was Dich erwartet?«

Felice, der vielen aufgeschriebenen Worte müde, mit denen sie in jeder Antwort zur nächsten Frage stolperte, schlug ein baldiges Treffen auf neutralem Boden vor. Dabei dachte sie nicht an ein Gespräch. Sie setzte mit allen Fasern auf den Moment der Nähe, der den Knoten löste. Sie sehnte sich nach der befreienden Geste, ein Händedruck, ein Blick, ein offenes Wort, vielleicht musste sie Franz doch mal zum Tanzen überreden, Musik konnte ja so viel bewirken, zwei Menschen harmonisch in einem wiegenden Rhythmus vereint. Aber da gab es noch etwas, was schöner war als tanzen, und die Hand in den Kopf gestützt schrieb Felice mit halb geschlossenen Lidern, sie hoffe auf das größte menschliche Glück, das auf sie warte, vielleicht in Dresden. Ein Hotelzimmer in der Innenstadt, am Neumarkt, oder im romantischen Weinort Radebeul an der Elbe, eine Gartenlaube fürs Glück statt raschelndes Papier. Felice wollte das Leuchten in Franz' Augen sehen, den Geruch seiner Haut einatmen, hören, wie sein Herz schlug in der Nacht.

Franz konnte jedoch nicht nach Dresden kommen und auch nicht nach Radebeul, denn seine Lust aufs Schreiben war unbezähmbar und größer als die auf das ›größte menschliche Glück‹, das Felice in ihrem Brief beschwor.

In Wien, teilte er ihr nüchtern mit, finde im September zudem der ›Internationale Kongress für Rettungswesen und Hygiene‹ statt, den er von Berufs wegen besuchen müsse. Dass er danach noch weiterreisen wollte, kreuz und quer durch Oberitalien, und bereits jetzt mit planerischer Bestimmtheit wusste, dass er im Sanatorium des Dr. von Hartungen in Riva am Gardasee ausspannen wollte, gefiel Felice keineswegs. Franz riet ihr, ruhig zu werden und sich in stiller Klausur über ihn und eine gemeinsame Zukunft klar zu werden.

Was für ein Irrtum! Nur ihre liebende Hand, davon war Felice überzeugt, hätte Franz aus seinen inneren Widersprüchen befreien können. Und jetzt wieder nur Tintenkleckse auf der Bettdecke.

Felices Ärger wuchs, auch weil Franz es noch immer nicht für nötig befunden hatte, den zustimmenden Brief ihres wohlwollenden Vaters zu beantworten. Der hatte sich gleich nach dem Vier-Augen-Gespräch hingesetzt und Franz wissen lassen: Meinen Segen habt Ihr. Vielleicht hatte der Brief Franz vor seiner Abreise gar nicht mehr erreicht. Am 7. September meldete er sich dann endlich aus Wien, wo er im Hotel *Matschakerhof* abgestiegen war, weil der verehrte Grillparzer dort gern zu Mittag gegessen hatte, »einfach aber gut«. Die Ansichtskarte zeigte das Riesenrad im Pratergarten. Tags darauf hielt Felice eine weitere Karte in den Händen, zwei junge Menschen mit Strohhüten, ein Mädchen und ein Bursche, die eine Stange schulterten, auf der üppige Dolden hingen. ›Frucht des Landes‹ hieß das Bild, offenbar eine Szene aus einem Kibbuz in Palästina; Franz nutzte die Anwesenheit in Wien, um auch noch den gerade dort stattfindenden Zionistischen Kongress zu besuchen. Eine

Woche später folgte eine Ansicht des Canale Grande; Franz war in Venedig angekommen, nicht ohne einen Anflug von Seekrankheit bei der stürmischen Fahrt über die Lagune. Im Brief mit dem Kopf des Hotels *Sandwirth*, der einen Tag später auf den Canale Grande folgte, ging Franz endlich auf Felices Vorwurf wegen des Vaterbriefes ein: »Ist es Dir denn noch nicht klar, wie es um mich steht, Felice? Wie kann ich denn in meinem unglückseligen Zustand Deinem Vater schreiben. Eingesperrt von den Hemmungen, die Du kennst, kann ich mich nicht rühren, ich bin gänzlich, gänzlich außer stande die innern Hindernisse niederzudrücken, das einzige was ich gerade noch imstande bin, ist grenzenlos unglücklich darüber zu sein.« Felice rieb sich die Augen, als sie bis zum Schluss des Briefes vorgedrungen war: »Aber was soll ich tun Felice? Wir müssen Abschied nehmen.«

Felice saß zusammengesunken am Wohnzimmertisch, völlig am Ende mit ihrem Latein. Ihr hart erkämpftes Ja war wie in den Sand geschrieben und verschwand unter Franz' Worten wie unter der Wucht einer gewaltigen Meereswelle.

Der Mann bringt mich um den Verstand! Was mach' ich nur mit dem Franz, stieß Felice laut aus, und gerade als sie im Moment ihrer größten Verzweiflung die Stirn auf die Tischplatte schlug, kam die Schwester Toni ins Zimmer herein, sah den Brief mit der Zeichnung der Lagune, in die Franz' schwarze Tintenschrift schwappte, und legte Felice beruhigend die Hand auf die Schulter.

Franz scheint ein schwerer Fall zu sein, sagte Toni, zutiefst erschrocken über die aufgewühlte große Schwester, die doch sonst fest wie ein Fels in der Brandung stand. Um guten Rat war freilich auch Toni verlegen, das junge Ding, noch grün hinter den Ohren, unerfahren im Umgang mit dem anderen Geschlecht und durch Ernas und Elses leidvolle Erfahrungen, die sie nur erahnen konnte, sicher wenig ermutigt, sich einem Mann in die Arme zu werfen. Nun also auch Felice. Vielleicht musste man einmal die Bücher dieses Wiener Arztes über Psychoanalyse lesen, um zu begreifen, was Franz umtrieb in dieser endlosen Spirale aus Wollen und Verhindern. Wenn jemand durch merkwürdige Verhaltensweisen auffällig wurde, weil er mit sich nicht klarkam, hin und her geworfen von den Tagen, sprachen Mediziner neuerdings von einer Neurose, vielleicht traf das auf Franz zu, und möglicherweise war eine Neurose ja übertragbar. Vielleicht war das gefährlich, was er hatte. Vielleicht war es sogar ansteckend und man geriet in den Sog einer solchen Neurose.

Dem Abschiedsbrief ließ Franz drei Tage später eine Karte mit der Ansicht der malerischen Piazzetta le due Colonne in Venedig folgen, geschrieben in Verona, auf einer Kirchenbank in der Basilika Sant' Anastasia, wo Franz sich an der Betrachtung eines Marmorzwerges mit einem Weihwasserbecken auf dem Buckel ergötzte. »... sonst aber hier in allem Elend.« Dann kam gar nichts mehr. Franz machte Ernst.

Felice lauschte auf die Schritte des Postboten im Treppenhaus. Seit Tagen ging er an der Wohnungstür der Bauers vorbei. Die Karte aus Verona ließ nichts Gutes ahnen; wer weiß, in was noch alles sich Franz hineinsteigern konnte. Felices Seelenqualen, der Ärger über den Antragsbrief und die immer noch wacklige Hochzeit, wichen der Sorge um Franz. Sie gab noch ein Telegramm nach

Venedig auf: »Brief folgt Felice.« Man musste doch die Kirche im Dorf lassen. Aber würde ein Brief den herumreisenden Franz, der an keiner Station seiner Reise lange ausharrte, unterwegs überhaupt erreichen?

Gegen die Verzweiflung half das Laufen durch die Stadt, an der Stadtbahntrasse entlang, die Prenzlauer Allee hinauf, die Leipziger Straße hinunter. Felices Tritte auf den Granitplatten der Berliner Trottoirs klangen hart und fest, mit jedem Schritt breitete sich in ihrem Kopf eine angenehme Leere aus. Wie an Fäden gezogen durch die Große Frankfurter, über den Alexanderplatz, wo sie den Damm schon wieder aufrissen, wumm, wumm, dröhnte die Dampframme, warum hämmerte ihr nicht jemand in den Schädel, dass es aus war mit Franz, zum Glück, sei froh, dass du ihn los bist! Eine Eisenbahn fauchte über die Hochgleise und schickte ihren Feueratem in die Schlucht der Friedrichstraße hinunter, am Ufer der Spree, auf der Höhe des Zollhofs, standen Angler übers Geländer gelehnt und hatten nur Augen für unsichtbare Fische. Felice verweilte lange auf der Moabiter Brücke und sah den Apfelkähnen hinterher, die beladen mit ihrer bunten Fracht aus Werder auf der Spree dahinzogen, vorm *Café des Westens* saßen kluge Köpfe hinter aufgeschlagenen Zeitungen und sandten steile Rauchsäulen aus ihren Zigaretten in die unbewegte Luft. Felice taten schon die Füße weh, doch sie marschierte auch noch das letzte Stück den Ku'damm hinauf und kniff die Augen zusammen vor den untergehakten, glücklichen Paaren, die ihr im Gegenlicht entgegenkamen, vor Menschen, deren Zweisamkeit sich ihr in jenem so unerträglich milden und sonnigen Herbst besonders schmerzhaft aufdrängte. Eingebogen in die

Wilmersdorfer Straße, fiel ihr Blick auf das Plakat mit der Ankündigung eines neuen Films vor dem Kinotheater, *Der Student von Prag.* Franz holte sie immer wieder ein. Felice hatte sich müde gelaufen, aber sicher war sicher: Der Apotheker an der Ecke reichte Felice ein weiteres Mal eine Schachtel mit Schlafpillen über die Ladentheke, versuchen Sie es lieber mal mit entspannender Bettlektüre, riet er, Liebesromane.

Gute Idee, sagte Felice und legte die Münzen für das Pyramidon auf den Tresen. An Lektüre war in diesen Tagen nicht zu denken, zum vierten Mal las Felice nun schon denselben Satz von Strindberg, ohne zu begreifen, was da eigentlich stand. Durch ihren Kopf ratterte unablässig stampfend eine Eisenbahn, in der saß Franz allein in einem Winkel des Coupés auf einem Fensterplatz, schaute gedankenverloren hinaus in die vorbeirasende Landschaft und entfernte sich mit jeder Schienenschwelle, mit jeder Weiche weiter von ihr, in Richtung Süden.

Endlich, nach vier langen Wochen, brach Franz sein Schweigen. »Deine Briefe aus den letzten Monaten waren im Grunde, wenn Du es überlegst, nichts (vom Leid abgesehen) als Staunen über die Möglichkeit eines solchen Menschen wie ich es bin. Du konntest nicht daran glauben.« Franz traute Felices Jawort einfach nicht. Er wollte ein anderes Ja.

Mit schwierigen Geschäftskunden wurde Felice spielend fertig, nicht nur im Bühnensketch. Sie warb für den unvergleichlichen Service der Lindström AG, so kompetent und charmant, dass ihr Gegenüber gar nicht anders konnte, als sich auf die Konditionen einzulassen, die sie vorgab. Bei Bedarf, bevor ein Kunde abspringen konnte, suchte sie einen Kompromiss und bot Sonderkonditionen oder einen Mengenrabatt an. Die Oliver klapperte melodisch unter ihren Fingern: »Wie stets sind wir als Firma ersten Ranges bemüht, alle Ihre Wünsche zu Ihrer vollsten Zufriedenheit zu erfüllen. Deshalb freuen wir uns, Sie auch in der weiteren Zukunft mit Lindström-Produkten beliefern zu dürfen. Hochachtungsvoll, F. Bauer, Prokuristin.«

Bei ihrem schwierigen Heiratskandidaten sah die Sache anders aus. Felice hätte sich schon Ende 1912 hinsetzen und folgenden Brief formulieren müssen: »Wir sehen uns leider außerstande, Ihre Wünsche zu erfüllen. Das Produkt, das Sie suchen, führen wir nicht.« Und sie hätte sich nicht scheuen dürfen, den komplizierten Kunden Kafka an ein Konkurrenzunternehmen zu verweisen, auf dass er dort glücklich werde. In seiner Angelegenheit gab es keinen Rabatt, da galt der volle Einzelpreis, ohne Nachlass und Prozente. Es gab zwei Möglichkeiten von Klarheit: ein Nein oder ein Ja, ohne jede Einschränkung. Nein, Franz, der Lebensstil an der Seite eines Einsiedlers, den Du mir in Aussicht stellst, erfüllt mich mit Angst und Schrecken. Deshalb adieu, leb wohl, es ist besser so. Oder: Ja, Franz, mit fliegenden Fahnen, denn jedes Deiner Worte klingt so neu in meinen Ohren, als hätte ein Mensch es zum allerersten Mal ausgesprochen für mich. Ich habe endlich begriffen, wer Du wirklich bist. Ja, Franz, ich will!

Statt ein uneingeschränktes Ja oder ein klares Nein zu formulieren, schickte Felice eine Freundin aus, die gute Grete. Es traf sich, dass die sich demnächst in Prag aufhielt. Grete musste Franz zu einem vertraulichen Gespräch treffen und ihm andeuten, dass Felice, kaum dass die Sache mit Erna ausgestanden war, wegen Ferri schon wieder große Probleme herumschleppte, und dass er das bitte respektieren möge. Ihrer Freundin Grete Bloch konnte Felice vertrauen, die beiden Frauen verband einiges: Die fünf Jahre Jüngere war auch Jüdin, auch sie kam aus der Büromaschinenbranche und war bei einer Berliner Firma als Prokuristin tätig, auch sie trug wie Felice nicht unwesentlich zum Unterhalt der gesamten Familie bei und unterstützte ihren Bruder Hans bei seinem Medizinstudium. Kennengelernt hatten sich die beiden Frauen auf einer Bürofachmesse. Seitdem unternahmen sie hin und wieder etwas zusammen, gingen tanzen oder ins Kino. Untergehakt um den Lietzensee spazierend, brachte Felice Grete ihr Anliegen vor. Am südlichen Ende des Sees lief Wasser über die neu angelegte Kaskade, Zinnien und Astern leuchteten rot und gelb aus Blumenkübeln, ein Gärtner fegte bunte Blätter auf dem Weg zusammen. Am Himmel schwirrten Krähen und zogen krakeelend über die Dächer. Grete erklärte sich sofort bereit, im Namen der Freundin ein paar gute Worte bei Franz einzulegen.

An einem Tag spät im Oktober 1913 saß die Gesandte aus Berlin mit dem ihr unbekannten Franz Kafka an einem Tisch im Prager Hotel *Zum schwarzen Ross* am Graben. Grete Bloch fragte ihr Gegenüber, ob er sich denn kein Bild von der zeitraubenden Tätigkeit einer Prokuristin im Büro machen könne, die familiären Probleme im Hause Bauer deutete sie, wie mit Felice besprochen, nur vage an, und Franz fragte nicht weiter, zum Glück. Und auch das verdankte Felice wohl Gretes diplomatischem Geschick, Franz kündigte aus freien Stücken seinen baldigen Besuch in Berlin an, freilich nicht, ohne vorauseilenden Zweifel am Sinn dieser Reise: »Hoffst Du wirklich darauf Felice, dass unser Beisammensein uns Klarheit bringen wird? […] Wo ich bin, ist keine Klarheit.«

Deine Hand in meiner

»Ich komme also Samstag, Felice, ich fahre hier um 3 Uhr nachmittags weg, Sonntag um 4 oder 5 muss ich dann von Berlin wegfahren. Ich werde im *Askanischen Hof* wohnen.«

Am Samstag war eine Begegnung also eher unwahrscheinlich, und Felice rechnete sich an den Fingern einer Hand aus, dass am Sonntag gerade mal drei Stunden für ein Treffen rausspringen würden. Denn unglücklicherweise musste sie am Sonntagmittag zu einer Beerdigung, der plötzliche Tod eines Lindström-Mitarbeiters, das hatte sie Franz noch gar nicht eröffnet, aus Angst, er würde seine Reise dann ganz abblasen. Aber eigentlich war es eine Schnapsidee, dass er unter diesen Umständen zweimal sechs Stunden Bahnfahrt auf sich nahm, das wusste sie selbst.

Sonntag früh, am 9. November 1913, stand durchaus noch nicht fest, wo und wann sie sich treffen wollten. Die Uhr tickte. Nach dem Frühstück im *Askanischen Hof* sandte Franz einen Fahrradboten mit einer Nachricht in die Wilmersdorfer Straße: »In Berlin, warte im Hotel.«

Felice schickte den Boten umgehend zurück: »Melde mich telefonisch in einer Viertelstunde.«

Franz wartete. Um 10 wurde er endlich zum Fernsprecher gerufen. Felice schlug ein Treffen zwischen Charlottenburg und Hotel vor, am U-Bahnhof Zoologischer Garten, jetzt gleich, denn mittags, rückte sie raus mit der Sprache, müsse sie leider zu einer Beerdigung. Franz stimmte zu, es schien ihn gar nicht zu wundern, dass Felices Zeit so knapp bemessen war. Die sah dem Treffen angestrengt entgegen, als sie, bereits in Trauerkleidung, in Richtung Zoo fuhr und das verregnete Berlin an ihr vorüberzog. Sie hatte sich viel vorgenommen, wollte das Geheimnis um Ferri lüften und hoffte, dass sich dadurch und trotz der Kürze der Zeit auch Franz' innere Verwicklungen entwirrten. Mit Herzklopfen überquerte sie den Bahnhofsvorplatz und postierte sich wie verabredet am U-Bahn-Ausgang. Man konnte die Kamele im nahen Zoo riechen, die Glocken läuteten zum Gottesdienst, eine fromme Gemeinde strebte aus allen Richtungen mit Gesangbüchern unterm Arm in die Kaiser-Wilhelm-Kirche. Felice sah Franz schnellen Schrittes die Joachimsthaler Straße entlangkommen, den Blick unter der Hutkrempe aufs Pflaster gerichtet, er schien Felice nicht zu sehen, steuerte direkt auf die Treppe zu, die zum Untergrundbahnhof hinabführte, wo er sie vermutlich wegen des nasskalten Wetters erwartete. In dem Moment, als Franz an der in ihrem Trauerkleid ihm womöglich fremd erscheinenden Felice vorbeieilen wollte, ergriff sie ohne ein Wort seine Hand.

Franz war es, der Arm in Arm mit Felice durch den Tiergarten laufend, ohne Umschweife zum Thema kam. Grete Bloch habe angedeutet, dass Ferris Verlobung mit Lydia Heilborn gelöst sei, was denn um Gottes willen passiert sei? Er verlangte Genaueres aus Felices Munde zu hören, doch kaum ging Franz an ihrer Seite, kamen ihre eisernen Vorsätze, kam ihre Wahrheitsliebe wieder ins Wanken. Sie wollte ihm aber keine Antwort schuldig bleiben, also spielte sie die Geschichte herunter, Ferri habe kurz vor dem Altar kalte Füße gekriegt, sowas hörte man ja immer wieder, zudem versuche er gerade, einen etwas riskanten Geschäftsvertrag rückgängig zu machen. Felice schluckte; die Familienbande schnürten ihr die Kehle zu. Franz, das wurde ihr in seiner Gegenwart klar, war einfach zu früh für die ganze Wahrheit nach Berlin gekommen. Sie konnte erst raus mit der Sprache, wenn sie Ferri im sicheren Hafen auf der anderen Seite des Atlantiks wusste. Offenheit und Vertrauen, Felices Grundsätze lagen schon wieder auf der langen Bank.

Zwei, die angestrengt ans Heiraten dachten, stolperten zwischen den kahlen Bäumen des Tiergartens nebeneinander her über Kieswege, auf denen die Regennacht große Pfützen hinterlassen hatte. Sie überquerten die Löwenbrücke, als suchten sie am anderen Ufer des Neuen Sees die Antwort auf alle Fragen, liefen durchs traurige Dorngestrüpp des Rosengartens und über die Charlottenburger Allee, an deren Ende das Brandenburger Tor seine klassizistischen Säulen in den märkischen Sand stemmte. Felice erkundigte sich nach Franz' Schwestern, die sie immer noch nicht kannte, nach Ottla, Elli und Valli, wollte wissen, wie es dieser als inzwischen verheirateter Frau Pollak gehe. Franz blieb ihr eine Antwort schuldig, er lachte nur laut auf und schwatzte was über die Ehe als Einrichtung, mit der die Menschheit sich bedauerlicherweise abgefunden hätte. Welcher Teufel ritt ihn denn da schon wieder? Felice fragte sich, ob sie einen Heiratsantrag von einem, der sowas sagte, überhaupt ernst nehmen konnte. Der schönste Tag im Leben einer Frau, so hieß es doch immer, wollte Felice den wirklich mit dem Mann begehen, der da so lästerliche Reden über die Ehe führte?

Nach eineinhalb Stunden musste Felice dringend los zur Beerdigung, Franz begleitete sie noch bis vors große Friedhofstor, das sie nach kurzem Abschied in Begleitung zweier fremder Herren durchschritt. Franz wollte zu Mittag essen, vielleicht bei *Josty* am Potsdamer Platz, danach zu seinem Schriftstellerfreund Ernst Weiß nach Schöneberg. Der Zug nach Prag geht erst um halb fünf, rief Franz Felice hinterher. Sie versicherte, ihn gegen drei im Hotel wieder anzurufen, vor seiner Abfahrt könne man sich wenigstens kurz nochmals sehen, am Bahnhof.

Die Beerdigung zog sich hin, in Zeitlupe bewegte sich der Trauerzug über den großen Friedhof, die Grabstätte lag weit vom Eingangstor entfernt auf dem von Efeu überwucherten Totenacker, verstohlen schob Felice den Mantelärmel hoch und schaute auf die Armbanduhr. Es regnete jetzt beharrlich, ein kalter, nicht abreißender Guss, der von den Schirmen auf die Schuhe triefte. Die waren komplett durchweicht wie ehedem in Prag, als der Trauerzug wieder durchs Friedhofstor hinaus schritt. Eine Einladung zum Leichenkaffee konnte Felice schlecht ausschlagen, zudem lockte die Fröstelnde die Aussicht auf ein heißes Getränk. 15 Uhr war längst durch, als Felice sich von der Gesellschaft verabschiedete, ihr war klar, dass sie Franz mit der Ankündigung ihres Telefonats zurück ins Hotel gezwungen hatte, wo er jetzt wahrscheinlich mit seinem Koffer unten in der Halle herumsaß und mit schwindender Hoffnung darauf wartete, dass der Portier ihn zum Fernsprecher rief. Aber was hätte ein flüchtiges Wiedersehen mit Franz schon gebracht, nur eine weitere traurige Abschiedsszene. Allein ließ sie ihn zum Anhalter Bahnhof gehen, allein stand er auf dem Bahnsteig, pünktlich um 16.28 Uhr verließ der Zug nach Prag die große Halle. Franz war auf und davon.

Um 18 Uhr fand sich Felice dann doch noch am Anhalter Bahnhof ein. Sie brachte ihren Bruder zum Abendexpress nach Brüssel. Ausgerechnet dieses Wochenende, wo Franz in Berlin war, hatten sich die Ereignisse zugespitzt, und Ferri war auf dem Sprung. Ausgerechnet heute brach er in seine ungewisse Zukunft auf. Er wollte erst einmal Boden gewinnen und zu einem Bekannten nach Brüssel fahren, um dort auf die Schiffspassage zu warten, noch war nicht raus, ob er eine Überfahrt von Antwerpen oder von Amsterdam bekäme. Felice hatte fast einen ganzen Monatsverdienst geopfert, um Ferri den Neustart zu ermöglichen. Jetzt, am Anhalter Bahnhof, in der jähen Erkenntnis, dass sie sich an diesem Tag womöglich das letzte Mal sahen, für lange Zeit oder fürs ganze Leben, war aller Ärger über den leichtsinnigen Bruder verflogen.

Und keine krummen Dinger mehr, hörst du, Ferri, so Felices Abschiedsworte.

Ich werde mich bessern, versprochen, und danke für alles, Felice! Und grüß mir den Franz!

Das Abfahrtssignal sprang auf grün, ein langer Pfiff gellte, die Dampflok schnaubte und stieß eine Rauchwolke aus, der Zug setzte sich mit stampfenden Kolben in Bewegung, Ferri am Abteilfenster wurde kleiner, sein Kopf, dieser schmale Schädel mit dem schwarzen Haar, war bald nicht mehr zu sehen. Felice stand auf dem Perron und winkte immer noch, als der Zug auf dem Gleisdreieck verschwunden und nur noch der strenge Geruch von Kohle und Ruß in der Luft zurückgeblieben war. Es war der bittere Duft des Abschieds, der durch den Anhalter Bahnhof wehte, und den Felice nur allzu gut kannte. Sie gelobte sich mit Tränen in den Augen, wenigstens Franz das nächste Mal nicht unverrichteter Dinge ziehen zu lassen.

Franz, retour in Prag, blieb nur ein trauriges Resümee seines verunglückten Berlin-Besuchs, das er Grete Bloch mit ratloser Geste mitteilte: »So bin ich von Berlin weggefahren, wie einer der ganz unberechtigterweise hergekommen ist. Und darin lag allerdings eine Art Sinn.« Dabei hatte doch der Tag so gut angefangen, Felices Hand in seiner.

Wieder ersuchte Franz Felice um Erklärungen für ihr ausweichendes Verhalten, doch Brief um Brief blieb unbeantwortet, den ganzen grauen November über. Auf eine Einladung der Brods über die Weihnachtstage reagierte sie nicht. Am 12. Dezember schließlich schickte Franz einen Sendboten ins Büro.

Ein Herr will Sie sprechen, sagte die Vorzimmerdame bei Lindström, es scheint dringend zu sein. Sein Name ist Weiß, Ernst Weiß.

Felice nickte, soll reinkommen.

Vor ihren Schreibtisch trat ein gepflegter, schlanker Mann mit länglichem Gesicht, der eine gewisse Ähnlichkeit mit Franz aufwies, der Schriftsteller, der von Haus aus Arzt war. In der Hand hielt er einen Briefumschlag, und die Schrift darauf erkannte sie blind. Franz warte sehr auf Nachricht des Fräulein Bauer, ob sie denn seine Post nicht erhalten habe. Weiß überreichte ihr den Brief, sie bedankte sich und legte ihn vor sich auf den Schreibtisch. Dem Überbringer genügte das nicht; er blieb hartnäckig in Felices Büro stehen, schaute mit einer auffordernder Kopfbewegung auf das ungeöffnete Schreiben. Er wollte sich mit eigenen Augen davon überzeugen, dass Felice es auch wirklich las, bis zum letzten Satz, so hatte er es Franz in Prag versprochen. Mit einem Brieföffner rückte Felice dem Kuvert ein wenig unwirsch zu Leibe. Was sie las, war die übliche Litanei: »Warum antwortest Du nicht, Felice?«

Nachdem Ernst Weiß abgezogen war, eskortiert von der Vorzimmerdame und monotonem Schreibmaschinengeklapper und nicht ohne eine auf einen Zettel gekritzelte Notiz von Felice an Franz in der Tasche, worin sie versprach, demnächst ihr Schweigen zu brechen, spannte sie einen Bogen Papier ein und tippte: »Sehr geehrte Herren! Bezugnehmend auf Ihre Reklamation übersendet die Firma Lindström Ihnen ein anderes Grammophon. Wir bitten, sämtliche Unannehmlichkeiten zu entschuldigen und versprechen Ihnen ein einwandfreies Funktionieren des neuen Gerätes. Bitte betrachten Sie die Angelegenheit damit als erledigt.«

Weil Felice nicht sofort zurückschrieb, hakte Franz wenig später nach: »Wann kommt denn endlich Deine Post?« Felice kündigte per Telegramm einen Brief an, den sie wieder nicht schrieb. Wieder ging das Telefon, wieder war es für sie, und wenn Franz nicht schrieb, sondern zum Hörer griff, pressierte es: Wo der versprochene Brief bleibe. Ich schreibe Dir, sobald ich Zeit finde, sprach Felice. Und schrieb nicht. Telegramm von Franz: »Was ist jetzt?« Telegramm an Franz: »Brief im Postausgang.« Felice schickte den Brief nicht ab. Es gab auch gar keinen Brief. Abermals schrieb Franz. »… ich bitte nur um einen kleinen ganz mühelosen, ganz unverbindlichen Brief.

Nenne mich darin nicht lieb, wenn ich es Dir nicht bin, schicke mir keine herzlichen Grüße, wenn Du es nicht so meinst. Nur einen ganz kleinen Brief. Es ist keine übermäßige Bitte.«

Das Geheimnis um Ferri war nur eine Nebensache, die zwischen ihnen stand, das musste Felice sich eingestehen. Immer standen die Angelegenheiten ihrer Geschwister im Mittelpunkt, und sie lenkte sich mit der Problemlösung von einer Zukunftsentscheidung für oder gegen Franz ab. Jetzt ging es nicht um Ferri, es ging um sie selbst. Kurz vor Silvester fand Felice endlich die Worte, nach denen sie so lange gesucht hatte: »Wir würden beide durch eine Heirat viel aufzugeben haben, wir wollen es nicht gegenseitig abwägen, wo ein Mehrgewicht entstehen würde. Es ist für uns beide recht viel. Du, Franz, verlörest Dein geliebtes Alleinsein, ich meine angesehene Stelle und Berlin.« Würde Franz das als ein Nein auffassen? Warum schrieb sie es denn nicht hin mit flinker Hand, ein klares, unmissverständliches Nein? Hatte sie Angst, es gebe kein Leben, keine Liebe nach Franz?

Der Ball lag wieder in Prag. Franz spielte ihn aus einer Geständnislaune heraus zurück, und er traf Felice hart an empfindlichster Stelle: »Ich habe mich im Sanatorium in ein Mädchen verliebt, ein Kind, etwa 18 Jahre alt, eine Schweizerin, die aber in Italien bei Genua lebt, im Blut mir also möglichst fremd, ganz unfertig, aber merkwürdig, trotz Krankhaftigkeit sehr wertvoll und geradezu tief. [...] Es war mir wie ihr klar, dass wir gar nicht zu einander gehörten und dass mit dem Ablauf der 10 Tage die uns zur Verfügung standen, alles zuende sein musste und dass nicht einmal Briefe, keine Zeile geschrieben werden durfte. Immerhin bedeuteten wir einander viel, ich musste große Veranstaltungen treffen, dass sie beim Abschied nicht vor der ganzen Gesellschaft zu schluchzen anfieng und mir war nicht viel besser. Mit meiner Abreise war alles zuende. Selbst das, so widersinnig das äußerlich ist, hat dazu beigetragen, dass ich mir über Dich klarer geworden bin. Die Italienerin wusste auch von Dir, wusste auch, dass ich im Grunde nach nichts anderem strebte, als Dich zu heiraten.«

Der bucklige Marmorzwerg aus der Kirche in Verona, der Franz so beeindruckt hatte, zeigte seine hässliche Fratze. Während Felice im Spiegel mal das Gesicht einer alten Jungfer, mal das einer hässlichen Heuchlerin oder auch nur einer dummen Gans erblickte, die nichts begriff, während sie sich in großer Sorge schon ausmalte, dass Franz verzweifelt am Rand der Murazzi-Klippe stand, drauf und dran, sich in die Lagune zu stürzen, hatte der leichtfüßig mit einer Minderjährigen angebandelt. Statt Felice in Dresden zu treffen, wo sie zu allem bereit gewesen wäre, hatte er sich in Riva mit einer zufällig anwesenden schweizerischen Jungfrau vergnügt, und das, obwohl er sonst so zugeknöpft tat und stets behauptete, die Schreiberei sei ihm wichtiger als alles andere, sogar als die Vertrautheit der Körper. Franz' Brief sank in Felices Schoß, sein freimütiges Geständnis ließ sie wie eine betrogene Ehefrau zurück.

Dauerfrost schon tagelang, der Himmel über Berlin ein bleierner Deckel, aber Felice starrte nur geblendet von einer italienischen Sonne auf den Brief in ihrem Schoß. »Im Süden ist, glaube ich, alles möglich«, das hatte Franz ihr noch vor seiner Italienreise geschrieben. Und war ohne sie abgerauscht.

Felice konnte es nicht leugnen: Sie war eifersüchtig. Nein, sie war nicht frei, keineswegs, das stand ihr deutlicher vor Augen als all die Monate zuvor. Aber so viel Geschirr war zerschlagen worden, die Heimlichtuerei um Erna, die Geheimniskrämerei um Ferri, das kränkende Fazit der Detektei, sie könne gut kochen, als brächte sie sonst nichts zustande, der regnerische Tiergarten und jetzt als außerordentlich verletzende Überraschung auch noch die kleine Schweizerin, ein Seitensprung, den sie Franz nicht mal vorwerfen konnte, schließlich war weiterhin alles offen. Felice schrieb ihm, weil sie sein italienisches Abenteuer als Flucht vor der Wirklichkeit deutete, er solle mehr im Hier und Jetzt leben und sich nach den Gegebenheiten richten. »Lass uns nicht mehr übers Heiraten sprechen«, bat sie und hielt inne, nein, verlieren wollte sie ihn nicht. »Schreiben wir uns einfach Briefe, so wie früher«, fügte sie mit aller Unbeschwertheit hinzu. Natürlich war sich auch Felice im Klaren darüber, dass es um alles oder nichts ging, nach wie vor. Sie wollte einen Mann und keinen Brieffreund.

Das Jahr 1914 begann mit einem Trommelwirbel: »Die Ehe ist die einzige Form, in der die Beziehung zwischen uns erhalten werden kann, die ich so sehr brauche.« Franz erklärte, durch ihre Verheiratung bekäme die Stelle bei der Versicherung erst einen Sinn. Er verdiene dort mehr Geld, als er für sich alleine benötige. So drehte sich Franz' verkehrte Welt, normale Leute suchten sich Arbeit, weil sie eine Familie ernähren wollten, er wollte Familie, um Frieden mit seinem Beamtendasein zu schließen. Aber wollte er das wirklich? Er hatte Felice doch auch schon mal vorgerechnet, wie knapp sein Einkommen für zwei war.

Und vor allem, wollte er nicht schreiben, nichts sonst? Felice musste nicht lange in ihrer Briefschatulle wühlen, um einen Brief zu finden, der Franz' Heiratsabsichten widerlegte. »Nur die Nächte mit Schreiben durchrasen, das will ich. Und daran zugrundegehn oder irrsinnig werden, das will ich auch, weil es die notwendige längst vorausgefühlte Folge dessen ist.« Das waren andere Töne. Heute appellierte Franz wieder an sie, sich ganz auf ihn einzulassen: »Ich liebe Dich ganz genau so wie Du bist, das was mir an Dir gut scheint, wie das, was mir nicht gut scheint, alles, alles. So ist es bei Dir nicht, selbst wenn alles andere vorausgesetzt wird. Du bist mit mir nicht zufrieden, Du hast an mir Verschiedenes auszusetzen, willst mich anders haben als ich bin. Ich soll ›mehr in der Wirklichkeit‹ leben, soll mich ›nach dem was gegeben ist, richten‹ u.s.f. Merkst Du denn nicht, dass Du, wenn Du solches aus wirklichem Bedürfnis willst, nicht mehr mich willst, sondern an mir vorüber willst. Warum Menschen ändern wollen, Felice? Das ist nicht recht. Menschen muss man nehmen wie sie sind oder lassen wie sie sind. Ändern kann man sie nicht, höchstens in ihrem Wesen stören. Der Mensch besteht doch nicht aus Einzelheiten so dass man jede für sich herausnehmen und durch etwas anderes ersetzen könnte. Vielmehr ist alles ein Ganzes und ziehst Du an einem Ende zuckt auch gegen Deinen Willen das andere. Trotzdem, Felice, – sogar das, dass Du an mir Verschiedenes auszusetzen hast und ändern möchtest, sogar das liebe ich, nur will ich, dass Du es auch weißt. Und jetzt entscheide Felice!«

Wie oft denn noch? Ein einfaches Jawort reichte Franz nicht. Er wollte das Absolute, ein Bekenntnis wie zu einem Gott, er forderte einen Glaubensschwur auf seine

Lebensweise, mehr noch, er verlangte von Felice das, was nur eine Mutter ihm geben konnte: Ihn kompromisslos so zu lieben wie er war. Felice antwortete Franz nicht auf seinen Brief. Sie vermochte es nicht. Der Januar verstrich.

Franz setzt mir die Pistole auf die Brust, gestand Felice ihrer Freundin Grete bei einem Treffen auf dem Kurfürstendamm. Es schneite, dicke weiße Flocken zerschmolzen auf dem Trottoir und auf den Mantelkrägen. Untergehakt liefen die beiden Frauen an den Geschäften vorbei, die schon mit Sonderangeboten zum Winterende lockten, Wollpullis, Skikleidung, Pelze. Die Beziehung zu Franz sei vor allem, seit von Heiraten die Rede wäre, ein einziger Tanz um den heißen Brei, so Felice. Sage ich ja zu ihm, zieht er sich zurück, schreibe ich nicht, gibt er keine Ruhe. Ein Katz-und-Maus-Spiel. Der arme Kerl kann nicht mit mir und nicht ohne mich.

Grete blieb sachlich: Ich glaube, Franz leidet sehr unter der unentschiedenen Situation, schreib ihm doch wieder öfter.

Felice wandte ein, Briefe hätten bislang auch zu nichts geführt, so viele Worte Franz auch mache, sie verstehe manchmal nicht, worauf er noch hinauswolle, schließlich habe sie ihm schon ein deutliches Ja zugerufen.

Grete riet Felice, sich in Franz einzufühlen: Versuch es wenigstens, er braucht dich, er liebt dich, aber er hat eine Heidenangst vor den ehelichen Verpflichtungen, die auf ihn zukommen. Und vor allem davor, dass du ihn falsch einschätzt. Grete geriet ins Schwärmen, rühmte Franz' erstaunliche Sensibilität, seinen literarischen Sachverstand und sein Interesse an ihrem Klavierspiel. In ihre Augen trat ein erleuchteter Ausdruck, als sie von seinen feinen Gesichtszügen schwärmte, diese Tiefe seines Blicks und die sanfte Stimme, mit der er diese originellen Sätze sagte! Dieser außergewöhnliche Mann, wie lustig er außerdem sein kann! Du wirst Franz nicht ändern, sagte Grete, aber er braucht dich; und er liebt dich wirklich, wirf das nicht weg!

Am Anhalter Bahnhof, wo sie auf die Schwester Else wartete, kaufte Felice in einem Zeitungsladen eine Ansichtskarte und suchte sich einen freien Platz inmitten der Reiselustigen, die immer wieder zu der großen Bahnhofsuhr in der Halle hinaufschauten und bei jeder Durchsage die Ohren spitzten, um die Abfahrt ihres Zuges nicht zu verpassen.

»Franz, ich sitze hier im Wartesaal und hole meine Schwester ab, die aus Dresden ankommt. Lasse mich Dir viele herzliche Grüße senden. Du hörst auch wieder einmal mehr von mir. Ich musste diese Karte schreiben.« Wie würde Franz das jetzt wieder auffassen? Dass sie sich einem inneren Befehl beugte? Oder Gretes Rat? Oder, in der besten aller Welten, dass sie nicht anders konnte als ihm doch wieder zu schreiben, weil sie ihn über alles liebte? Sie wusste es leider selbst nicht, als sie ihren Namen auf die Karte setzte: »Innigen Gruß. Felice.«

Der Wille zum Glück

Am 28. Februar 1914 tauchte Franz plötzlich und unerwartet im Büro der Lindström AG auf. Felice sichtete
die Post, der Briefträger war eben durch. Samstag war
oft viel los im Büro, viele Kunden wollten noch vor dem
Wochenende Geschäfte in trockene Tücher bringen.
Felice war völlig ahnungslos, wer da kam, denn angemeldet hatte sich ein gewisser Herr Gotthart, er warte in
der Telefonzentrale. Lange fünf Minuten verstrichen, bis
Felice ihren Platz verlassen konnte. Von der Wartebank
auf dem Flur erhob sich ein schlanker Mann im dunklen
Anzug, Franz. Felice sah ihn geschäftsmäßig an, als sei
es der Herr Gotthart. Sie schätzte Privatbesuche im
Büro nicht, sie verlangten ihr einen Rollenwechsel ab, der
im Beisein von Kollegen und Kunden schwierig war. Sie
blieb reservierter, als es die Begegnung erforderte, gerade
jetzt. Wieso, fragte sie raunend, er sich am Empfang
um Himmels willen unter falschem Namen angemeldet
hätte.

Nun, erklärte Franz, zum einen wolle er nicht angestarrt
werden wie ein Pfingstochse, schließlich kannten die
Leute hier längst seinen richtigen Namen, zum anderen
aus Rücksicht auf sie, Felice, damit sie nach seinem
Besuch nicht gleich mit lauter Fragen bestürmt wurde.
Ob er was von Grete Bloch gehört hätte, fragte sie, und
Franz antwortete, nein, schon seit vierzehn Tagen nicht.

Jemand rief, Fräulein Bauer, Telefon für Sie!

Sehen wir uns zum Essen, fragte Felice, schon mit

einem Fuß auf der Treppe, in der Mittagspause in der Konditorei hier um die Ecke?

Franz nickte und ging.

Felice konnte sich nur schwer konzentrieren in der Stunde bis zur Pause. Sie hatte Angst wie früher in der Schule, Angst davor, dass der Lehrer einen aufrief und etwas fragte, was man nicht beantworten konnte.

Das Grand Café *Kaplan* um die Ecke an der Großen Frankfurter bot leckeren Mittagstisch an, Felice bevorzugte ein belegtes Brötchen und einen Kakao. Leute aus den umliegenden Büros waren in die Pause ausgeschwärmt, man kannte sich vom Sehen, grüßte von Tisch zu Tisch, der Geräuschpegel im Café war hoch. Franz studierte angestrengt die Speisekarte und schwankte zwischen Gemüsebouillon, einem Glas Königlich Fachingen und doch lieber gar nichts. Auch hier war kein guter Ort für eine Aussprache. Felice fühlte sich beobachtet von Bürokollegen und hatte das Gefühl, die kleine Schweizerin aus Riva säße mit ihnen am Tisch. Wie es Erna eigentlich gehe, fragte Franz. Und ob sich die Sache mit dem Bruder geklärt habe. Felice nickte, Franz fragte nicht weiter, Felice befürchtete, dass Grete ihm mehr erzählt hatte, als ihr lieb war. Sie lenkte ab, eine Anekdote aus dem Büro, wie das Fräulein Brühl neulich vom Prokuristen Salomon aufgefangen wurde, als sie auf einen Drehhocker gestiegen sei, vom obersten Regalbrett einen Leitzordner geangelt und das Gleichgewicht verloren habe. An den umliegenden Tischen machte sich Unruhe breit, die Mittagesser knüllten ihre Servietten zusammen und riefen: Zahlen, bitte!

Es wird Zeit, sagte Felice und sah auf ihre Armbanduhr.

Ob er sie nach der Arbeit abholen dürfe, fragte Franz, als sie aufbrachen und mit der Menschenschar zurück ins Büro strebten.

Felice erwiderte, ja, warum denn nicht?

Die Bürokolleginnen steckten die Köpfe zusammen, als Felice sich an ihren Platz setzte. Klar, Emmy Brühl hatte bereits ein Foto von Franz gesehen und ihn gleich erkannt. Sag ihm, er soll mehr essen, riet Emmy Felice, er ist viel zu dünn.

Wie verabredet, wartete Franz nach Büroschluss vorm Eingang der Lindström AG. So könnte es immer sein, wenn sie nur wollten: Untergehakt wie ein lang vertrautes Paar am Feierabend gingen sie die Große Frankfurter Straße hinunter in Richtung Alexanderplatz, an der Schleuse entlang, wo Kähne auf die Durchfahrt warteten, über den Spittelmarkt und den belebten Dönhoffplatz. In der Leipziger Straße zeigte Felice Franz die Niederlassung von Lindström, wo Odeon-Grammofone und Parlografen verkauft wurden. Franz blieb lange vor dem Geschäft der Wiener Möbelfirma Jacob & Josef Kohn stehen und lobte die leichten Thonet-Stühle, die dort ausgestellt waren. Das Schaufenster von Kayser-Zinn erregte ebenfalls sein Interesse, elegant geschwungene, blitzende Karaffen und vor allem Schreibutensilien, Stiftablagen und Federetuis. Angekommen am Leipziger Platz verspürte Felice große Unrast, sie müsse abends zu einer Gesellschaft, teilte sie dem überraschten Franz wie eine amtliche Meldung mit, einem Ball, den sie aus beruflichen Gründen keinesfalls auslassen dürfe. Franz werde sicher Verständnis haben, in entspannter Atmosphäre, bei Musik und einem Gläschen Wein, würden ja noch immer die besten Geschäftsabschlüsse gemacht. Daher sei es höchste Zeit, nach Hause zu fahren, um sich für den Abend umzuziehen. Man könne sich ja morgen noch mal auf einen Spaziergang verabreden. Felice löste sich vom Arm des entgeisterten Franz.

Felice hatte Franz nicht die ganze Wahrheit gesagt, auch diesmal nicht. Sicher, Geschäfte waren ein triftiger Grund für den Abendtermin, doch wie gern kam sie dieser Verpflichtung nach! Sie tanzte mit Leidenschaft, das wusste Franz. Aber ihn mitnehmen, ganz ausgeschlossen. Franz auf einem vergnügten Ball, eine befremdliche Vorstellung.

»Mir wird ganz schwindlig von Euerem vielen Tanzen«, hatte er bereits bekannt und sich damit als Feiermuffel geoutet. »Und alle tanzen zweifellos besser wie ich. Du, wenn Du mich tanzen sehen würdest! Du würdest die Arme zum Himmel heben!« Anders Felice; sie ließ sich in den Bann des Tangos, der neuesten Tanzmode, ziehen. Ganz Berlin bebte im leidenschaftlichen Rhythmus aus Argentinien, die Zeitungen lancierten den Begriff ›Tangomanie‹. »Wer es bisher liebte, sich leidenschaftlich in politische oder gar Kunstgespräche zu verstricken, tritt nun in die Reihen der Tangopassionisten«, meldete eine große Berliner Illustrierte. Ein öffentlicher Streit entbrannte, die klassischen Tanzlehrer gingen auf die Barrikaden, weil sie fürchteten, der Tango könne die Standardtänze verdrängen und ihnen ihre Existenzgrundlage entziehen. Sie wehrten sich, indem sie Beschwerde bei der Polizei einlegten, gegen die Verlotterung der Sitten in den Ballhäusern. Wange an Wange, Unterleib an Unterleib tanzen, das ging zu weit. Doch die Saaleigentümer, die ordentlich Kasse mit exotischen

Tänzen machten, setzten sich durch. Tangoturniere im Admiralspalast fanden großen Zulauf, die Filmindustrie sprang auf den Zug auf und zeigte eine Humoreske von und mit Max Linder, *Max als Tangolehrer in Berlin*, in den Kinos.

Abends auf dem Ball, der von einem erfolgreichen Großkunden ausgerichtet wurde, fühlte sich Felice wie ausgewechselt und leicht wie eine Feder. Champagner perlte in einer Kristallflöte, unvorstellbar, dass sie vor ein paar Stunden noch mit einem stillem Glas Fachinger im Café gesessen hatte. Eine Welle aus Musik, Stimmen, Gelächter, auf dem Parkett Absätze im Takt der Musik, wehende Röcke, eine Strähne löste sich aus Felices Steckfrisur. Noch als sie spätabends zu Hause abgesetzt wurde, erschien ihr der Nachmittag wie ein Spuk, und ein Leben mit einem Mann, der ihr einen spartanischen Lebensstil und unbedingte Ruhe im vermutlich wenig trauten Heim abverlangte, erst recht illusorisch. Im dunklen Treppenhaus tastete sie nach dem Lichtschalter. Nein, sie konnte Franz nicht heiraten. Sie wollte nicht lebendig begraben sein. Sie wollte tanzen. Im Ohr immer noch die Seufzer eines Akkordeons, sank Felice in tiefen Schlaf, ohne die Pillen aus der Mommsen-Apotheke.

Schon am Sonntagmorgen war die Leichtigkeit der Ballnacht von Felice gewichen. Über der Stuhllehne hing das Tanzkleid wie ein ausgeweidetes Tier. Auf Felice lastete die Schwere der Entscheidung und des bevorstehenden Spaziergangs, den sie Franz in Aussicht gestellt hatte. Wenn sie ihm heute nicht sagte, was sie noch gestern vorm Zubettgehen beschlossen hatte, würde das Hin und Her dieser Hängepartie nie aufhören, er würde weiterhin

Freunde aussenden oder persönlich im Büro auftauchen wie ein aufdringlicher Handlungsreisender. Ein Ende mit Schrecken, kein Schrecken ohne Ende, das memorierte Felice im Takt ihrer Schritte auf dem Weg zum S-Bahnhof Charlottenburg. Sie fuhr bis zum Tiergarten, wieder trafen sie sich im großen Stadtpark, der jetzt, am herbeigesehnten Ende des feuchtkalten Berliner Winters, noch trister aussah als neulich im November. Kein Sonntagsspaziergänger weit und breit, im riesigen Garten waren Franz und Felice allein auf weiter Flur. Auf ihren hohen Sockeln nur die ehrwürdigen Sagengestalten mit Triefnasen, Kriemhild, Siegfried und der sterbend niedersinkende Tannhäuser, Statisten in einem Zwei-Personen-Stück, das Felice, so ihr fester Entschluss, heute zu einem würdigen Ende bringen musste, einerlei, was Grete riet, egal, was Max von Franz hielt, sie würde schließlich mit ihm leben müssen.

Felice kam kaum über die Begrüßung hinaus. Schon mit seinen ersten Sätzen nahm Franz ihr den Wind aus den Segeln: Ich liebe dich, Felice. Nebelkrähen flogen vor ihnen auf. Ich liebe dich, wiederholte Franz, ich liebe dich Felice, so wie du bist.

Das versetzte Felice einen Stich ins Herz. Sie vermochte Franz nicht in die Augen zu sehen, als sie zu sprechen begann, in halben, abgebrochenen Sätzen: Ich habe dich auch gern, Franz. Ich kann dich ziemlich gut leiden, wirklich. Aber meinst du, das reicht für die Ehe, die du dir vorstellst? Halbe Sachen mache ich nicht, und was gegen die Heirat spricht, macht die größere Hälfte aus.

Felice erschrak über ihre eigenen Worte, vor der Endgültigkeit, dem Ende mit Franz, das sie gerade herbeiredete. Seine Eigenheiten würden ihr womöglich nach

kurzer Zeit auf die Nerven fallen, seine Geräuschempfindlichkeit, seine Antriebsschwäche, das absonderliche Fletschern. Felice hörte sich selbst mit unerbittlicher
Entschlossenheit weitersprechen: Ich habe Angst vor dem
spartanischen Leben, das du mir abverlangst, Zugreisen
im Dritte-Klasse-Abteil, im Theater die billigen Plätze.
Berlin den Rücken zu kehren ist ein großes Opfer für
mich, was man hier alles bekommen kann, die schönen
Kleider in all den Putzwarengeschäften, die Köstlichkeiten bei Wertheim, ja, und das Tanzen im Ballhaus. Und
Lindström. Das alles soll ich aufgeben für ein Leben mit
dir? Um Himmels willen, Franz, hör endlich auf, mich
immerfort um das Unmögliche zu bitten.

Jetzt war es raus. Franz, immer einen halben Schritt
hinter Felice, den Blick stumm zu Boden gesenkt, schaute
auf seine Schuhe im Takt der Schritte, das eigene Gehen beobachtend, sie waren an der Rousseau-Insel vorbei.
Aus dem Tritonbrunnen sprudelte kein Wasser mehr,
nur der Regen rann an den Fischflossen des Meergottes
hinab. Felice war sich nicht sicher, ob ihre Worte wirklich
zu Franz vorgedrungen waren, und fürchtete sich, dass er
gleich ausrastete oder schlimmer, dass er zu weinen anfing, sich im nächsten Moment winselnd wie ein geschlagener Hund vor ihr auf den Weg warf. Sie musste rasch
etwas Tröstendes sagen, behauptete kühn, sie würde einen
Anderen nicht heiraten, seine Briefe nie wegwerfen, ihm
seine Fotografien nicht zurückgeben, Ihre Fotografien
nicht zurückhaben wollen, ihm gern weiter schreiben,
allerdings auch damit einverstanden sein, gar nicht mehr
zu schreiben. Ganz nach seinem Belieben. Sie würde sogar
weiterhin das Medaillon mit seinem Bild an ihrer Brust
tragen. Damit hatte Felice wieder eine Tür aufgestoßen.

Sie war erleichtert, als Franz endlich den Mund auftat. Was er denn tun könne, fragte er, damit sich Felices Widerwillen gegen seine Lebensweise legte. Ob Felice sein Vegetarismus störe. Ob sie ihn nicht auch ohne Liebe heiraten könne. Er brachte die Anteile an der Asbestfabrik ins Spiel und präsentierte sich plötzlich als engagierter Fabrikbesitzer, wo er doch nichts mehr hasste als diese Fabrik. Er wolle, drängte es aus seiner Kehle, ein anderer Mensch werden für sie. Ich gelobe! Sag ja, Felice!

Die Botschaft hör' ich wohl, allein, mir fehlt der Glaube, meldete sich der alte Goethe. Dem Denkmal des musenumstandenen Dichters am Wegesrand triefte die Nase.

Das nimmst du dir doch selbst nicht ab, entgegnete Felice Franz' Anerbieten schroff, du wirst dich nicht ändern. Nicht einmal sie konnte sich einen Franz vorstellen, dem das Schreiben von einem Tag auf den anderen, bloß weil seine Hand ein Ehering zierte, einerlei geworden wäre. Er war ja nicht einmal imstande, das Schreiben auf zwei, drei Stunden täglich zu beschränken, so wie sie es ihm im Auftrag seiner Mutter geraten hatte. Franz wäre nicht mehr Franz. Vor Kurzem hatte er noch behauptet, ein Mensch könne sich nicht verstellen. Warum einen Menschen ändern wollen, so lauteten seine eigenen Worte. Warum verleugnete er sich nun? Weil er sie wirklich liebte?

Franz drohte, er werde zu ihrem Vater gehen, um sich Klarheit zu verschaffen, irgendwas verschweige sie ihm doch. Ob ein anderer Mann hinter ihrer Abwehr stecke oder ein noch wirkendes Gespenst. Vielleicht der Kinderarzt.

Warum quälst du mich so, Franz! Es hat nur mit uns zu tun, Franz, allein mit uns. Warum glaubten Männer in ihrer grenzenlosen Selbstüberschätzung eigentlich immer, nur ein anderer Mann könne der Grund dafür sein, dass man ihnen einen Korb gab? Wenn es so einfach gewesen wäre, ein anderer Mann!

Zwei unversöhnliche Stunden voller Vorwürfe, kreuz und quer auf den nassen Wegen des Tiergartens, noch immer gingen Franz und Felice Seit an Seit. Ins Café *Josty* kehrten sie zum Aufwärmen ein, das letzte Wort war noch nicht gesprochen. Der Windfang blähte sich auf, als sie eintraten, drinnen stickige Wärme, blauer Dunst aus Tabak und nasser Wolle, Menschen am Sonntag, die bei Kaffee, Kuchen und Berliner Weißbier saßen, unter ihnen ein Mann, der Felice bekannt vorkam, richtig, Ernst Weiß, der sie ebenfalls entdeckt hatte und einladende Gesten machte. Das hatte Felice gerade noch gefehlt. Franz hingegen schien erleichtert zu sein, als sie sich zu Weiß an den Tisch setzten.

Felice machte gute Miene zum bösen Spiel, übte sich routiniert in Konversation, dabei klang ihr die eigene Stimme so fern und fremd, als würde sie leicht verzerrt von der Parlografenwalze abgespult. Weiß interessierte sich mit technischen Detailfragen für den Parlografen, den er bei seinem Besuch in der Lindström AG bestaunt hatte, und Felice demonstrierte seine Handhabung als Pantomimenspiel über Kaffeetassen. Franz mischte sich ein, fragte, als ginge es zwischen ihnen nicht um Wichtigeres, ob Felice wisse, wo die Büroausstellung im kommenden Jahr stattfinde, etwa in Berlin? Sie zuckte mit den Achseln, Grete Bloch hatte was von Düsseldorf gesagt. Franz erwähnte, er habe Grete *Die Galeere*, den gerade erschienenen Roman des Freundes geschenkt, schon um die passionierte Leserin auf Weiß aufmerksam zu machen, und sie habe das Buch sehr gern gelesen.

Dir scheint an Fräulein Bloch ja sehr viel zu liegen, sagte Felice ein wenig schnippisch.

Franz nickte treuherzig, freilich mochte er Grete, die Freundin war ein gewinnendes, kluges Geschöpf. Felice lag die spitze Bemerkung auf der Zunge, genau dein Typ, blond wie die kleine Schweizerin, doch sie hielt den Mund, jetzt bloß keinen Eklat. Wann saß man schon mit zwei Schriftstellern an einem Tisch? Weiß war durch seinen Roman kein ganz Unbekannter mehr, an den Nebentischen wurde getuschelt, das galt doch ihm. Gesprächsfetzen wehten herüber, sie drehten sich um die Einweihung eines neuen Tietz-Kaufhauses im sächsischen Plauen und um die Veränderung des Kaufverhaltens, seit die großen Warenpaläste alles unter einem Dach feilboten. Jemand beschwor den Untergang des Einzelhandels, eine Stimme wurde laut, das internationale Finanzjudentum ist schuld. In London, wetterte jemand anderes, schmeißen aufgebrachte Frauen die Fensterscheiben des Innenministeriums ein, Suffragetten nennen sie sich. Höchste Zeit, dass diesem Treiben ein Ende gemacht wird, echauffierte sich ein Mann mit Schnauzbart und dicker Zigarre einen Tisch weiter, das sind keine Frauen, sondern wild gewordene Bestien ohne Grazie!

Bald geht mein Zug, drängte Franz zum Aufbruch, und zog demonstrativ seine Uhr aus der Rocktasche. Felice glaubte, die Zeiger inmitten von Gläsergeklirr und Tischgesprächen tackend übers Zifferblatt wandern zu hören. Nachmittags um vier, später konnte Franz, der seine gehasste Büroarbeit als gewissenhafter Beamter versah, keinesfalls abreisen, wollte er pünktlich am Montagmorgen wieder am Platz sein. Felice passte es gar nicht, dass er einplante, sie in die Wilmersdorfer Straße zu begleiten, glaubte er, man könne die Zukunftsfrage in der Elektrischen rasch noch beantworten? Ausweichende Kommentare zum Reichstag und zum Schloss Bellevue, die sich in der Ferne zeigten, ließen Felice wie eine Reiseleiterin erscheinen, die einem fremden Herrn aus Prag die Stadt erklärte. Unerbittlich begleitete Franz Felice noch die Wilmersdorfer Straße hinunter, bis sie vor der 73 standen. Im Treppenhaus küsste er ihre Hand, ein wenig zu rabiat für die galante Geste. Feindselig schaute Felice ihn an wie einen Fremden, der sie bis ins Treppenhaus verfolgt hatte. 16 Uhr, ein Zug dampfte aus der Halle des Anhalter Bahnhofs. Niemand winkte Franz zum Abschied.

Noch immer keine Nachricht von Ferri. Erst vorletztes Jahr diese schreckliche Katastrophe, der Untergang der Titanic, 1500 Passagiere ertrunken, vor allem die ärmsten Schlucker unter den Auswanderern, die aus den Kabinen im Zwischendeck nicht herauskamen, hatte es getroffen. Doch hätte dergleichen sich wieder ereignet, es wäre einem zu Ohren gekommen. Ferri musste längst die USA erreicht haben, oder hatten die rigiden Einwanderungsbehörden auf Ellis Island den Bruder wegen irgendeines fehlenden Papiers zurückgeschickt, und er saß längst wieder an Bord eines Ozeandampfers in Richtung Europa? Und was, wenn er sich auf der Reise eine Infektionskrankheit zugezogen hatte? Womöglich waren alle Anstrengungen für Ferri umsonst gewesen. Blieb zu hoffen, dass der Bruder vor lauter Tatendrang in der neuen Heimat nur nicht dazu kam, sich zu melden; es wäre ja auch nichts Neues, dass er einen warten ließ. Bei aller Sorge erschien Felice, wenn sie an die letzte Begegnung mit Franz dachte, das Engagement für Ferri augenblicklich wie ein Kinderspiel. Es war leichter, für die Familie da zu sein, als für sich selbst zu entscheiden. Felice tröstete sogar die verzweifelte Mutter und führte lange Gespräche mit dem Vater, der sich schwere Vorwürfe wegen grober Erziehungsfehler und seiner häufigen Abwesenheit machte, was Felice ihm inständig auszureden versuchte.

Je länger der Spaziergang im Tiergarten zurücklag, desto mehr quälte es Felice, dass sie Franz noch immer eine Erklärung schuldete, und Mitte März ließ sie endlich die Katze aus dem Sack: »Mein Bruder Ferdinand hat sich nach Amerika eingeschifft; er hat viel Unglück über die Familie gebracht.« Endlich offene Worte! Franz, erlöst vom ewigen Tappen im Dunkeln und im Dauerregen, schlug ein baldiges Treffen in Dresden vor. Das passte Felice jetzt gar nicht in den Kram, immer schön der Reihe nach, sie brauchte erst Gewissheit, dass mit Amerika alles glatt gegangen war, dann sähe sie klarer, ob sie sich ein Leben mit Franz zutraute. Sie eilte zur Post: »Nach Dresden zu kommen unmöglich Gruß Felice.«

Franz ließ nicht locker: »Ich könnte ja auch nach Berlin kommen, aber abgesehen davon, dass es gewiss nicht so gut wäre wie in Dresden – ich fürchte mich nach Berlin zu kommen, solange es zwischen uns nicht ganz klar ist, ich fürchte mich vor dem Anblick der ersten Vororte, ich fürchte mich vor dem Bahnsteig, wo ich den Hals verdreht habe, ich fürchte mich vor dem Eingang des Bahnhofs, wo ich den anfahrenden Automobilen entgegengesehen habe, ich fürchte mich vor allem. Jetzt nicht das! Komm nach

Dresden!« Felice steckte den schmerzenden Kopf in den Sand und hüllte sich in Schweigen.

»Wenn wir aber vorwärtskommen wollen, müssen wir doch miteinander sprechen, das meinst Du doch gewiss auch F., nicht? Kein Zweifel, dass das am besten, leichtesten, ungehindertsten, ausführlichsten in Dresden geschehen kann. Du selbst hast es letzthin in Berlin nebenbei vorgeschlagen, hast es früher schon öfters erwähnt. Ein ernstliches Hindernis besteht dafür nicht, willst Du es also nächsten Samstag tun?«

Der Samstag verstrich, ganze fünf Tage gingen ins Land, ohne dass Felice antwortete, und am 18. März traf ein Brief von Julie Kafka bei Felice ein, »… um Sie zu ersuchen, dem Franz auf seine Briefe sogleich zu antworten, denn ich sehe, welche Sorgen ihm Ihr Still-schweigen verursacht. Von diesem Briefe, den ich Ihnen heute sende, darf er nichts erfahren.« Schon wieder eine Heimlichkeit, schon wieder eine Lüge! Diese Erkenntnis ging auf Felice nieder wie eine Keule, sodass sie auch diesen Brief nicht sogleich beantworten konnte.

»Wenn Du nicht nach Dresden kommst, komme ich Samstag nach Berlin. Bist Du damit einverstanden? Wirst Du zur Bahn kommen?« Dieses neuerliche Tele-gramm, das Felice im Büro erreichte, klang wie ein letztes Ultimatum. Da half nur teures Telefonieren, und Felice ließ sich mit der Arbeiter-Unfall-Versicherung in Prag verbinden, obwohl sie wusste, dass Franz dieser recht neuen Erfindung gegenüber fremdelte. Er hasste es, im Büro angerufen zu werden, wo er atemlos ans Telefon kam, weil er vom vierten in den zweiten Stock hinunterlaufen musste, ins Präsidialzimmer, wo der Fernsprecher ein-gerichtet war. Kam die Verbindung endlich zustande, hemmten ihn die Umstehenden in seinem Rücken und das Rauschen in der Leitung, als rauschte der ganze Böhmerwald.

Doktor Kafka, meldete er sich, ja, bitte? Seine Stimme klang hart und abgehackt, als sei er böse, weil man ihn telefonisch gestellt hatte.

Ich kann nicht zur Bahn kommen, rief Felice in den Wald hinein. Jemand im Hintergrund lachte. Franz?

Der verstand nur Bahnhof. Was hast du gerade gesagt, Felice?

Die Kollegen sperrten die Ohren auf, jedes Wort ein gefundenes Fressen für die Gerüchteküche, Klatsch und Tratsch auf der Arbeit.

Beim Nachhausekommen hielt die Mutter Felice einen Brief unter die Nase. Er war von Franz, abgeschickt vor dem Telefonat und adressiert an die Eltern. Franz wollte wissen, ob Felice etwas Schlimmes zugestoßen, ob sie krank sei.

Mein liebes Kind, sagte Carl Bauer, der Doktor wartet sehnlichst darauf, dass du ihm wieder schreibst. Er bittet um Klärung.

Versteh das einer, sagte kopfschüttelnd Anna Bauer, die jungen Leute. Wie lange dauert dieser Eiertanz denn nun schon?

Ich habe ihn vorhin angerufen, erklärte Felice enerviert.

Bei ihren Kolleginnen, den Frauen aus dem Bekanntenkreis, lief es doch auch. Die Faktoristin Müller etwa hatte ihren Mann in Franzensbad kennengelernt, sie hatten auf der Kurpromenade angebandelt, mithin, wie in allen prominenten Bädern, der geeignete Laufsteg für junge Leute auf Freiersfüßen. Die Eltern der Meyer aus der Telefonzentrale hatten eine Annonce im *Tageblatt* beantwortet und auf Anhieb einen Mann für die Tochter gefunden, eine glänzende Partie mit Villa und Seegrundstück in Köpenick. Und die Schmidt, eine Freundin der Lindner, war seit einem Dreivierteljahr glücklich mit einem Schweden liiert, der auf Durchreise in Berlin gewesen und mit dem sie zufällig in der Elektrischen ins Gespräch gekommen war, weil er nach dem Weg fragte. Vom Fleck weg geheiratet, alle drei. Die Grossmann mit ihren biederen Stehkragenblusen sah schon aus wie ein verknöchertes altes Mädchen, und die Brühl und die Lindner hätten wer weiß was dafür gegeben, dass es auch auf sie Briefe hinunterregnete wie die goldenen Sterne aus dem Märchenhimmel in die Schürze des armen Sterntaler. Felice sah wieder die neidvollen Blicke der Kolleginnen im Schreibmaschinensaal, als ihr ein persönlicher Brief überreicht wurde, und da stand ihr glasklar vor Augen, dass die Männer nicht in Scharen gelaufen kamen.

Nein, verlieren wollte sie Franz nicht. Felice schickte ihrem Telefonanruf, nunmehr leicht panisch, einen Expressbrief hinterher: »Wir wollen einen Strich durch die Reden im Tiergarten machen«, schrieb sie, das sei das Beste, im Grunde hätte sich zwischen ihnen ja nichts verändert. »Du hast mir gesagt, die Liebe, die ich für Dich habe, genügt Dir. Und ich muss Dich, Franz, schließlich in meinem Leben haben, auch wenn ich Opfer dafür bringen muss. Wie sehen Deine Pläne für die Zukunft also aus, unsere gemeinsame Zukunft? Willst Du, Franz? Ich wäre jetzt eigentlich bereit. Deine Felice.« Der Brief steckte schon im frankierten Kuvert, da faltete sie ihn erneut auf und setzte den Federhalter noch mal an: »Aber Franz, dass Du unbedingt meine Eltern da reinziehen musstest, und auch noch Deine Mutter, das wäre wirklich nicht nötig gewesen«, diesen Vorwurf zum Schluss konnte sie sich nicht verkneifen.

Von einem Opfer als Preis für die gemeinsame Zukunft wollte Franz nichts hören; Glück verlange uneingeschränkte Liebe, auf beiden Seiten. »Du musst doch den hassen, den Du nicht genügend liebst, um freiwillig mit ihm leben zu können, der Dich aber durch irgendwelche Mittel [...] zwingt zu diesem Zusammenleben. [...] Sag mir doch Felice: warum zwingst Du Dich, warum willst Du Dich zwingen? Was hat sich seit dem Spaziergang im Tiergarten verändert? Nichts, Du sagst es ja. Was hat sich aber bei Dir seit unsern guten Tagen verändert? Alles, Du sagst es auch. Warum also willst Du Dich opfern, warum? Frage nicht immer, ob ich Dich will! Diese Fragen zu lesen, macht mich zum Sterben traurig. Solche Fragen stehn in Deinem Brief, aber kein Wort, kein Wörtchen von Dir, kein Wort darüber was Du für Dich erwartest, kein Wort darüber, was die Heirat für Dich bedeuten würde. Alles stimmt zusammen, für Dich ist es ein Opfer, darüber ist dann nichts mehr zu sagen. [...] Nun, Felice? Mir ist fast so, als stünde ich auf dem Perron des Anhalter Bahnhofes, Du wärest ausnahmsweise gekommen, ich hätte Dein Gesicht vor mir und sollte mich für immer von Dir verabschieden. – Für Montag erwarte ich noch einen Expressbrief, ein Wunder, was weiß ich denn, was ich erwarte. Von Dienstag ab erwarte ich nichts mehr.« Der allerletzte Appell.

Wenn Felice eines gewonnen hatte in jenem für die Familie schicksalhaften Jahr 1913, so die Erkenntnis, dass sie sich ständig übernahm. Übermüdung, Kopfweh, Rückenschmerzen, von den Zähnen nicht zu reden, alles eindeutig Symptome ihrer Entkräftung. Felice sehnte sich nach einem Gefährten, auf den sie bauen konnte. Aus jedem Bild, das sie von Franz besaß, schaute ihr jedoch kein Beschützer entgegen, sondern ein schutzbedürftiger Junge. In seinen dunklen Augen lag nicht männliche Selbstgewissheit, sondern tiefer Zweifel am Dasein.

»Ich brauche eine Stütze«, schrieb Felice an Franz, »einen Mann an meiner Seite, auf den ich mich unbedingt verlassen kann, sonst fühle ich mich unvollkommen.« Sie wiederholte ihre Bedenken wegen des ihr in Aussicht gestellten Klosterlebens in einem asketisch geführten Haushalt; zu einer vegetarischen Lebensweise mit Gemüsesuppe und Früchtebrot könne sie sich ja noch bekennen, weitgehend wenigstens, aber wenn sie keine Gäste nach Hause einladen dürfe, weil er Besuch hasste, sähe sie den ersten Streit im gemeinsamen Heim schon jetzt aufziehen. »Ist es Dir möglich, mich so zu nehmen, als sei nichts gewesen? Lass uns nochmal reden, Franz. Am besten wieder in Berlin, vielleicht nicht im Tiergarten.«

Was gewesen sei, könne man nicht auslöschen, erklärte Franz. Aber: »Ich liebe Dich F. bis an die Grenze meiner Kraft, darin kannst Du mir vollständig vertrauen.« Nach Berlin wollte er immer noch nicht kommen, eine Begegnung mit Felices Eltern zum jetzigen Zeitpunkt, bevor sie sich ausgesprochen hätten, sei taktisch unklug. Abermals schlug er Dresden vor.

Drei Tage verstrichen, wieder kam Felice vor lauter Arbeit nicht zum Schreiben. Sie nutzte einen freien Tag, um mit Toni im Restaurant Mittag zu essen. Die Schwester stand in letzter Zeit viel zu häufig im Schatten der

Ereignisse, die sich um die Sorgen der Großen drehten, und Felice wollte ihr mit einem leckeren Essen eine Freude machen. Bei *Aschinger* gab es neben den beliebten Löffelerbsen heute auch Sardellenklopse, die mochte Toni so gern. Die Schwester erzählte beim Essen von ihrer Arbeit als Kontoristin, sie fühle sich oft überfordert und ernte mahnende Blicke ihres Chefs, einem entfernten Verwandten der Bauers, der sie nach Strich und Faden ausnutzte. Felice sah schon die nächsten düsteren Wolken über ihrem Kopf aufziehen. Ja, aber da gebe es einen Kollegen, frohlockte Toni, der ihr schöne Augen mache, deswegen sei der Chef gerade besser zu ertragen. Felice seufzte. Bevor der Kaffee kam, schrieb sie Franz endlich eine kurze Mitteilung: Dresden ginge wieder nicht. Termine.

»Aber sieh«, schrieb Franz zurück, »mehr als 1½ Jahre laufen wir einander entgegen und schienen doch schon nach dem ersten Monat fast Brust an Brust zu sein. Und jetzt nach so langer Zeit, so langem Laufen sind wir noch immer so weit auseinander. Du hast F. die unbedingte Pflicht, soweit es Dir möglich ist, Dir über Dich klar zu werden. Wir dürfen einander doch nicht zerschlagen, wenn wir endlich zusammenkommen, es wäre doch schade um uns.« Das Karussell der Briefe drehte sich bis zur Besinnungslosigkeit im Kreis, wie sollte sie da einen klaren Gedanken fassen. Er wollte sie doch, reichte das nicht? Felice schwankte der Boden unter den Füßen, ein schlingerndes Schiff, das führerlos auf hoher See herumtrieb, solange sie nicht das Steuer ergriff und den Kurs bestimmte, so wie sie es für die Geschwister getan hatte. Mit der Kraft des Willens hatte sie doch sonst immer alles bewerkstelligt und Fakten geschaffen. Und nun wollte sie ein gutes Ende, mit aller Entschlossenheit. Die feine Idee vom Heiraten hatte sich fest bei ihr eingehakt. Felice musste Franz einfach beherzt an die Hand nehmen, so wie an jenem grauen Novembertag am Bahnhof Zoo.

Hochzeitsvorbereitungen

Am 21. April 1914 war es hochoffiziell, im *Berliner Tageblatt* konnte alle Welt lesen: »Die Verlobung ihrer Kinder Felice und Franz zeigen ergebenst an: Carl Bauer und Frau Anna, geb. Danziger, Berlin-Charlottenburg, Hermann Kafka und Frau Julie, Prag, Altstädterring 6.« Empfangstag Pfingstmontag, der 1. Juni, im Hause der Braut.

Dem ewigen Bedenkenträger Franz war, »als stünde dort, dass F. K. am Pfingstsonntag eine Schleifenfahrt im Varieté aufführen wird.« Wieder typisch Franz, dachte Felice bei diesen mutlosen Zeilen, aber schlimmer als nach dem Stapellauf der Titanic wird es wohl kaum kommen.

Bei der Suche nach dem passenden Kleid, als ihre Finger über duftige Chinaseide, plissierten Taft und pelzigen Samt glitten, verflog Felices allerletzte Besorgnis. Sie war in der Leipziger Straße fündig geworden. Zwischen all den üppigen Abendkleidern, in denen man Gefahr lief, auszusehen wie eine Baisertorte, hatte sie ein recht schlichtes blaues Kleid entdeckt. Das Geschäftshaus von Kersten & Tuteur an der Ecke Charlottenstraße erstrahlte in neuem Glanz, unter gerafften Wolkenstores an den meterhohen Scheiben posierten Schaufensterpuppen im Dernier cri, bodenlange Kleider schnürten die Taille nicht mehr ein, so wie noch vor Kurzem unerlässlich. Das Reformkleid trat seinen Siegeszug an, denn war der Anblick dieser sackartigen Umhüllung der Figur zunächst etwas ungewohnt, erwies sich die neue Mode bald als vorteilhaft. Frauen konnten jetzt Rad fahren, ohne Angst, dass ausladende Volants zwischen die Speichen gerieten, selbst beim Gehen war größere Bewegungsfreiheit. Schließlich war allein medizinisch von herkömmlichen Schnürkorsetts abzuraten; sie quetschten die Rippen zusammen, die sich wie ein enger Käfig um die Organe legten. Ärzte wussten von krankhaften Verformungen der Lunge und der Leber, die zu Atemnot und Verdauungsproblemen führen konnten. Wenn Felice abends ihre Garderobe ablegte, war die Erleichterung groß, im Bett konnte sie geradezu spüren, dass ihr Inneres sich wieder ausdehnte und entspannte, wie das Blut zum Herzen floss. Diese Zeiten waren gottlob vorbei. Damenmode wurde bequem.

Das blaue Kleid, sagte Felice zur Verkäuferin, das lange blaue Kleid aus dem Schaufenster, haben Sie das im Lager?

Die Frau sagte, sie wolle nachsehen, fragte nach Felices Konfektionsgröße, verschwand eilfertig in den weitläufigen Räumen des vornehmen Ladens und kam mit dem blauen Kleid überm Arm wieder: Das dürfte ihnen passen, ein schöner, moderner Schnitt.

Felice verschwand in der Umkleidekabine. In der drangvollen Enge hinter dem Vorhang, kämpfend mit Knöpfen und Häkchen, kam Felice der Moment in der Drehtür vom Hotel *Blauer Stern* wieder in den Sinn, Franz' Atem in ihrem Nacken. Jener flüchtige Moment im Sommer vor zwei Jahren erschien ihr wie eine Momentaufnahme der Zukunft, die sie erwartete, für einen Augenblick gefangen in der Nähe, die sie sich doch immer mit einem Mann gewünscht hatte.

Kann ich behilflich sein, fragte die Verkäuferin und

steckte ihre Nase zum Vorhang herein. Sie hakte letzte Ösen am Rücken zu und schob den Vorhang beiseite.

Felice trat vor den hohen Spiegel wie auf eine Bühne.

Das Kleid ist ihnen wie auf den Leib geschneidert, sagte die Verkäuferin, als sie ihre Erscheinung von allen Seiten betrachtete, Brust und Schultern umspielt von saphirblauem Samt, ein fließender, knöchellanger Rock aus mehreren Lagen Organdy, der Felices Figur schmeichelte, die Taille nicht zusammenpresste und dennoch betonte. Die schmalen Ärmel endeten in gerüschten Bündchen, und der leicht transparente Stoff ließ Felices bloße Haut erahnen. Darin werden Sie der strahlende Mittelpunkt jeder Gesellschaft sein, setzte die Verkäuferin noch eins drauf.

Das blaue Gewand stand Felice so gut, dass sie gar kein anderes mehr anprobierte. Ein Traum von einem Kleid.

Einige Wochen vor der offiziellen Verlobungsfeier stattete Franz, den gesellschaftlichen Konventionen entsprechend, den Bauers den offiziellen Antrittsbesuch ab. Furchtbar elend sah er aus, schon bei seiner Ankunft am Ostersonntag, und auch beim Familienessen am Ostermontag hatte er sich trotz gut durchschlafener Nacht in einem bequemen Bett des *Askanischen Hofes* nicht sichtlich erholt. Franz stand im Wohnzimmer der Bauers herum, als hätte er sich hierher verlaufen, blindlings in eine unüberschaubare Menschenmenge hinein, dabei waren nur ein paar Berliner Verwandte da. Wieder die Frage nach der Reise, hoffentlich nicht zu voll der Zug und keine Verspätung gehabt? Felice war wieder viel zu beschäftigt mit den Mädchen, um sich um den Bräutigam zu kümmern. Aber Felices Schwestern umringten ihn, vor allem Erna fand wie schon bei seinem Besuch vordem schnell ins Gespräch mit dem neuen Familienmitglied. Sie schien seine Verunsicherung zu spüren, denn immer wieder legte sie ihm mit schüchterner Geste beruhigend die Hand auf die Schulter.

Man ging zu Tisch. Spargelcremesuppe, gefilte Fisch, Lammbraten, Spinat und Butterkartoffeln. Franz aß schweigend, nein, kein Fisch, kein Fleisch, er ließ sich nur ein wenig Suppe und Gemüse auftun.

Ist ihm vielleicht nicht gut?, wurde Felice von der Mutter gefragt.

Franz, du hast doch schon letztes Mal kaum was gegessen, bemerkte Carl Bauer, du bist ja der reinste Hungerkünstler.

Er sei ein entschiedener Anhänger des Vegetarismus, erklärte Franz, der bloße Gedanke an den Verzehr von Fleisch verursache ihm Übelkeit. Schon bei den Zähnen beginne dieses Übel, man sitzt bei Tisch, lacht und spricht und inzwischen entstehen aus winzigen Fleischfasern zwischen den Zähnen Fäulnis- und Gärungskeime in nicht kleineren Mengen als aus einer toten Ratte, die zwischen zwei Steine geklemmt ist.

Anna Bauer blieb bei diesen Ausführungen fast der Bissen im Halse stecken, sie hüstelte und schickte einen vorwurfsvollen Blick über den Tisch zu ihrem künftigen Schwiegersohn.

Felice erklärte rasch, dass der Lammbraten aus der koscheren Schlachterei Israel nebenan stamme, gleichwohl sie wusste, dass das für Franz keinen Unterschied machte, Fleisch war der Gesundheit abträglich, egal, ob das Tier nach allen Regeln der Kunst geschächtet worden war oder nicht. Das Selchermesser des Großvaters, dem Fleischhauer aus Osek, hing über ihm wie ein Damoklesschwert. Wenn Franz nur nicht zu fletschern anfängt, dachte Felice, die bangend zusah, wie er mit dem Besteck hantierte. Wenn er jetzt anfinge, sein Essen quälend geräuschvoll und ausdauernd zu zermalmen, allen verginge der Appetit, und sie würde vor Scham im Erdboden versinken. Doch Franz löffelte nur ein wenig Suppe, pickte umständlich etwas Spinat und hielt sich für den Rest der Mahlzeit auch mit Worten zurück. Wieder ein strafender Blick Anna Bauers, als er beim Nachtisch sichtbar ein Gähnen unterdrückte. Felice musste es sich mehrmals verkneifen, Franz unterm Tisch gegen das Schienbein zu treten. Wer es nicht besser wusste, konnte glauben, Franz sei ein beliebiger Gast, ein ganz entfernter Bekannter, der nur unwillig und in bloßer Pflichterfüllung einer Einladung zu unliebsamen Leuten gefolgt war.

Wann denn die offizielle Verlobungsfeier sein solle, fragte jemand, über Pfingsten?

Höchste Zeit, dass wir deine Familie auch bald mal kennenlernen, Franz, sagte Carl Bauer und wischte sich mit der weißen Stoffserviette über die Lippen.

Das Mädchen brachte dampfenden Kaffee auf einem Silbertablett.

Und wann ist Hochzeit?

Das wollten nun wirklich alle wissen. Felice zerbiss ein Stück Würfelzucker, sagte, sie wolle sich auf keinen Fall ihr bevorstehendes Dienstjubiläum entgehen lassen. Kommenden September sei sie fünf Jahre für die Lindström AG tätig, deshalb wolle sie dort erst zum Oktober kündigen, auf keinen Fall vorher. Dann aber sei sie frei und könne, so war es besprochen, zu Franz nach Prag ziehen. Also Hochzeit frühestens im Herbst.

Nach dem Kaffee flanierte eine kleine Prozession hübsch gekleideter Leute über den Kurfürstendamm. Franz eilte dem Grüppchen stets ein paar Meter voraus, wieder getrieben von innerer Unruhe und der Absicht, heute noch zurückzufahren, nach Prag.

Felice war nicht besonders erstaunt, als Franz, der sich für den Verkehr mit Menschen sowieso verloren sah, sein Verhalten postwendend entschuldigte. »Nimm mir mein übermüdetes, zerstreutes, unaufmerksames, fahriges, vielleicht auch gleichgültiges Wesen während dieser 2 Tage nicht übel. Es bedeutete nichts anderes, als dass ich gar nicht bei mir war, sondern irgendwie, ohne dass Du es vielleicht wolltest oder gar nur fühltest, ganz bei Dir. Ich will übrigens nicht sagen, dass es schöne Tage waren und dass in ihnen nicht die Möglichkeit gelegen wäre, viel schöner zu sein. [...] Das Hässlichste und geradezu Wüste aber war, dass wir niemals oder nur in Augenblicken auf der Gasse allein waren und dass ich mir niemals in einem Kuss Ruhe bei Dir holen konnte. Du hättest mir die Möglichkeit geben können und hast es nicht getan, ich war viel zu zerfahren, um sie mir zu erzwingen. Alles Recht, das mir die Sitte aus der Tatsache des Verlobtseins gibt ist für mich widerlich und völlig unbrauchbar; Verlobtsein ist ja jetzt nichts, als ohne Ehe eine Komödie der Ehe zum Spaß der andern aufzuführen.« Das klang nach abermaligem Rückzieher, umso größer war Felices Erleichterung, als sie weiterlas: »Ich habe F. gewiss niemals bei irgendeiner Handlung mit solcher Bestimmtheit das Gefühl gehabt, etwas Gutes und unbedingt Notwendiges getan zu haben, wie bei unserer Verlobung und nachher und jetzt. In dieser Zweifellosigkeit gewiss nicht. Und

Du? Für Dich? Ist es für Dich auch so? Fange Deinen nächsten Brief mit der Antwort darauf an.«

Felice antwortete schwungvoll: »Ich bin glücklich, dass Du von der Richtigkeit unseres gemeinsamen Schrittes überzeugt bist, ich bin es auch, von ganzem Herzen.« An einem Dienstag hatten sie sich kennengelernt, das stellte sich nun, wer hätte das gedacht, als gutes Vorzeichen heraus. Ein Dienstag war nach jüdischem Brauch der ideale Tag zum Heiraten, denn am dritten Schöpfungstag, so die Überlieferung aus dem Alten Testament, wurden die Worte ›ki tow‹, ›und Gott sah, dass es gut war‹ noch einmal wiederholt.

Felice hielt inne. Dem biblischen Gesetz durfte man sich nicht widersetzen, und doch nagte ein Gedanke an ihr. Längst war sie zum Gesicht von Lindström avanciert, die Firma hatte sogar einen kurzen Werbefilm produziert, in dem sie die Hauptrolle spielen durfte und mit weihevollen Gesten den Parlografen demonstrierte, immer wieder ging ihre Hand von den Tasten der Oliver zur Wachswalze hin, die, sich drehend, verheißungsvoll knisternd, neue Sätze ausspuckte. Hatte nicht Franz selbst sie gewarnt? »Bei einfach kaltem Überblick verlierst Du gewiss. Du verlierst Berlin, Dein Bureau, die Arbeit, die Dich freut, ein fast gänzlich sorgenloses Leben, die besondere Art von Selbstständigkeit, den geselligen Verkehr mit Menschen, die Dir entsprechen, das Leben mit Deiner Familie – und das sind nur die Verluste, von denen ich weiß. Dagegen kämest Du nach Prag in eine Provinzstadt mit einer Dir unbekannten Sprache, in den notwendigerweise kleinbürgerlichen Haushalt eines Beamten, der zum Überfluss nicht einmal ein vollwertiger Beamter ist, Sorgen würden nicht fehlen, selbstständig bliebest Du zwar, aber doch nicht unbehindert und statt des gesellschaftlichen Verkehrs und statt Deiner Familie hättest Du einen Mann, der meistens (wenigstens jetzt meistens) trübsinnig und schweigsam ist und dessen persönliches Glück in einer Arbeit besteht, welche Dir als Arbeit notwendiger Weise fremd bliebe.«

An jenem Tag schrieb Felice nicht weiter. Die Hochzeit war ausgemachte Sache. So war es eben üblich, die Frau folgte dem Mann, nicht umgekehrt. Sie würde sich schon ans neue Leben in Prag gewöhnen. »Alles wird klar werden«, schrieb Franz, »und wir werden die einigsten Menschen sein. Liebste, liebste F, wären wir schon so weit!«

Felice vertraute auf den Lauf der Dinge, die Hochzeitsmaschinerie war in vollem Gang. Bei den Bauers standen schon die Koffer im Flur, gleich würden Felice und ihre Mutter von einer Droschke abgeholt, zum Mittagszug nach Prag. Die Stimmung war gelöst, auch, weil am Morgen endlich die lang ersehnte Nachricht von Ferri gekommen war. Er hatte die Prozedur bei den Einwanderungsbehörden auf Ellis Island reibungslos passieren können und inzwischen eine Bleibe in Brooklyn gefunden; wovon er lebte, verriet er nicht, womöglich zehrte er noch vom Geld, das Felice ihm mit auf den Weg gegeben hatte, und hoffentlich versuchte er es drüben nicht schon wieder mit Mauscheleien. Auf dem Weg zum Anhalter Bahnhof hörte man von fern skandierende Stimmen, in den Straßen waren die Sozialisten unterwegs, die heute am 1. Mai lautstark den Achtstundentag für die Arbeiterschaft forderten. Auf dem Bahnhofsvorplatz Leute in Eile, die Aufmärsche behinderten den Verkehr, bloß nicht zu spät kommen, Felice und ihre Mutter hasteten durch das Vestibül die Treppen hinauf zu den Gleisen. Alles einsteigen, der Zug fährt in einer Minute ab! Sie schwangen sich in den Waggon, ein Gepäckträger bugsierte die Koffer hinterher, Felice bahnte den Weg durch den schmalen Gang bis zum Abteil mit den reservierten Plätzen, außer Atem ließen sie sich auf die Sitze im Coupé fallen. Schon dampfte die Lokomotive aus der Bahnhofshalle, nahm Fahrt auf, vorbei an Gleisharfen und Lokschuppen, Stellwerken und Fabrikgeländen, über den S-Bahn-Ring hinaus und über den Teltowkanal, bis der Blick aus dem Fenster sich auf den Feldern der märkischen Landschaft verlor. So wäre es auch im September, wenn Felice Berlin endgültig verließe, um mit Franz in Prag zu leben. Die Mutter klapperte mit Stricknadeln, und während der gelbe Wollschal in ihrem Schoß immer länger wurde, schaute Felice aus dem Zugfenster, das Moscheegebäude in Dresden, das gar keines war, die weiße Burg auf einem Felsen hoch über Bodenbach, die Elbauen, durch die sich ein schmales blaues Band schlängelte. Kaum zu glauben, dass sich dieses zahme Bächlein auf seinem Weg in den unendlich breiten, reißenden Strom verwandelte, den Felice kurz vor der Mündung in die Nordsee in Hamburg bestaunt hatte, in diesen kraftvollen, ruhigen Fluss. Felice war voller Zuversicht.

Die nächsten Tage würden sie viel zu Fuß auf Prager Kopfsteinpflaster unterwegs sein, schließlich waren die beiden Frauen zu einer Mission aufgebrochen, der Wohnungssuche. Franz hatte bereits eine schöne Wohnung ins Auge gefasst, bei einem seiner Spaziergänge auf einer luftigen Anhöhe und in einiger Entfernung vom Stadtzentrum Prags war er an einer großen Baustelle vorbeigekommen, wo eine moderne

Genossenschaftssiedlung aus dem Boden wuchs. Franz war extra Mitglied der Baugenossenschaft geworden, so wichtig war ihm das Objekt. Die Wohnung konnte schon ab Mai 1914 bezogen werden, noch bis morgen besaß er eine Option darauf, doch war er bei Weitem nicht der einzige Bewerber, die Genossenschaftssiedlungen waren äußerst beliebt und gingen weg wie warme Semmeln, daher würden sie gleich früh am nächsten Tag losziehen, alle zusammen, ohne ihre Zustimmung wollte Franz nicht entscheiden. Felice hatte seinen Brief mit einer Expertise dabei, sie faltete ihn auf und las ihn der Mutter vor, die etwas beunruhigt war, ob man denn auf die Schnelle etwas finden werde in Prag: »Sie ist weit genug gelegen, ganz frei, mitten im Grün, 3 Zimmer, 2 Balkone, 1 Terasse, 1200 K viel Geld, mehr eigentlich als wir zahlen können.« Wenn die Wohnung wirklich so schön ist, wie Franz meint, werden wir das Geld schon aufbringen, dachte Felice und rechnete im Kopf nach, wie weit sie mit dem kommen würde, das sie auf der hohen Kante liegen hatte. Und eine Mitgift war ja schließlich auch noch drin.

Franz erwartete die beiden Frauen am Franz-Josefs-Bahnhof. Hier standen sie wieder beieinander, auf dem Boden von Prag, das erste Mal seit ihrer zufälligen Begegnung im August 1912 bei den Brods. Franz im schwarzen Anzug, feierlich wie zu einem Staatsempfang, er drückte dem Gepäckträger ein paar Kronen in die Hand, bevor er zögerlich Anna Bauer und dann Felice umarmte und sie per Droschke zum Altstädter Ring fuhren, zur Wohnung der Kafkas. Schon am ersten Tag in Prag verstand Felice gar nicht, was Franz bloß gegen seine Eltern hatte. Immer sprach er so abfällig von ihnen, vor allem von seinem Vater, der angeblich so grobschlächtig und bestimmend sein sollte, dabei waren das ganz umgängliche Leute. Bei den Prager Verwandten kam Felice sofort gut an. Sie zeigte sich von ihrer liebreizendsten Seite, war lustig und plauderte frei von der Leber über Berlin. Über die vielen Theater, die noblen Geschäfte und die Massenaufläufe bei der Parade des Kaisers Unter den Linden. Die Kafkas wirkten fast ein wenig eingeschüchtert, so beeindruckt waren sie von der charmanten und weltgewandt wirkenden künftigen Schwiegertochter aus der großen Stadt, und Felice wechselte geschickt das Thema, sie wollte gleich bei der ersten Begegnung auf keinen Fall den Eindruck erwecken, eine überhebliche Großstädterin zu sein. Felice war ja schon einmal in Prag gewesen, im Sommer 1912, auf dem Hradschin mit einem Kollegen, nun erzählte sie den Kafkas, wie gut es ihr damals gefallen habe. Prag, so alt, ganz anders als Berlin, wo die Mietskasernen des 19. Jahrhunderts das Stadtbild prägten, nichts war in Berlin so geschichtsträchtig und ehrwürdig wie die Teynkirche oder die Maisel-Synagoge. In Berlin war alles neu, abgesehen von den mittelalterlichen Gebäuden auf der Fischerinsel; Charlottenburg sowieso, ein einziges Neubauviertel, wenn man von den wenigen niedrigen Ackerbürgerhäuschen in Schlossnähe absah, die zum eingemeindeten Dorf Lietzow gehörten. Und die Spree, so Felice, sei ein trauriges Rinnsal im Vergleich zur Moldau, die majestätisch durch Prag fließe, und keine der zahlreichen Berliner Brücken sei so prächtig wie die Karlsbrücke, nein, nicht mal die Schlossbrücke Unter den Linden. Sie lobte die Goldene Stadt über den grünen Klee, erzählte, dass sie ja gar keine richtige Berlinerin sei, geboren in Neustadt, einem beschaulichen Städtchen in Schlesien, von wo sie weggezogen waren, 1899, als

Felice elf Jahre alt war, der Vater wollte unbedingt nach Berlin, wovon er sich lukrative Geschäfte versprach. Dass sich der Vater in Berlin bald eine Geliebte zugelegt und die Familie wegen dieser Frau im Stich gelassen hatte, verschwieg Felice freilich, doch bestimmt war ihr kurzes Erröten nicht zu übersehen. Sie senkte den Kopf, strich sich durchs Haar und fuhr haspelnd fort, ihr Vater sei gebürtiger Ungar, in Wien aufgewachsen. Als Felice salopp zu berlinern anfing, weil die Kafkas wissen wollten, was man eigentlich unter der gefürchteten Berliner Schnauze verstehe, großes Gelächter. Sie hatte den Beweis erbracht, dass sie sich in der Preußenmetropole sehr gut eingelebt haben musste. Eine echte Berliner Pflanze. Na also, ein Mädchen, so flexibel und aufgeschlossen wie Felice, fände sich in Prag doch allemal zurecht.

Gleich am nächsten Tag fuhren sie hinaus ins Grüne, Franz, Felice und die beiden Mütter. Während die Pferdestraßenbahn die Innenstadt verließ, die Straßen immer unbelebter und schlechter wurden, sah Felice alle paar Sekunden auf die Armbanduhr. Zwanzig Minuten waren sie schon unterwegs, einfach zu Fuß in die Stadt laufen wäre also nicht drin. Felice dachte an ihre Schwester Else, die in ihrer neuen Wohnung in Arad jenseits der großen Stadt so unglücklich war, zwischen all den Ungarn, die sie nicht verstand. Und hier, außerhalb des Prager Zentrums, wurde auch kein Deutsch gesprochen. Felice sah sich versauern zwischen all den Fremden, sie würde wohl oder übel tschechisch lernen müssen, wenn sie ein halbwegs soziales Leben führen wollte hier draußen, fernab von Altstädter Ring, Wenzelsplatz und Hradschin, der Stadt – und ach, Stadt! Gegen Berlin war

Prag ein beschauliches Provinznest. Wo sollte sie hier Tango tanzen, und wo die schönen Strümpfe kaufen, wenn nicht bei Wertheim und im Kadewe?

Aussteigen hieß es endlich, die Frauen rafften die Röcke. Die neue Siedlung war noch immer eine Baustelle, sie bahnten sich den Weg durch den Matsch.

Dobry den, begrüßte sie ein Genossenschaftsverwalter, der sie schon mit einem Schlüsselbund in der Hand vor einem zweistöckigen, frei stehenden Haus erwartete, er schloss die Tür einer Hochparterrewohnung auf, bitte einzutreten, prosim.

Kaum über die Schwelle, war Felice wild entschlossen, die Wohnung auf keinen Fall zu nehmen, so schön sie auch sein mochte. Drei Zimmer, zwei Balkone, Terrasse, zugegeben, alles hell und gut geschnitten. Die Mütter standen staunend in der Küche, wo ein praktischer Gasherd und eine halb automatische Spüle mit Abtropfvorrichtung die Hausarbeit erleichtern würden. Auch an eine Durchreiche ins Speisezimmer war gedacht.

Aber wo ist denn hier der Stuck, kommt der später noch dran?, fragte Anna Bauer, den Blick zur Decke gerichtet.

Felice stand in Franz' zukünftigem Schreibzimmer, schaute hinaus in all das Grün vor den Fenstern und fürchtete sich plötzlich vor der Natur, die sie an Berlin doch so liebte. Die Stadtrandsiedlung lag so weit draußen wie die sprichwörtlichen böhmischen Dörfer. Keine Menschenseele käme hierhin zu Besuch, wo Fuchs und Hase sich gute Nacht sagten. Nein, sagte Felice hart, machte auf dem Absatz kehrt und drängte Franz aus der Wohnung, die ist es nicht. Etwas mehr Begeisterung hätte Franz sich schon gewünscht. Widerstandslos folgte er den Frauen hinaus.

Man fuhr zurück in die Stadt, nächste Adresse Niklasstraße, zentral in der Nähe des Altstädter Marktes und der Wohnung der Kafkas im Oppelthaus. Das Grüppchen stand in den hohen Räumen eines eindrucksvollen Gründerzeitwohnhauses, doch die Frauen rümpften die Nase, als sie die schlechte Qualität der Tapeten feststellten, die stellenweise nicht richtig geklebt und verschossen waren. Nein, ein Dienstbotenzimmer gebe es nicht, sagte die Concierge, die ihnen die Wohnung aufgeschlossen hatte, und nur eine einzige Tür zu jedem Zimmer. Dafür sei die Miete, die der Hauseigentümer verlange, aber nicht gerade ein Pappenstiel, bemerkte Anna Bauer.

Weil es so zentral ist, sagte Felice, heilfroh, dem Außenbezirk entronnen zu sein, ohne dass Franz sie weiter mit Argumenten für das Genossenschaftsprojekt zu überreden versucht hätte. Man könnte wenigstens zwei der Zimmer neu tapezieren lassen, schlug Julie Kafka vor, vielleicht kann man den Vermieter davon überzeugen, dass er die Kosten dafür übernehmen muss.

In ihre Stimmen und Schritte, die in den hohen Räumen widerhallten, mischte sich ein Piano. Energisch griff da jemand in die Tasten, ein Klavierschüler, ein Pianist des Nationalorchesters oder gar der Geist Antonín Dvořáks. Das Instrument schien nicht nebenan hinter der Wand zur Nachbarwohnung zu stehen, sondern direkt hier in den leeren Räumen, so laut erklang das Gratiskonzert. Die Frauen sahen sich erstaunt an, war das Chopin oder Tschaikowski? Für Franz war es Lärm. Er hielt sich die Ohren zu, diesmal war er es, der umgehend das Weite suchte. Möglichst würdevoll versuchte er die Treppen hinunterzugehen, vergebens, es war trotz seines gemessenen Schrittes eine Flucht. Die Frauen folgten ihm,

Julie Kafka stöhnte, dass mein Sohn immer die Flöhe husten hört! Mit dem Nachbarn, wer auch immer es ist, werde man eben reden müssen, Klavierspielen nur zu bestimmten Zeiten, am besten, wenn Franz im Büro ist. Julie Kafka schob sich im Hausflur dicht an die Concierge heran und raunte ihr etwas zu, Felice verstand was von einem kleinen Geschenk, einem Obolus, wenn Sie ihnen ein wenig Bedenkzeit einräumen und sie ein Vorrecht auf die Wohnung behalten könnten.

Mein Sohn ist noch nicht entschieden, sagte Julie Kafka.

Die Alte schlurfte zurück ins Halbdunkel ihrer Loge, nicht ohne Franz' Mutter durch die halb geöffnete Tür noch einen verschwörerischen Blick zuzuwerfen.

Mit der durch das kleine Bestechungsmanöver nicht ganz zugezogenen Aussicht auf die Wohnung in der Niklasstraße nahm man an diesem Tage die Besichtigung eines weiteren Objekts in Angriff. Mit der Elektrischen fuhr man den Wenzelsplatz hinauf, das fragliche Haus lag im Schatten des monumentalen Nationalmuseums oberhalb eines Viertels in der Nähe der Königlichen Weinberge. Beim Eintreten ins Treppenhaus kam ihnen ein junges Paar entgegen, nein, diese Wohnung taugt nichts, sagte die Frau kategorisch, wegen der Küche. Der Mann schüttelte den Kopf, aber warum denn nicht, Liebling, immerhin stimmt der Mietzins. Offensichtlich waren diese Leute andere Interessenten, ein Paar, das sich nicht einig ist, das sollte es ja geben. Im dritten Stock ließ ein älterer Herr sie ein und führte sie herum. Die Zimmer der Wohnung drehten sich allesamt um die Küche als zentralem Raum wie dem Inneren eines Schneckenhauses.

Beide Mütter fragten wie aus einem Munde: Wie soll man denn hier gescheit lüften? Die Küchengerüche verbreiten sich doch überall im Haus! Und das Dienstmädchen hängt immer mittendrin und kriegt alles mit, was bei der Herrschaft vor sich geht. Wollt Ihr das? Den ganzen Tag das Klappern von Töpfen aus der Küche, in der Spüle schepperndes Geschirr?

Die Mütter konnten sich nicht erklären, warum Franz einen überraschend zufriedenen Eindruck machte, als er ihre entsetzten Blicke sah. Felice wusste es besser. Er hatte sich diese Wohnungsbesichtigung als abschreckendes Beispiel ausgedacht und ihr die Hölle schon im Voraus beschrieben. »Eine Wohnung, wie man sie manchmal in Angstträumen bewohnt. Schon auf der Treppe kämpft man mit verschiedenen Gerüchen, man muss durch die finstere Küche eintreten, in einem Winkel weint ein Haufen Kinder, ein vergittertes Fenster hat Blei- nicht Glasglanz, das Ungeziefer wartet in seinen Löchern auf die Nacht. Das Leben in solchen Wohnungen kann man fast nur als Wirkung eines Fluches verstehn. Hier wird nicht gearbeitet, gearbeitet wird anderswo, hier wird nicht gesündigt, gesündigt wird anderswo, hier will man nur leben und kann es kaum. Wir sollten uns nicht nur Wohnungen ansehn, die wünschenswert sind, wir sollten einmal zusammen auch eine solche Wohnung ansehn, Felice.« Über die Schwelle der Küchenwohnung ging es wieder hinaus. Diese Übung hatten sie hinter sich.

Man kann einen Menschen mit einer Wohnung erschlagen wie mit einer Axt, diesen Satz hatte Felice mal gelesen, in einem Zeitungsartikel über das Mietskasernenelend in Berlin, wahrscheinlich war das von Zille. Auf die

Genossenschaftswohnung im Grünen kam sie, auch wenn sich Franz das von der letzten gescheiterten Begehung vielleicht erhoffte, trotzdem nicht zurück. Der Termin für das Siedlungsobjekt war längst verstrichen, ebenso die Option für die Niklasstraße, als Felice mit ihrer Mutter am 5. Mai wieder am Franz-Josefs-Bahnhof stand. Bis September hatte man noch vier Monate Zeit, da ließe sich bestimmt etwas finden, was allen zusagte. Franz erklärte, er werde sich weiter kümmern. Julie Kafka war entzückt, als Felice ihr zum Abschied ein Sträußchen Vergissmeinnicht überreichte. Ein herzlicher Abschied, ohne Zweifel, man sah sich ja schon bald wieder, zur offiziellen Verlobungsfeier in Berlin.

Schon zwei Wochen später zog Felice eine anschauliche Grundrisszeichnung aus einem Briefumschlag, von Franz eigenhändig angefertigt. »Versuch nur durch die gezeichneten Zimmer zu spazieren, aus dem Fenster Dich hinauszulehnen u. s. f. und Du wirst eine genaue Vorstellung von der Wohnung bekommen. Genauer wäre allerdings die Vorstellung, die Du bekämest, wenn Du einen Ausflug nach Prag machtest, um Dir die Wohnung wirklich anzusehn.« Nun, da Franz schrieb, er habe sie sowieso bereits angemietet, konnte Felice sich den Besuch auch sparen, zu dem ihr ohnehin die Zeit fehlte. Die Uhr tickte, die Vorbereitungen für die Verlobungsfeier liefen auf Hochtouren, noch immer waren nicht alle Bestellungen gemacht beim Konditor in der Kantstraße und bei der Weinhandlung in der Mommsenstraße. Die neue Prager Adresse lautete: Langegasse 5. Die Zeichnung zeigte zwei Zimmer nach vorne raus, Franz schrieb, im Winter sei es sicher von Vorteil, dass die Wohnung wenig Außenwände habe. Allerdings kein Grün vor den Fenstern, nur die öde, laute Gasse, die sich auf der Höhe des Hauses zu einem kleinen Platz erweitere. Felice wollte sich überraschen lassen. Die Langegasse war immerhin innerstädtisch gelegen, und von klavierspielenden Nachbarn ließ Franz auch nichts verlauten.

Mazel tov zu Pfingsten

»Denke nur, heute nacht habe ich Verlobung mit Dir gefeiert. Es sah schrecklich, schrecklich unwahrscheinlich aus und ich weiß auch nicht mehr viel davon. Die ganze Gesellschaft saß in einem halbdunklen Zimmer an einem langen Holztisch, dessen schwarze Platte von keinem Tuch bedeckt war. Ich saß unten am Tisch zwischen unbekannten Leuten. Du standest aufrecht, genug weit von mir entfernt, weiter oben, schief mir gegenüber. Ich legte vor Verlangen nach Dir, den Kopf auf den Tisch und spähte zu Dir hinüber, Deine Augen, die auf mich gerichtet waren, waren dunkel, aber in der Mitte jedes Auges war ein Punkt, der glänzte wie Feuer und Gold. Dann zerstreute sich mir der Traum, ich bemerkte, wie das bedienende Dienstmädchen hinter dem Rücken der Gäste eine dickflüssige Speise, die es in einem braunen Töpfchen zu servieren hatte, verkostete und den Löffel wieder in die Speise steckte. Darüber geriet ich in größte Wut ...« Zugegeben, der Traum, den Franz ihr da unverblümt auftischte, konnte Felices Vorfreude auf den großen Tag schon ein wenig trüben.

Glückwunschkarten flatterten schon seit Tagen ins Haus der Bauers und bildeten einen ansehnlichen Stapel auf dem Gabentisch für das junge Paar. Julie Kafka und Ottla reisten vor der Feier an, um bei den letzten Vorbereitungen zu helfen, Franz und sein Vater kamen am Samstag vor Pfingsten, am 30. Mai an. Am Pfingstsonntag klingelten schon in aller Herrgottsfrühe Boten

mit Schmucktelegrammen und Blumen. Felice machte
Furore in ihrem schönen blauen Kleid, an ihrer Hand
blinkte der goldene Verlobungsring, den Franz ihr wie
beiläufig und ein wenig unbeholfen schon bei seiner
Ankunft übergestreift hatte. Wieder stand er blass im
dunklen Anzug, ein Schatten seiner selbst, der in seiner
Hauptrolle als Verlobter gute Miene zum bösen Spiel
machte. Er musste abermals Hände schütteln, floskel-
hafte Segenswünsche entgegennehmen, sich Mühe geben, Felices Tanten Emilie, Natalie und Clara nicht miteinander zu verwechseln, artig für Geschenke danken,
auch für das dicke, in Wildleder gebundene Buch, das
Felice ihm zur Erinnerung an den denkwürdigen Tag
überreichte. Es handelte sich um eine Art Biografie
von Henriette Feuerbach über ihren berühmten
Neffen, den Maler Anselm Feuerbach, mit dem etwas
wichtigtuerischen Titel *Ein Vermächtnis*. Felice fand
das passend für Franz, die Lebensbeschreibung eines
feinsinnigen Künstlers, der mit seinen inneren Widersprüchen kämpfte, daneben kluge Charakteristiken der
beliebtesten Bilder Feuerbachs. Franz hielt das Buch in
seinen Händen und blätterte fahrig darin herum. Er trat
von einem Fuß auf den anderen und sah aus, als würde
er am liebsten weglaufen. Inmitten dieser Mischpoche,
die unablässig plapperte, scherzte und lachte, war Felice
für ihn unerreichbar, die eigene Verlobte spielte in dieser
Komödie zum Spaß der anderen die unangefochtene
Hauptrolle im blauen Kleid. Die Frauen tauschten
Erfahrungen mit verschiedenen Konfektionshäusern am
Hausvogteiplatz und in der Leipziger Straße aus, eine
empfahl die gute Beratung bei Herpich, eine andere lobte
die große Auswahl bei Cords. Viele Gespräche drehten

sich um die künftige Wohnung in der Prager Langegasse, beschreiben Sie doch mal, Herr Doktor, Empfehlungen für die Möblierung wurden ausgesprochen, vor allem von der Tante Emilie, es fehlten gerade noch Namensvorschläge für künftigen Nachwuchs. Haushaltsgeräte am besten bei Adolph am Savignyplatz kaufen, lautete der praktische Tipp der Tante Clara, die hätten wirklich alles, vom schlichten Eierwärmer bis hin zum hochmodernen Wäschekochtopf. In Prag gibt es doch auch alles zu kaufen, wandte Ottla ein wenig schnippisch ein, Berlin ist zwar groß, aber doch nicht der Nabel der Welt. Das Mädchen trug Suppe auf, wieder Spargel, der gute aus Beelitz, noch war Saison, und wieder kam der bewährte Lammbraten von der Schlachterei Israel auf den Tisch. Trinksprüche wurden ausgebracht, der Brautvater klopfte mit dem Silberlöffel ans Glas und hob zu einer kleinen Rede an: Nichts schöner für Eltern, als die Kinder glücklich zu sehen.

Als Abwesender stand die ganze Zeit der verlorene Sohn und Bruder im Raum, dem zu Pfingsten vor einem Jahr in derselben Kulisse der Charlottenburger Wohnung zugeprostet und Glück gewünscht worden war, und wieder fand man sich mit Sektkelchen in der Hand um den Tisch herum. Hoffentlich war das kein schlechtes Omen. Jeder der Anwesenden verkniff sich die brennende Frage, was aus dem Sorgenkind Ferdinand wohl geworden war und aus Lydia Heilborn, der verratenen Braut. Aber diesmal würde, nein, diesmal durfte nichts schiefgehen. Kein zweites Verlobungsdesaster, nicht das. Auf das Brautpaar! Mazel tov!

Anna Bauer sprach von einer Neigungsheirat: So sind sie eben, die jungen Leute. Die Gäste klatschten in die

Hände, nach dem Essen wurde mit Likörchen angestoßen, wieder warf Erna Franz aufmunternde Blicke zu. Ihm stand die blanke Angst im Gesicht, dass nun alles, jede Lebensregung, die ihn anging, unter den Augen der Familie verhandelt wurde wie auf dem Marktplatz. Felice sah indes mit einiger Zufriedenheit, dass Franz sich sogar zu einer Scheibe Fleisch überreden ließ. Sie übersah, dass er so finster über dem Teller saß, als habe er eine Henkersmahlzeit vor sich.

Abends großes Möbelrücken, Carl Bauer machte sich am Grammofon zu schaffen, gleich wurde getanzt. Ein schnatternder Haufen in weißen Blusen traf ein, die Brühl, die Lindner, die Grossmann. Grete Bloch erschien als später Gast, und sie begrüßte Franz wie einen alten Bekannten. Man sprach dem Schaumwein zu, die Musik schallte aus dem Trichter: Ja, das haben die Mädchen so gerne. Carl Bauer schob seine Frau, die sich sehr hatte bitten lassen, heldenmütig durch den Salon. Die Frauen, eindeutig in der Überzahl, tanzten ausgelassen miteinander. Kein Erbarmen bei Franz, er saß auf seinem Stuhl, als hätte er einen Stock verschluckt, widerstand allen weiblichen Lockungen, auch das Tanzbein zu schwingen, und schien die ganze Zeit nur den Blick von dem unerhörten Geschehen abwenden zu wollen, das sich da vor seinen Augen abspielte. Er hatte ja noch nie groß Reklame für sich als begnadetem Tänzer gemacht.

Nun schenk' doch wenigstens deiner Braut einen Tanz, Franz, reimte jemand.

Wenn du nicht ein bisschen übst, frotzelte jemand anderes, wird das nichts mit dem Hochzeitswalzer.

Felices schönes blaues Kleid schwang zur Musik über den Wohnzimmerteppich, die Zukünftige lag selig in den kräftigen Armen ihres Schwiegervaters, eine Szene, die noch Franz' verwegensten Alpträumen Konkurrenz machen konnte.

Felices Kolleginnen verabschiedeten sich am fortgeschrittenen Abend und zerdrückten ein paar Tränen, du wirst uns fehlen, liebste Freundin.

Noch ist es ja nicht so weit, tröstete Felice Emmy Brühl und ein wenig auch sich selbst, ihr werdet mir auch fehlen, Mädels.

Wir kommen dich besuchen in Prag, rief die Lindner im Hinausgehen. Für Franz musste das klingen, als hätte die Kollegin gerade vom künftigen Prager Taubenschlag geschwärmt.

Die Grossmann tuschelte Felice ins Ohr: Ist er so schüchtern oder tut er nur so?

Felice antwortete mit einem kurzen Stöhnen. Warum stellte ihnen eigentlich keiner der Gäste die Frage, warum sie denn nicht an eine Zukunft in Berlin statt in Prag dachten? Warum sich Franz, der zwar ein Dr. jur., doch überdies mit Leib und Seele Literat war, nicht einfach in den einschlägigen Kreisen der kulturell üppig blühenden Metropole einen Platz ergatterte? Vielleicht musste er seine Scheu vor zu vielen fremden Menschen ein für allemal überwinden und sich bewusst unters Literatenvolk mischen, Herwarth Walden in seiner Sturm-Galerie an der Potsdamer Straße kontaktieren, da traf sich die internationale Avantgarde, das wusste selbst noch der letzte Kulturbanause. So schwer konnte es doch nicht sein, Franz hatte ja bereits einschlägige Kontakte nach Berlin, und Ernst Weiß würde ihm bestimmt den Weg ebnen. Franz könnte sich einen Stammplatz etwa als Kolumnist beim *Berliner Tageblatt* erschreiben, wo so viele Autoren, die man im *Café des Westens* sitzen sah, erfolgreich Artikel unterbrachten. Unter diesen Umständen könnte Felice sogar ihre gute Stelle bei Lindström behalten. Etwas ungewöhnlich zwar dieser Rollentausch, jedoch nicht unmöglich. Doch der Zug nach Prag war bereits angerollt und ließ sich nicht mehr aufhalten: Franz saß am Dienstag nach Pfingsten mit Ottla und den Eltern im Eisenbahncoupé, eine achtstündige Fahrt en famille, die er schon lange im Voraus als reinste Folterstrafe gefürchtet hatte.

Mit der modernen Genossenschaftswohnung außerhalb Prags war es zwar nichts, doch der Anspruch, auf der Höhe der Zeit zu sein, machte für Franz nicht vor der Türschwelle des Hauses Halt. Er teilte das Credo des aus Brünn stammenden Architekten Adolf Loos, der sich schon 1908 über *Ornament und Verbrechen* ausgelassen hatte, und dessen Vortrag im März 1913 in Prag Franz bestimmt gehört hatte. Loos redete dem Purismus und dem Gesetz der funktionalen Form das Wort, kein überflüssiger Schnörkel, Ornamentlosigkeit als Zeichen geistiger Kraft. In diesem Sinne favorisierte Franz auch die neuartigen Möbel der Deutschen Werkstätten in Dresden-Hellerau, die das Gesamtkunstwerk Alltag komplettieren sollten, praktische Schränke und Rohrstühle, auf denen länger zu sitzen Felice sich nur schwer vorstellen konnte. Vor der Verlobung hatte ihr Franz einen Prospekt geschickt: »In den nächsten Tagen wirst Du von 2 Seiten scheinbar auf meine Anregung hin wegen Möbelkaufes angegangen werden. Einmal von den Deutschen Werkstätten. Sie schrieben mir öfters, endlich musste ich ihnen antworten. Im Übrigen halte ich ihre Möbel wirklich für die besten, ich meine für die anständigsten, einfachsten. Außerdem wird ein Vertreter einer Prager Firma kommen. Den lass nur rasch herausbefördern. Er war einmal bei mir im Bureau, ich brummte etwas in meiner Verschlafenheit, er gab seine Visitenkarten ab, behauptete als ehemaliger Berliner Deinen Geschmack besonders gut treffen zu können und gieng. Nun kam er letzthin wieder. Er war ein wenig besser angezogen und mein unglückseliges Personengedächtnis spiegelte mir einen bekannten Advokaten in ihm vor. Ich gehe freundlichst auf ihn zu, gebe ihm die Hand und – erfahre wer er ist. (Du musst wissen, die Firma, die er vertritt, hat äußerst teuere, überladene Möbel.) Nun konnte ich mich nicht mehr so rasch in einen unfreundlichen Käufer verwandeln und gab ihm, da er anlässlich einer Berliner Reise (er dürfte Freitag zu Dir kommen) darum bat, Deine Adresse. Auch darum bat er, dass ich ihn brieflich ankündige. Einem Mann, dem ich so freundlich die Hand gedrückt hatte, konnte ich auch das nicht abschlagen und führe es jetzt auf diese gemeine Weise aus.«

Etwas ratlos hielt Felice den Prospekt mit den neumodischen Einrichtungsgegenständen in den Händen. Sie sah glatte Flächen und schlichte Stoffe ohne Dekor, Tische mit schlanken Beinen, denen man nicht zutraute, eine Porzellangarnitur zu tragen. Die sogenannten Maschinenmöbel ließen sich auseinandernehmen, leicht transportieren und an anderer Stelle wieder zusammensetzen. Sicherlich praktische Konstruktionen, aber waren diese Möbel auch repräsentativ? Waren solche Möbelstücke dem Haushalt eines Dr. jur. würdig? Felice war kompromissbereit, doch Abschied nehmen von schönen, schweren Möbeln? Wozu rackerte sie sich denn ab, wenn sie nicht am Ende belohnt werden sollte durch eine herrliche Wohnung? Und sie fragte Franz, ob er nicht doch eher Möbel wolle, die so wunderbar gemütlich seien wie zum Beispiel die, die sie bei Max Brods Schwester Sophie in Waldenburg gesehen hatte.

Franz ignorierte ihre Sehnsucht nach Polstermöbeln und standesgemäßen Salonmöbeln komplett, stattdessen fragte er: »Du betrübst mich auch. Bist wenig scharfsinnig. Welches Möbel man braucht? Eine spanische Wand natürlich oder eine Matte, um ›müllern‹ zu können. Um nackt bei offenem Fenster müllern zu können, ohne dass die Leute gegenüber die gute Gelegenheit benützen und mitzuturnen anfangen.« Felice seufzte. Sie hatte das Müllern schon ausprobiert, und, alles andere wäre gelogen, es langweilte sie zunehmend, ganz alleine, aufgestützt auf eine Stuhllehne, die immergleichen Dehn- und Streckübungen zu absolvieren. Außerdem wies Franz sie mit lehrerhafter Strenge darauf hin, dass »die Übungen sich nicht improvisieren lassen sondern studiert werden müssen.« Viel lieber als zu turnen, marschierte Felice mit festen Schritt durch die Stadt, ließ ihre Blicke über die Auslagen der Schaufenster und in die Gesichter der vorbeieilenden Passanten schweifen.

In Berlin, im Zuge der Verlobungsangelegenheiten, beugte sich Franz den Wünschen seiner Verlobten, sie wollte sich vor seiner Abreise schon mal nach passenden Möbeln für die Wohnung umsehen. Nicht in der Berliner Niederlassung der Deutschen Werkstätten in der Belle-vuestraße, wohin Franz gern gegangen wäre, und auch nicht bei Jacob & Josef Kohn in der Leipziger Straße, wo die filigranen Thonet-Stühle verkauft wurden, sondern bei Höffner in der Veteranenstraße. Komplette Speisezimmereinrichtungen wurden dort angeboten und kosteten zwischen 275 und 5000 Mark. Man musste ja nicht gleich das teuerste nehmen. Aparte Küchen waren immerhin schon ab 48 Mark zu haben. Nach längerer S-Bahn-Fahrt in den Wedding fand man sich in einem großen Möbellager wieder, das für Franz eine Hölle aus Teak und schwerer Eiche sein musste. Sperrige Vertikos und tressenbesetzte Fauteuils auf falschen Orientteppichen waren ihm ein Graus, so gut kannte Felice ihren Franz schon. Der Asket, als der er sich gern sah, hauste am liebsten in spartanisch eingerichteten Holzhütten, so wie einst in der Jungborn-Anstalt im Harz, wo er zwischen anderen Reformanhängern die frische Waldluft eingeatmet hatte und das Klatschen nackter Füße im Gras wie Musik an seine Ohren drang. Ein jovial lächelnder Verkäufer nahm sie in Empfang, sein geschulter Blick identifizierte Franz und Felice sogleich als fette Beute, vielversprechende Kunden, die nicht nur ein Beistelltischchen suchten, sondern dabei waren, einen ganzen Hausstand zu gründen. Fangen wir mit dem Wohnzimmer an, sagte er vollmundig, oder besser mit der Kücheneinrichtung, gnädige Frau?

Sie wollten sich erstmal nur umschauen, eine Tour d'horizon, erklärte Felice.

Während der folgenden zwei Stunden hantierte der diensteifrige Verkäufer mit dem Maßband, spannte es mit ausgebreiteten Armen über Ehebetten, lobte die Vorzüge elektrischer Kochmaschinen, die sich auf dem Markt jedoch noch längst nicht durchgesetzt hatten und extrem teuer waren, er öffnete Schränke und demonstrierte mit

Taschenspielergesten, wie erstaunlich viele hohe Wäsche-stapel in ein Fach passten, er vollführte eine Pantomime am Esstisch, den man auf die doppelte Länge ausziehen und für eine Gesellschaft von einem Dutzend Gästen eindecken konnte.

Die massive Eichenkredenz, die der Mann anpries, bedrückte Franz die Brust, er nannte sie ein vollkommenes Grabdenkmal, ein Denkmal des Prager Beamtenlebens. Damit wird man niemals wieder umziehen können, mur-melte er.

Der Verkäufer überging derlei Kommentare mit pro-fessioneller Routine und blätterte geflissentlich durch einen Katalog mit Bezugsstoffmustern, die Auswahl rie-sengroß, Sie werden sich fühlen wie ein König auf seinem Thron, mein Herr, sagte er in untertänigem Tonfall zu Franz und strich mit den Händen fast segnend über bordeauxroten Samt, dazu passt am besten ein Besatz aus Brokat und dicken Quasten, Typ Louis XV.

Felice bekundete lebhaftes Interesse, versicherte, sie kä-men auf jeden Fall wieder, vor allem diese prächtige Ei-chenkredenz sei ja heutzutage ein absolutes Muss.

Franz war fix und fertig, als sie das Möbelhaus wieder verließen, ein kolossaler Mahagonischreibtisch mit vier breiten Raubtiertatzen, der ihn noch kurz vor dem Aus-gang ansprang, gab ihm den Rest. Doch, Felice ahnte es, der wahre Grund für seinen Horror waren gar nicht die Möbel. Es waren die Gäste, die in den Polster-möbeln sitzen sollten. Das leichte Geplauder, das über einer Kaffeetafel surrte. Fremder Leute Schuhe, die den Schmutz der Straße hereinschleppten und in die Tep-piche hineintraten. Menschliche Ausdünstungen, die in den schweren Übergardinen hängen blieben. Und der

Kindersegen, mit dem das Ehebett drohte. Darüber, über Nachwuchs, hatten sie überhaupt noch nie in klaren Worten gesprochen. In der Bettenabteilung waren sie vom freundlichen Verkäufer zum Probeliegen aufgefordert worden, ein Angebot, das Franz mit ungewohnter Direktheit und großer Entschlossenheit sofort und unverzüglich abgelehnt hatte.

Vermittlung der Schlange

Felice kündigte bei Lindström, sehr zum Bedauern ihrer beiden Chefs Straus und Heinemann. Sie saß etwas schwermütig an ihrem Arbeitsplatz mit Blick auf die Große Frankfurter Straße und zog eine Schutzhaube über die gute, alte Oliver, auf der sie weiß Gott nicht nur Geschäftspost erledigte. Der Bürostuhl knarrte leise, als sie aufstand und einen Fussel von der Lehne pustete. Die Tage, da sie hier saß, waren gezählt. In Gedanken richtete sich Felice immer zuversichtlicher in einer Zukunft als Ehefrau in Prag ein. Sah sich in einer modern ausgestatteten Küche aus dem Möbelhaus stehen, perfekte Knödel formen und einen zünftigen Rinderbraten aus der Röhre ziehen, ein Leckerbissen, zu dem sie Franz inzwischen bekehrt hatte. Er konnte in ihrer Vorstellung gar nicht genug kriegen von den deftigen Köstlichkeiten, die sie am Herd zauberte, und ein paar Pfund hatte er auch schon zugelegt. Er beschränkte sein Schreiben jetzt auf die von Felice vorgeschlagenen ein, zwei Stündchen am Tag, manchmal ließ er es ganz ausfallen und ging mit seiner Frau auf der Prager Kleinseite spazieren, Hand in Hand am Ufer der Moldau, harmonisch wie das junge Paar auf der Strandpromenade von Westerland. Das Schreiben überlassen wir lieber dem Max, sagte Franz zu Haus in seinem Ohrensessel gönnerhaft und stopfte sein Pfeifchen, denn er hatte herausgefunden, dass das Tabakrauchen ein durchaus genüsslicher bürgerlicher Zeitvertreib sein konnte, der einem honorigen Versicherungsbeamten gut zu Gesichte stand. Julie Kafka war glücklich, ihren Sohn so ausgeglichen zu sehen wie nie zuvor, der sanftmütigen Felice war sogar das Kunststück gelungen, das schwierige Verhältnis zwischen Franz und seinem Vater zu entspannen. Vor allem aber freute sich Julie Kafka darauf, demnächst Großmutter zu werden, gerade hatte man ein Kinderbettchen angeschafft. Wie vorausschauend, bei der neuerlichen Wohnungssuche gleich auf die entsprechende Anzahl von Zimmern geachtet zu haben. Und wie die Brühl sich bei ihrem Besuch neulich darüber gefreut hatte, dass sie demnächst Patentante sein sollte!

Das Schrillen des Telefons riss Felice aus ihrer Träumerei. Für Sie, Fräulein Bauer!

Wir müssen reden, sagte Grete Bloch, die Stimme der Freundin klang belegt, und zwar in einer Angelegenheit, die keinen Aufschub duldet, es geht um deine Ehe.

Kein ganz unbedeutendes Thema, Felice blieb dennoch gelassen; seit sie Franz kannte, war sie einigermaßen abgehärtet gegenüber den Wechselfällen menschlicher Beweggründe. Noch am selben Nachmittag trafen sich die beiden Frauen in einem Charlottenburger Kaffeehaus. Grete beförderte ohne große Umschweife ein ansehnliches Bündel Papier aus ihrer großen Handtasche und packte es wie einen Stapel Spielkarten auf den Tisch. Vor Felices ungläubigen Augen erschienen die Geister, die sie selbst gerufen hatte. Die Schrift auf den Briefumschlägen war ihr nur allzu bekannt.

Grete sagte, keine Sekunde länger dürfe sie Felice verschweigen, was hier gespielt wurde. Sie spüre eine grenzenlose Verantwortung auf ihren Schultern lasten. Fühle sich zunehmend wie Franz' Beichtmutter, und seit er ihr unverhohlen auch noch den Hof mache, sei ihr erst recht nicht mehr wohl in ihrer Haut. Sie könne die Freundin nicht ins offene Messer rennen lassen, schon gar nicht auf dem Weg zum Traualtar. Grete schob die Briefe zu Felice hinüber: Du kannst sie alle behalten. Ich kann dich nicht länger sehenden Auges in eine Ehe stolpern lassen, an die der Bräutigam schon jetzt nicht mehr glaubt. Da, lies!

»Manchmal – Sie sind die einzige, die es vorläufig erfährt – weiß ich wirklich nicht, wie ich es verantworten kann, so wie ich bin, zu heiraten. Eine auf die Festigkeit der Frau begründete Ehe? Das wird ein schiefes Gebäude, nicht?« Geschrieben hatte Franz diese Zeilen keine Woche nach der Verlobungsfeier zu Pfingsten. Felice wurde heiß und kalt. In Franz' Briefen an Grete erkannte sie etliche Passagen aus ihren eigenen Briefen an Franz wieder, wortgetreu: »Wir würden beide durch eine Heirat viel aufzugeben haben, wir wollen es nicht gegenseitig abwägen, wo ein Mehrgewicht entstehen würde. Es ist für uns beide recht viel.«

Grete war jederzeit bestens über den Stand der Dinge informiert gewesen, sie hatte die ganze Zeit mitgelesen und Franz immer wieder beigepflichtet, denn auch sie fand schlimm, was für stocknüchterne Erwägungen zur gemeinsamen Ehe Felice Franz im Tiergarten um die Ohren gehauen hatte. Grete hatte von Franz eine protokollarisch genaue Schilderung seines Überraschungsbesuchs Ende Februar in Berlin erhalten, er verriet ihr, dass Felice Angst vor der Ehe mit ihm hatte, ebenso wie vor Reisen dritter Klasse und schlechten Theaterplätzen, und so, wie die Worte da auf dem Papier standen, klangen sie jetzt tatsächlich lächerlich und dumm. Felice musste erfahren, dass sie in Franz' Augen besonders als Anwesende abweisend auf ihn wirkte: »Die erste war die, die in Prag war, die zweite war die, welche mir Briefe schrieb (die war in sich mannigfaltig aber doch einheitlich) die dritte ist die mit der ich in Berlin beisammen bin und die vierte ist die, die mit fremden Leuten verkehrt ... Nur die dritte, die hat nicht viel Neigung zu mir.« Ausgerechnet die Felice, die er doch aus ganzem Herzen bejahen sollte, die Frau, mit der er durch den Grunewald und den Berliner Tiergarten spaziert war, kam nicht an ihn heran. Eine Ansichtskarte, die Franz auf der Rückreise von seinem Spontanbesuch bei Lindström und unmittelbar nach dem verkorksten Nachmittag im regennassen Tiergarten an Grete geschrieben hatte, zeigte das Schloss Sonnenstein in Pirna und die Elbe: »Herzlichste, herzlichste Grüße. Bahnhof Dresden. War in Berlin. Es konnte nicht schlimmer sein. Jetzt käme das Pfählen daran. Sie bekommen ausführlichen Brief.«

Felice fiel aus allen Wolken. Dass Franz während der Zerreißprobe um eine gemeinsame Zukunft über ihren Kopf hinweg mit Grete über ihre Person verhandelt hatte, zog ihr den Boden unter den Füßen weg. Dass ihr Verlobter und ihre gute Freundin sich dann aber auch noch Dinge anvertrauten, die sich nur Liebende sagen sollten, dass sie einander ihre Träume erzählten und über schlaflose Nächte philosophierten, riss einen Abgrund vor Felice auf. Ein starkes Stück, derselbe Mann, der Felice demnächst heiraten wollte, ihr eigener Verlobter, wünschte in zarten Zeilen, Gretes Hand zu halten, und nicht bloß die Feder, mit der er an sie schrieb. Während das verzweifelte Ringen um eine Liebesentscheidung Felices Existenzgefüge erschüttert hatte, tauschten Franz und Grete sich in seligem Plauderton über das berühmte Grillparzerzimmer und Otto Wagners neue Postsparkasse in Wien aus, ja, die beiden zogen in ihrer Korrespondenz sogar ein heimliches Treffen in Gmünd in Betracht. Warum war Felice nicht gleich ein Verdacht gekommen, als sie Grete mit diesem seltsam verklärten Blick über Franz' Qualitäten hatte reden hören, sein immenses Einfühlungsvermögen und seine präzise Ausdrucksweise? Felice verschwamm die wohlvertraute, filigrane Tintenschrift des Bräutigams vor den Augen. Franz war fremdgegangen, als Briefschreiber, und bei einem wie ihm war das schlimmer als körperliche Untreue.

Franz tut dir nicht gut, so Gretes wohlgemeinter Befund, du brauchst einen anderen Mann, einen, dem du auf Augenhöhe begegnen kannst. Das habe sie genau so auch dem Doktor in Prag gesagt, erst vor ein paar Tagen. Hier, lies, was er dazu geschrieben hat; sie legte den Finger auf die Stelle, die sie mit Bleistift angestrichen hatte: »Nun habe ich Sie also überzeugt Fräulein Grete und Sie fangen an in mir nicht F's Bräutigam, sondern F's Gefahr zu sehen. Das ist deutlich, undeutlich wird Ihr Brief erst gegen Ende, wo Sie für F. einen in verschiedener Hinsicht ebenbürtigen Mann verlangen.«

Erwartete Grete jetzt etwa, dass Felice ihr vor lauter Rührung über ihre Loyalität um den Hals fiel? Was hatte die Freundin sich eigentlich dabei gedacht, als sie Franz auch noch ihr Herz ausschüttete und von ihren intimsten Gedanken schrieb, ihm von einer unglücklichen Liebe in München und ihren Alpträumen erzählte? Damit hatte sie Franz doch erst seine Vertraulichkeiten entlockt. Als hätte Grete ihr zeigen wollen, dass auch sie den klugen Schriftsteller aus Prag spielend um den Finger wickeln konnte. Als könne Grete entscheiden, wer zu Felice passe, anscheinend wohl eher ein weniger gebildeter Mann als Franz. Welch ein Affront, aber immerhin, wenigstens im letzten Moment hatte Grete erkannt, dass sie eine Grenze überschritten hatte, und die Reißleine gezogen. Doch Franz, den musste Felice zur Rede stellen. Und Grete würde ihr dabei helfen.

Die Zeitungen überschlugen sich weiterhin mit Kommentaren zum Attentat von Sarajewo, der Ermordung von Erzherzog Franz Ferdinand und seiner Frau Sophie vor zwei Wochen, doch niemand hätte an diesem schönen 12. Juli 1914 einen Pfifferling darauf gewettet, dass sich die Welt schon bald in einen langen, erbarmungslosen Krieg stürzen würde. Kaiser Wilhelm war mit seiner Gattin und seinen Dackeln in die Sommerfrische nach Norwegen geschippert; diplomatische Verhandlungen fanden in ruhigem Fahrwasser statt. Es war ein recht freundlicher Sonntag, scharenweise strömten die Berliner mit Badesachen zum Wannsee und zum Müggelsee. Felice hatte ein anderes Ziel, das Hotel *Askanischer Hof* in der Königgrätzer Straße, wo Franz wie gewohnt abstieg. Pünktlich um elf wartete sie mit Grete Bloch und der Schwester Erna in einem Zimmer auf die Ankunft von Franz, dessen Zug aus Prag bereits am Anhalter Bahnhof eingetroffen sein musste, von wo er die wenigen letzten Meter bis zum Hotel per Droschke zurücklegte. Felice war vorbereitet wie für eine entscheidende Prüfung, Franz' kompromittierende Briefe an Grete griffbereit in der Handtasche. Die eklatantesten Stellen des brisanten Schriftwechsels hatte sie sich rot angestrichen, manche konnte sie schon auswendig, so oft hatte sie die gelesen, kopfschüttelnd, ohnmächtig, wie aus allen Wolken.

Es klopfte leise an der Tür, und Franz trat ein, mit einem kleinen Reisekoffer wie ein Handlungsreisender. Vielleicht schwante ihm, was Felice am Telefon mit den wichtigen Fragen gemeint hatte, die in Berlin zu klären seien. Doch nun war ihm anzusehen, dass er bis zu seiner Ankunft im Hotel mit einem solchen Szenario doch nicht gerechnet hatte. Vor ihm saßen, gleich Schicksalsnornen, drei Frauen mit finsteren Mienen.

Felice öffnete die Büchse der Pandora, sie griff in ihre Tasche und streckte Franz ein Bündel Papier entgegen, du weißt ja, was das ist, faltete raschelnd ein Blatt auseinander, erhob die Stimme wie zum Diktat, mein liebes Fräulein Grete, und Franz mussten seine eigenen Worte in den Ohren klingen wie das ferne Echo eines Fremdlings: »Über F's Verhältnis zu Ihnen kann ich keine eigentliche Auskunft geben. Meine Urteilsfähigkeit ihr gegenüber ist schon so schwach geworden, dass mir alle Urteile gleich falsch vorkommen.« Felice wusste, was auf dem Spiel stand, sie fuhr sich nervös mit den Händen durchs Haar und das Gesicht, hier ging es um ihr Leben. Und wie nur sollte man es den Eltern beibringen, dass nun alles auseinanderbrach?

Drückende Mittagshitze kroch zum Fenster herein. Grete bewahrte Haltung, Erna versuchte die missliche Situation zu entschärfen, indem sie Franz aufmunternd anlächelte. Der schwieg beharrlich. Starrte in eine Ecke des Zimmers wie ein trotziges Kind. In das zähe Schweigen drangen Geräusche aus dem Hof, jemand sortierte Besteck in der Hotelküche, Stimmen hallten wie durch einen Schalltrichter, an der Brandwand brach sich das harte Getrappel von Pferdehufen auf dem Pflaster der Königgrätzer Straße. Die erhoffte Entschuldigung blieb aus. Wenn Franz sich rechtfertigen, sich mannhaft in die Bresche schlagen, wenn er Felice in aller Aufrichtigkeit erklären würde, wie es zu diesen Briefen gekommen war, wie sehr ihn ihr monatelanges Schweigen über die Nöte von Schwester und Bruder gekränkt hatte, wo sie ihm doch grenzenlos hätte vertrauen müssen, Felice hätte das als Friedensangebot akzeptiert. Sie würde es Franz sogar nachsehen, dass ihm Gretes Interesse an seiner literarischen Arbeit glaubhafter erschien als das ihre und ihm grenzenlos schmeichelte. Als Franz endlich den Mund öffnete, atmete Felice auf, doch er faselte mit dünner Stimme nur was von einem seltsamen Droschken-kutscher, eine schrullige Geschichte, die überhaupt nichts zur Sache tat. Franz bot ihr keinerlei Erklärung, wich jeglicher Auseinandersetzung aus, wirkte gleichgültig und abwesend. In seiner Hilflosigkeit tat er Felice da schon wieder von Herzen leid. Aber Mitleid ist keine gute Grundlage für eine Ehe, fand auch Franz. Felice streifte den Verlobungsring vom Finger. Es klirrte leise, als sie ihn auf der blanken Tischplatte ablegte.

Franz trat allein und schweren Schrittes den Gang nach Charlottenburg an, um sich den geprellten Schwieger-eltern zu erklären. Anna Bauer rang theatralisch die Hände, was werden die Leute sagen? Carl Bauer wirkte müde, er war wegen Franz' Besuch extra vorzeitig von einer anstrengenden Dienstreise den langen Weg aus Malmö zurückgekommen, und jetzt das. Er fand verständige Worte, optimistisch hoffte er, dass sich die Sache wieder einrenkte: Überschlaft das einfach noch mal, es ist nicht aller Tage Abend.

Nein, sagte Franz und streute Asche auf sein Haupt, ein so grundgutes Mädchen wie Felice habe ihn ohnehin nicht verdient, resignierte Worte des Bedauerns, mit denen er die Bauers ratlos zurückließ. Vielleicht sehen wir uns morgen noch mal, sprach er, und sie winkten ihm am Fenster lange hinterher, als er sich durch die schnurgerade Mommsenstraße in Richtung Zoo entfernte.

Anna Bauer tröstete sich damit, dass man für die fleißige Felice bestimmt noch eine bessere Partie fände, einen rechtschaffenen und geradlinigen Mann ohne ›Schraube locker‹ sie sei ja von Anfang an misstrauisch gewesen. Anders Carl Bauer, er hatte Franz von Anfang gemocht, schon wegen der ihm seit Kindesbeinen vertrauten, weichen österreichischen Sprechweise, die ihn im rauen Berlin an seine Heimat erinnerte. Der Junge war halt etwas verträumt, jemand hatte ihm den Floh mit dem Schreiben ins Ohr gesetzt; jetzt hatte er sich da in etwas hineingesteigert, was ihn an der Hochzeit hinderte, was genau das war, blieb im Dunkeln. Der Zorn der Bauers traf nicht ihn, sondern Grete, der Anna Bauer in diesem Dreipersonenstück die Rolle der bösen Schlange zuschrieb.

Tags darauf überbrachte ein Fahrradkurier ein letztes Lebenszeichen von Franz in die Wilmersdorfer Straße. Aufs Briefpapier vom *Askanischen Hof* hatte er geschrieben, er werde vor seiner Abreise nun doch nicht noch mal vorbeikommen. »… es wäre eine unnütze Quälerei für uns alle. […] Ich fahre wahrscheinlich heute Nachmittag nach Lübeck. Ich nehme als verhältnismäßig kleinen Trost, aber immerhin als Trost den Gedanken mit, dass wir einander gut bleiben können und gut bleiben, wenn auch die Verbindung, die wir alle wünschten, sich jetzt ebenso als unmöglich erwiesen hat. Felice hat Euch gewiss ebenso wie mich überzeugt.

Ich sehe auch immer klarer. [...] behaltet mich nicht in schlechtem Angedenken.«

Nur die Schwester Erna hatte Franz vor seiner Abreise aus Berlin noch getroffen, sie waren auf ein Glas Wein ins Restaurant Belvedere an der Stralauer Brücke gegangen. Schmissig spielte ein Blasorchester auf, die Ausflugsdampfer auf der Spree waren bis zum letzten Platz besetzt, doch die unbeschwerte Ferienstimmung wollte auf Erna und Franz nicht überspringen. Wie passend aber, dass Erna Franz als nachträgliches Geburtstagsgeschenk einen Band Strindberg überreichte, Thema: Familienschicksale. Ausgerechnet.

Seit dem Scherbengericht im *Askanischen Hof* war Felices Verhältnis zu ihrer Schwester Erna auch ein wenig eingetrübt. Die hätte sich den klugen, hübschen Franz sehr als Schwager gewünscht, sie bedauerte die Trennung zutiefst und hoffte noch auf eine positive Wendung des Schicksals. Einen endgültigen Bruch wegen der Brief-Affäre zwischen Franz und Grete hielt sie für maßlos übertrieben.

Müsst ihr denn gleich das Kind mit dem Bade ausschütten?, fragte Erna. Ist dir nicht längst klar, dass Franz ein etwas absonderlicher, aber keinesfalls böswilliger Mensch ist? Papier ist geduldig, warum fährst du nicht sofort nach Prag und heiratest, damit Schluss ist mit den Missverständnissen?

Alles Fragen, die Felice ihrer Schwester nur mit stummem Kopfnicken beantworten konnte. Den nächsten Zug nach Prag bestieg sie nicht. Wie zur Salzsäule erstarrt, saß sie am Tisch, den Blick gebannt auf die Kassette gerichtet, die Post aus fast zwei Jahren barg und sich längst nicht mehr schließen ließ. Dreihundertfünfzig Briefe, Karten, Telegramme, das war alles, was Felice von Franz blieb. Man ist einander nie so nahe wie im Augenblick der Trennung, Worte des klugen Strindberg, die Felice mit einem weinenden Auge an die fatale Stunde im *Askanischen Hof* denken ließen.

Auch wenn Anna Bauer klammheimlich Erleichterung über die neueste Entwicklung verspürte, die ihr den so kompliziert wirkenden Schwiegersohn vielleicht ersparte, sie verstand die Welt nicht mehr: Mein liebes Kind, was ist denn um Himmels willen zwischen euch vorgefallen?

Aus Felice kriegte man einfach nichts raus. Die Leute fragten, wann denn nun die Hochzeitsglocken läuten sollten, und die Bauers legten sich Ausreden zurecht. Organisatorisches zwischen Prag und Berlin sei noch zu regeln, die Bürokratie, die Brautleute seien beide berufstätig und hätten noch wichtige Verpflichtungen zu erfüllen hier wie dort. Aber unangenehm waren Felice die Fragen von Verwandten, Kolleginnen und Nachbarn dann doch.

Der Doktor aus Prag hatte ja schon immer sowas Unheimliches an sich, raunte die Hauswartsfrau, irgendwas hat nicht gestimmt mit dem.

Der hat ja kaum die Lippen zum Gruß auseinandergekriegt, sagte die Rentiere aus dem dritten Stock.

Ein weiterer Schaden, der den Bauers entstanden war, ließ sich genau beziffern. Als Brauteltern hatten sie die Anzeige im *Tageblatt* und die Verlobungsfeier bezahlt. Von Julie Kafka kam ein Brief an die Mutter an: »Dass Franz Felice in seiner Art sehr gerne hatte, weiß ich. Er hat aber nie die Gabe besessen, seine Liebe wie andere Menschenkinder zu zeigen.«

Julie hat wie ich geglaubt, du könntest Franz ummodeln, Felice, sagte Anna Bauer.

Auch die Kafkas waren perplex. Da hatten sie extra Erkundigungen über die Ehrenhaftigkeit der Bauers eingeholt, und jetzt war es der eigene Sohn, der die Verbindung auffliegen ließ und damit erhebliche Verwirrung stiftete, doch über seine wahren Beweggründe tappten sie ebenso wie die Bauers im Dunkeln. Sie fragten sich ja nicht erst seit gestern, was ihren Sohn umtrieb, was da in seinem Kopf vor sich ging, wenn er stundenlang geräuschlos in seinem Zimmer saß, die Tintenfeder in der Hand. Von außen sah das alles aus wie eine einzige wichtigtuerische Faulenzerei. Julie Kafka gab die Hoffnung trotz allem nicht auf: »Vielleicht müssen wir doch noch nicht die Flinte ins Korn werfen. Die Kinder sollen nicht gänzlich die Freundschaft brechen, sie mögen sich 1 Jahr gegenseitig prüfen, es hat ja keine Eile mit dem Heiraten, sie sind noch jung und können warten.«

Felice schüttelte resigniert den Kopf; über Franz' fehlende Bereitschaft zu Kompromissen machte sie sich keine Illusionen, er war so radikal und kategorisch, egal, ob es um seine Kaugymnastik beim Essen oder ums Ehegelübde ging. Das Armband, das Julie Kafka der zukünftigen Schwiegertochter beim Besuch in Prag geschenkt hatte, durfte Felice als Andenken behalten. Sie trug es täglich. Doch den Verlobungsring, den Franz ihr im Mai an den Finger gesteckt hatte und den sie, weil er schließlich von einigem Wert war, vor Verlassen des *Askanischen Hofes* doch noch vom Tisch geklaubt und mitgenommen hatte, verbannte Felice in die hinterste Ecke ihres Wäscheschranks.

Wenn der Postmann nicht mehr klingelt

Im Juli 1914 stand Felice vor dem Scherbenhaufen ihrer Existenz. Sie hatte Franz endgültig verloren und ihr Vertrauen in die Liebe. Die Freundschaft mit Grete war angeschlagen. Und in der Familie, als gebe es da nicht schon Verwerfungen genug, stand nun sie als eine weitere verratene Braut da. Wenn sie durch die Wilmersdorfer Straße ging, konnte sie die Blicke der Leute auf sich spüren, Charlottenburg war ein Dorf. Wie gern die Hauswartsfrau sie fragen würde, was bloß vorgefallen war, Felice sah es dem in der Portiersloge wachenden Drachen an der Nasenspitze an, was er dachte: Erst verschwindet der Bruder sang- und klanglos, jetzt ist der Prager Bräutigam abgängig, dieser schräge Vogel, die Hochzeit wohl abgeblasen, bei den Bauers hängt der Haussegen gewaltig schief. Dass Felice wegen der bevorstehenden Hochzeit ihren schönen Posten bei Lindström aufgegeben hatte, war ein besonders schmerzhafter Verlust. Sie vermisste die netten Kolleginnen, die Brühl, die Lindner, selbst die biedere Genia Grossmann.

Warum bittest du deinen Chef nicht einfach darum, dass er dich wieder einstellt, dieser freundlich wirkende Herr hat doch bestimmt Verständnis für deine Lage, schlug die Mutter vor. Doch Felice war die Geschichte höchst unangenehm, zudem hing eine Streitsache wegen eines Honorars an, das Lindström ihr noch schuldete. Wenigstens fiel es ihr nicht besonders schwer, rasch eine neue Anstellung zu finden. Das *Berliner Tageblatt* war voll mit Anzeigen, Stenotypistinnen und Kontoristinnen wurden immer gesucht. Max Straus hatte ihr ein erstklassiges Arbeitszeugnis ausgestellt. Ganz unten stand darin der Satz: »Fräulein Bauer verlässt die Firma wegen ihrer bevorstehenden Verehelichung.« Durchaus nichts Ungewöhnliches für weibliche Angestellte, dabei wollte Felice es belassen. Seufzend und mit tauben Fingern, aber durchaus routiniert, spannte sie einen Briefbogen in die Schreibmaschine:

»Curriculum Vitae

Felice Bauer, geb. am 18.11.1887 in Neustadt/Oberschlesien, ledig

Ausbildung zur Stenotypistin an der Handelsschule in Berlin

1908 – 1909 Stenotypistin bei Odeon in Berlin Weißensee

1909 – 1914 Prokuristin bei der Lindström Grammophon AG Berlin (seit der Fusion mit Odeon 1911 größte Fabrik der Phonographie in Deutschland)

Erfahrung im internationalen Geschäft, verhandlungssicher.«

Zum Glück blieben Felice während des Vorstellungsgesprächs bei den Technischen Werkstätten heikle Fragen nach der bevorstehenden Verehelichung erspart. Sie hatte, bevor sie sich im korrekten grauen Flanellkostüm auf den Weg in die Kleine Markusstraße gleich hinter dem Alexanderplatz machte, sogar vor ihrem Wäscheschrank gestanden und überlegt, ob sie sicherheitshalber den Verlobungsring wieder an den Finger stecken sollte. Stattdessen hatte sie nur die Kleiderbürste zur Hand genommen und war damit noch mal über ihren Rock gegangen.

Mit dem Parlografen können Sie also umgehen, sagte Adolf Marx. Der Direktor im Chefsessel, dem Felice nun gegenübersaß, nickte anerkennend: Sie führen ihn auf Vertriebsmessen vor, richtig, dann sind wir uns garantiert schon mal begegnet.

Bei den Technischen Werkstätten erwartete Felice wieder ein solider Posten, sie würde Verantwortung tragen wie bei Lindström, doch leider wäre die Arbeit in der neuen Firma bei Weitem nicht so interessant. Lindströms bahnbrechender Verkaufsschlager, der Parlograf, der mit seinem Knistern wie aus einer anderen Welt etwas Exotisches verströmte, hatte Felice ein Alleinstellungsmerkmal verschafft, eine Art glamouröse Aura. Die Technischen Werkstätten waren indessen nur ein schlichter Zulieferbetrieb für Feinmechanik. Das war natürlich auch dem netten Herrn Marx bewusst, der seinem Gegenüber geduldig zuhörte. Felice hörte sich selbst reden, von familiären Verpflichtungen, die ihr die vielen Außentermine bei Lindström unmöglich machten, daher die notwendige Veränderung.

Marx lächelte verständnisinnig und schob ihr einen Vertrag über den Schreibtisch. Als Felice ihren Namenszug aufs Papier setzte, erleichtert über die rasche Entscheidung, musste sie daran denken, wie sie Franz zum letzten Mal einen Brief geschrieben hatte. Eine halbe Ewigkeit war das her.

Über allen privaten Problemen, die zu lösen waren, hatte Felice kaum einen Blick in die Zeitung geworfen: Julikrise, das Schlagwort des Sommers 1914. Österreich-Ungarn hatte der serbischen Führung ein Ultimatum gestellt, worin gefordert wurde, den heimtückischen

Mord am Thronfolgerpaar restlos aufzuklären und die Attentäter mit aller Härte zu bestrafen. Serbien zierte sich, auf den letzten Drücker erst reagierte die Diplomatie, den diktierten Bedingungen wollte man sich jedoch nicht beugen. Am 28. Juli erklärte Österreich-Ungarn Serbien den Krieg. Russland suchte sofort den Schulterschluss mit Serbien; das hieß, dass Deutschland nun Österreich-Ungarn beistehen musste, denn äußerst verflochtene Bündnisvereinbarungen, die nur Fachleute der Diplomatie oder besonders schlaue Stammtischbesucher durchschauten, verpflichteten das Land zum militärischen Schulterschluss. Ende Juli kam es zu Massenaufläufen in den Straßen von Berlin, jeder wollte die neuesten Nachrichten unverzüglich mitkriegen, Litfaßsäulen umringt von Menschen, begierig nach Aktualität, Extrablatt, Extrablatt, man riss den Zeitungsjungen die Blätter aus den Händen. Antikriegsdemonstrationen fanden statt, waren jedoch nichts weiter als ein Zwergenaufstand in einem Lande, dessen zahllose Exerzierplätze und Militärkasernen mitnichten Freizeitparks für arbeitslose Veteranen des Krieges von 1870/71 gegen Frankreich waren. Und die stolze kaiserliche Flotte schien im Kieler Hafen nur darauf zu warten, endlich in das Abenteuer eines Seekrieges zu stechen. Am 31. Juli 1914 wurde zur Mobilmachung getrommelt. Marschmusik hallte von den Fassaden der Mietskasernen in den Berliner Straßenschluchten wider. Am 1. August erklärte Deutschland Russland den Krieg. Samstag, Kaiserwetter, ganz Berlin war auf den Beinen.

Der Platz vor dem Berliner Stadtschloss Unter den Linden war schwarz vor Menschen, als Wilhelm II. mit Pickelhaube auf den Balkon trat: »Will unser Nachbar es nicht anders, gönnt er uns den Frieden nicht, so hoffe ich zu Gott, dass unser gutes deutsches Schwert siegreich aus diesem schweren Kampfe hervorgeht«, verkündete er. »Ich kenne keine Parteien und auch keine Konfessionen mehr. Wir sind heute alle deutsche Brüder und nur noch deutsche Brüder.« Ohrenbetäubender Jubel brach aus. Menschen rissen die Arme hoch, als sei Preußens Sieg bereits ausgemachte Sache. Um 18 Uhr läuteten alle Glocken des Berliner Doms, in dem ein Kriegsgottesdienst abgehalten wurde. Es wurde nicht lange gefackelt, schon tags darauf besetzten deutsche Truppen ohne offizielle Kriegserklärung Luxemburg und marschierten in Belgien ein, Frankreich machte mobil. Die Zionistische Vereinigung für Deutschland sah den Krieg als Chance, sich endgültig zu integrieren, und rief ihre Mitglieder und alle Juden im Land auf, sich in dieser Stunde als vorbildliche Söhne des Vaterlandes zu beweisen. Auch den Bauers kam der Ausbruch des Krieges jetzt geradezu gelegen, ein so einschneidendes, die Gemüter bewegendes Ereignis wie die allgemeine Mobilmachung war doch wirklich ein Grund, dass sogar Hochzeitspläne durcheinander kommen konnten. Und wäre der Krieg binnen Kurzem vorbei, hätte sich auch das unangenehme Gerede über die geplatzte Verlobung wieder gelegt.

Der Krieg jedoch dauerte an, er weitete sich aus. In den ersten Augusttagen trat Frankreich in den Krieg ein, dann folgte auch noch die Seemacht Großbritannien, was den Flottenkaiser eher begeisterte als beunruhigte. Am 5. November 1914 machte England dem Osmanischen Reich eine Kampfansage, man blickte nicht mehr durch,

wer sich mit wem an welcher Front anlegte und was das
für das Kaiserreich und das Leben der Untertanen bedeutete. Aus einem ganz anderen Grund würde Felice jenen
tristen Donnerstag mit wolkenverhangenem Himmel
für immer in Erinnerung behalten, denn am jenem Tag
starb ihr Vater, dieser heitere und seinen Kindern gegenüber so freundliche, geduldige Mann mit dem Wiener
Charme. Felice kam gegen 19 Uhr von der Arbeit,
wie immer, wenn sie nicht gerade ein Nebenjob vom
Feierabend abhielt. Sie schloss die Wohnungstür auf
und wusste sogleich, dass etwas nicht stimmte, als sie
lautes Schluchzen hörte. Die Mutter und Toni saßen
umschlungen auf dem Wohnzimmersofa, wo Carl Bauer
sonst seiner Lektüre nachzugehen pflegte, beide Frauen
mit einem Riss in neuen Kleidern und mit verweinten
Augen. Den Vater hatte der Schlag getroffen, aus heiterem
Himmel. Toni war gleich nach unten gerannt, in die
Arztpraxis neben der Mommsen-Apotheke, doch als sie
mit einem Doktor in die Wohnung zurückkehrte, konnte
der nur noch den Tod feststellen, akuter Herzstillstand.
Carl Bauer war keine sechzig Jahre alt geworden.

Felice mischte sich im schwarzen Trauerkleid unter
all die jungen Witwen, die immer zahlreicher wurden
in Berlins Straßen. Sie tätigte den Anruf bei Grieneisen,
sprach mit dem Bestatter und der Friedhofsverwaltung
in Weißensee, schlug als Inschrift auf dem Grabstein vier
Worte vor: ›Dein Leben war Liebe‹. Anna Bauer rümpfte
die Nase; für einen kurzen Moment vergaß sie zu trauern,
widersprach aber nicht.

Felice überbrachte Erna und Else die traurige Nachricht, und sie machte sich auf den Weg zum Telegrafen-
amt am Steinplatz, um Ferri, der inzwischen wenigstens

ein Postfach angegeben hatte, in die USA zu kabeln. Am 10. November, einem nasskalten Dienstag, zog eine kleine Trauergesellschaft, angeführt von Anna Bauer am Arm von Else und Felice, durchs große Tor mit den Davidsternen auf das Gräberfeld, vorbei an einem Grüppchen Zionisten mit Eisernem Kreuz, die ein frisch ausgehobenes Grab umstanden und einem gefallenen Kameraden die letzte Ehre erwiesen: Der Herr hat's gegeben, der Herr hat's genommen. Auch der Sarg mit Carl Bauers sterblichen Überresten senkte sich wenig später ins Erdreich. Eine Schwester nach der anderen griff zur Schaufel: Denn du bist die Erde und sollst zu Erde werden. In der Trauerhalle sprach ein Jeschiwot das Kaddisch. Amen, stimmten alle ins Gebet ein, das dem Brauch zufolge der Sohn Ferri hätte sprechen müssen. Oder Franz, als Schwiegersohn.

Unter den Glückwunschschreiben zu Felices siebenundzwanzigstem Geburtstag gut eine Woche später befanden sich etliche Kondolenzbriefe. Erna, deren Kontakt zu Franz nie abgerissen war, übernahm die Aufgabe, ihn zu benachrichtigen; sie gab Felice ihren Brief zu lesen, bevor sie ihn abschickte: »Nichts war ihm fremd, war er auch nicht mehr jung, so hatte er nie vergessen, dass er einmal jung und voll heißen, übermütigen Blutes gewesen ist, darum hatte er ein so großes Verstehen für all die Schwächen und Fehler seiner Kinder.«

In diesen Tagen fühlten Erna und Felice sich einander so nah wie all die Monate zuvor nicht mehr. Beide brachen in Wehklagen aus, wenn ihre traurigen Blicke auf den leeren Platz des Vaters in der Sofaecke fielen, sie dachten an den Vater, diesen überaus emotionalen Mann, der seinen Tränen freien Lauf gelassen hatte, schon wenn er ergriffen war von einem traurigen Roman. Viel zu wenig Zeit hatte man mit dem geliebten Vater verbracht in den letzten Jahren, beruflich war er ja viel auf Reisen gewesen, für die Iduna als Versicherungskaufmann, wie Franz einer war. Ein großer Trost war den Bauer-Frauen jetzt die kleine Muzzi, die mit Else aus Ungarn hergekommen war, das Mädchen ein wahrer Sonnenschein in diesen schweren Stunden. Ferri ließ wieder von sich hören. Berichtete von ersten geschäftlichen Erfolgen in Amerika und klagte, wie bitter es ihn ankäme, dass der Vater nun nicht mehr erleben konnte, wie sein verloren geglaubter Sohn in der neuen Welt allmählich wieder auf die Beine kam. Kaum war Vater Carl unter der Erde, brach sich die Sorge um die Finanzen Bahn. Besonders viel Erspartes hatte das Familienoberhaupt nicht zurückgelassen, die Witwenrente für Anna Bauer deckte noch nicht mal den monatlichen Mietzins in der guten Charlottenburger Gegend.

Man wird sich in einem weniger vorzeigbaren Stadtteil eine kleinere Wohnung nehmen müssen, in Friedrichshain oder auf dem Wedding, seufzte Anna Bauer und blätterte fahrig durch die Anzeigenseiten der Tageszeitung.

Es ist zu früh, an sowas zu denken, Mutter, wandte Toni ein, ob man sich denn nicht noch ein wenig Zeit zum Trauern erlauben dürfe, bevor man wieder zum Alltagstrott übergehe.

Felice durfte jetzt weniger denn je an Urlaub denken. Sie fuhr weiterhin quer durch die Stadt zu ihrer Arbeit in die Markusstraße, schob Überstunden, mit ihrer guten Stellung war sie jetzt verantwortlich als Ernährerin der Familie. Und sie war froh, dass das Eis zwischen ihr und Franz wieder zu schmelzen begann. Den ließ der plötzliche Tod des Fast-Schwiegervaters keinesfalls unberührt, umso mehr, als er sich eine Mitschuld daran gab.

Felice war versöhnlich gestimmt, wenn sie jetzt an Franz dachte. Der einzige Bruder war weit weg auf der anderen Seite des Ozeans, nun hatte ihnen das Schicksal auch noch den Vater entrissen, und die Bauer-Frauen waren auf sich allein gestellt. Aber Franz, der war quicklebendig, und er war auch nicht im fernen Amerika, sondern nur einen halben Tag Zugreise von Berlin entfernt. Die Korrespondenz, die Felice so oft als eine Last erschienen war, hatte ihr bereits im Sommer 1914 gefehlt, das musste sie sich jetzt eingestehen, höchste Zeit, sie wieder aufzunehmen. Selbst der Briefträger hatte sich in den letzten Monaten verändert. Er kam nicht mehr wie mit Vogelschwingen ins Haus geflattert, kam nicht mehr ins Büro gelaufen wie Hermes mit geflügelter Haube, als eiliger Bote aus dem antiken Drama. Seit dem vergangenen Juli war ein Briefträger wieder ein Briefträger, nichts weiter. Er brachte Rechnungen, wohlfeile Urlaubskärtchen, die turnusmäßigen Gemeindenachrichten, das war's. Ohne Franz' Briefe gehörte Felice wieder zum grauen Heer der Angestellten, die namenlos zwischen Charlottenburg und Berlins Mitte unterwegs waren. Ohne die Liebe und ihre Verheißungen, oh ja, und ohne den fantastischen Parlografen, für den Franz sich interessierte, hatte sich Felices Welt zurückverwandelt in ein beliebiges Sammelsurium aus blassen Möglichkeiten und vagen Hoffnungen. Sie fühlte sich aus Zusammenhängen gerissen wie das Vertiko, das damals am Umzugstag verloren auf der Straße gestanden hatte wie Sperrmüll.

Wenn ich mit Menschen- und mit Engelszungen

redete und hätte der Liebe nicht, so wäre ich ein tönend Erz und eine klingende Schelle. So hieß auch ein neuer Roman von Felix Salten, der gerade in Fortsetzungen im *Berliner Tageblatt* zu lesen war, *Klingende Schelle*. Das Zitat war aus dem Neuen Testament, aber irgendwie klang es poetisch. Der Trost der Bücher, immer wieder, Felice konnte sich nach der bitteren Trennung von Franz besser denn je in traurige Frauenschicksale wie Madame Bovary oder Effi Briest hineinversetzen, nicht zu reden von Anna Karenina auf nächtlichen Gleisen und der unheilvoll herannahenden Dampflok, und sie besaß gerade besondere Antennen für das tragische Geschick von Romeo und Julia, besorgte sich eine Ausgabe der Schelling-Übersetzung des Shakespeare-Stücks. Nicht viel hätte gefehlt, und Felice wäre alleine hinunter zum Kleistgrab gepilgert, nur um die gemeinsamen Stunden mit Franz zu beschwören, die, so leer sie damals auch verstrichen waren, in der Erinnerung als Füllhorn voller blitzender Edelsteine lockten, die sie für stumpfe Kiesel gehalten hatte. Felice quälte die Frage, warum sie an jenem Ostersonntag am Schlachtensee nicht einfach Franz' Hand ergriffen und ihn in die *Fischerhütte* gezogen hatte, vielleicht wäre dann alles anders gekommen, bei einer Fassbrause oder einem Gespritzten, der ihnen die Zunge gelöst hätte. Nun fuhr sie mit einer Ausgabe von Kleists *Marquise von O...* zur Arbeit, und als Emmy Brühl, der sie öfters mal in der Elektrischen begegnete, das Büchlein in Felices Handtasche entdeckte, riet sie: Lies lieber was fürs Herz. Was Lustiges. Such' dir Ablenkung im Theater, vielleicht eine anständige Klamotte wie *Der Juxbaron*, der wird diese Saison am Nollendorfplatz gegeben.

Gerade danach stand Felice nicht der Sinn, obwohl sie die Marquise, die in einem Moment der Bewusstlosigkeit von einem russischen Grafen geschwängert wurde, unangenehm an Ernas Geschichte erinnerte. Doch die Kleist-Novelle nahm ein glücklicheres Ende als Ernas Affäre, denn der Graf heiratete die Marquise, die aus allen Wolken fiel, weil sie erfahren musste, dass ihr Retter gleichzeitig ihr Vergewaltiger war. Der russische Graf hatte die Marquise vor marodierenden Soldaten beschützt, um dann aus männlicher Schwäche heraus höchstselbst die Ohnmacht der Erschrockenen schamlos auszunutzen. »Er wäre ihr damals nicht wie ein Teufel erschienen, wenn er ihr nicht bei seinem ersten Erscheinen wie ein Engel vorgekommen wäre.« Diesen Satz musste Felice mehrmals langsam lesen, es kam ihr allzu bekannt vor, dass derselbe Mensch, der ihrer Seele schmeichelte, in seiner Anmaßung ein Satansbraten sein konnte.

Nach Tanzvergnügen war Felice im Sommer 1914 nicht zumute gewesen. Mit Kriegsbeginn war ohnehin ein allgemeines Tanzverbot erlassen worden, und vor allem die angesagten, lasziven südamerikanischen Tänze waren als undeutsch gebrandmarkt. Ablenkung anderer Art gab es in Berlin weiß Gott genug. Im neuen Aquarium am Zoo war Felice noch immer nicht gewesen, und als sie nun endlich den Weg dorthin fand, erinnerte es sie an einen Filmpalast, denn die stummen Fische hinter den Glasscheiben wirkten ein bisschen wie Kino in Farbe. Felice suchte das Vergessen wieder in den Straßen von Berlin. Sie überquerte die Spree, lief längs der Stadtbahntrasse und über den Spittelmarkt, unternahm einen Schaufensterbummel durch die Leipziger Straße.

Seit dem Kauf des blauen Verlobungskleides im Frühjahr stand Felice an einem Herbsttag zum ersten Mal wieder vor dem hohen Schaufenster von Kersten & Tuteur. Die märchenhaft gewandeten Schaufensterpuppen verzogen keine Miene, aber im Verkaufsraum hinter ihnen sah Felice eine Kundin, eine junge Frau, die am Verkaufstresen stand und die Hände rang, über dem Arm eine festliche, weiße Robe. Durch die Scheibe erkannte Felice ihre rot verweinten Augen. Die Verkäuferin schüttelte den Kopf und schickte ihren traurigen Blick verlegen in die Auslagen mit bunt geschmückten Hüten. Stumm reichte sie der jungen Frau ein weißes Taschentuch über den Tresen. Felice sah, dass die junge Frau jetzt schluchzte und immer stärker vom Weinen geschüttelt wurde. Sie mochte etwa in Felices Alter sein. Das also war der Krieg. Die Verlustlisten in den Zeitungen wurden immer länger. Felice stieß auf Namen, die sie schon mal gehört hatte, Ernst Friedmann aus Charlottenburg, hieß so nicht der nette Herr aus der 74, der immer so freundlich gegrüßt hatte? Felice erinnerte sich nicht, ihn in letzter Zeit gesehen zu haben. Verluste allerorten, nicht nur Franz, doch der war gottlob nicht an der Front. Und, kam es ihr in den Sinn, ob es dem netten Kinderarzt vom Silvesterball 1912 wohl gut ging?

Zugegeben, Felice hatte Franz nach der Trennung geschrieben, sie wolle keinen anderen Mann außer ihn, dennoch, vielleicht auch zur bloßen Ablenkung, schaute sie hin und wieder in die Heiratsannoncen der Berliner Zeitungen. Ein verwitweter Pelzhändler, der einer Mischehe mit einem christlichen Mädchen nicht abgeneigt war, ein vermögender Fabrikantensohn in den besten Jahren, der musisch veranlagte Frauen bevorzugende, leitende Direktor einer Maschinenfabrik standen zur Auswahl neben Anzeigen für koschere Dauerwurst und Kursen, in denen man lernte, wie man seinen Schreibkrampf loswurde. Gerade das war momentan nicht Felices Problem. Erna ertappte Felice dabei, wie sie das Medaillon an ihrer Brust in die Hand nahm, wie sie es mit der Faust umschloss, schließlich aufklappte und nachdenklich betrachtete. Es gab viele verschiedene Arten von Schwarz, das wusste Felice, seit sie Franz kannte, das Schwarz seiner Tintenschrift, seiner Augen, seines Haars. Als Felice die Schwester in ihrem Rücken bemerkte, sagte sie verlegen, ja, Franz fehlt mir, trotz allem. Seine oft so merkwürdig formulierten Zeilen, die jedoch ein flirrendes Licht in ihr Leben gebracht hätten. Ja, ich vermisse ihn, vor allem seine Briefe.

Dann schreib ihm doch einfach, sagte Erna trocken, du weißt doch, wo er wohnt.

»Lieber Franz! Ich war nervös, ich war zermürbt, ich glaubte am Ende meiner Kraft zu sein. Aber wir scheinen beide nicht zu den Leuten zu gehören, denen ein gerades schönes Leben im Schlafe zufällt. Herzlich Felice.« Als P. S. fügte sie hinzu, dass sie um den Briefwechsel mit Erna wisse, den Franz weitergeführt hatte. »Bitte antworte mir ganz unabhängig davon«, schrieb sie. Der Gedanke, dass abermals eine dritte Person mit im Spiel wäre, wenn die Beziehung zu Franz ihre Fortsetzung fände, war Felice unangenehm, selbst wenn es sich um die Lieblingsschwester handelte. Wieder ging Felice zum Briefkasten, der in der nächsten Stunde geleert wurde, und versenkte ein dickes Kuvert darin, ein Brief landete auf anderen Briefen wie ein Los in einer Lotterietrommel.

Felice musste sich eine Weile gedulden, bis ein Lebens-zeichen aus Prag kam, per Telegramm: »brief folgt es geht jetzt langsam herzliche gruesse.« Aufatmen bei Felice. Offenbar war ihr Brief unterwegs liegengeblieben, oder die Adresse stimmte nicht mehr, weil es Franz wieder nicht ausgehalten hatte in ein- und derselben Wohnung; erst auf Umwegen war ihre Post in Prag angekommen. Der angekündigte Brief, der folgte, war von einigem Umfang; Felice hielt ein Mammutkonvolut in den Hän-den. Franz war tatsächlich umgezogen, er wohnte jetzt in der Nerudagasse 48 im Neubauviertel der Königli-chen Weinberge, allein in der Wohnung seiner älteren Schwester. Ellis Mann Karl war eingezogen worden und die Schwester zu ihren Eltern in die Wohnung über-siedelt. In den stillen drei Zimmern, die ihm zur Ver-fügung standen, kam er offenbar besonders gut zum Schreiben. »Es hat sich Felice zwischen uns, soweit es mich betrifft, im letzten Vierteljahr nicht das geringste geändert nicht in gutem und nicht in schlechtem Sinn.«

Es musste doch eine einvernehmliche Lösung geben. Man lebte in unruhigen Zeiten, immer noch regierten die Waffen in einem Krieg mit ungewissem Ausgang, konnten sie beide da nicht vernünftig sein und mit friedlichen Mitteln kämpfen, nicht gegen-, sondern umeinander?

Franz im Blaubeerwald

Ein Samstagmorgen im Januar 1915, die eisigen Ostwinde schienen direkt aus Sibirien in die Großstadtstraßen hineinzuwehen, sie schnitten sich in die Haut, und Felice drückte einen dicken Wollschal vors Gesicht. Sie überquerte den Platz vor dem Anhalter Bahnhof und trat durch das Vestibül, eilte die Treppen hinauf in die von Rauch und Dampfwolken erfüllte Halle. Die Schwestern der Bahnhofsmission hatten alle Hände voll zu tun, vor der Suppenausgabe eine lange Schlange alter Frauen und arbeitsloser Krüppel. Soldaten in Uniform verabschiedeten sich von Frauen, die ihren Männern längst nicht mehr so sorglos hinterherblickten wie noch ein halbes Jahr zuvor. Unter kahlen Bäumen warteten dick eingemummelte Kofferträger auf die Ankunft des nächsten Zuges und den erhofften Schwall bepackter Passagiere. Felice reiste mit leichtem Gepäck, ein Wochenendausflug, in der Manteltasche fand sich ein Groschen, und sie kaufte einem Zeitungsjungen das *Berliner Tageblatt* ab, bevor sie den Zug bestieg, der abfahrbereit auf den Gleisen stand. Alles einsteigen, schallte die Durchsage, als Felice ein freies, leidlich geheiztes Abteil gefunden hatte und sich in ihren Mantel gehüllt in die Fensterecke kuschelte. Der Schaffner hob die Trillerpfeife zum Mund, mit dem trockenen Schrillen ruckte der Zug an. Er ratterte über das Gleisdreieck und die Yorckbrücken, in der Ferne scherenschnittartig vorm Himmel der große Schöneberger Gasometer, auf den Gleisanlagen am Priesterweg rangierten grüne Militärzüge, eine Weiche quietschte und schickte Felices Zug auf die nach Südosten abzweigende Strecke der Dresdner Bahn. Ihre Anspannung, mit der sie gestern die Reisetasche fürs bevorstehende Wochenende gepackt hatte, verflog beim Anblick des weiten Horizonts, der sich jenseits der Stadtgrenzen und des grauen Berliner Häusermeers erstreckte. Endlich würde sie Franz wiedersehen, zum ersten Mal nach dem Weltuntergang im *Askanischen Hof* vor gut sieben Monaten.

Felice schlug das *Tageblatt* auf. Kämpfe an zwei Fronten, im Osten an der Weichsel, im Westen Gefechte vor dem nordfranzösischen Ort Soissons, ein deutsches Unterseeboot hatte einen englischen Dampfer versenkt, die 132. Verlustliste stand zwischen Inseraten für Feldflaschen und warme Wollsocken für die Soldaten an der Front. Glück im Unglück, dass Ferri über alle Berge war; wer weiß, es hätte noch viel schlimmer kommen können, immer konnte es noch schlimmer kommen, gerade wenn man überhaupt nicht damit rechnete. Mit derselben Rührung, mit der Felice an ihren Bruder dachte, sah sie jetzt einem einträchtigen Treffen mit Franz entgegen; sie war wild entschlossen, für eine Aussöhnung bis zum Äußersten zu gehen. Das schlechte Gewissen quälte sie; je mehr Zeit seit ihrer bösen Entzweiung im *Askanischen Hof* verstrichen war, desto absurder und gespenstischer erschien ihr das vergangene Geschehen. Sie hätte sich niemals aus der Ruhe bringen lassen dürfen, schließlich hatte sie selbst wie ein Puppenspieler die Fäden gezogen und Grete fahrlässig in ihre Liebestragödie verwickelt. Sie hätte schon im Voraus wissen müssen, dass sie die Freundin zu Franz geradewegs aufs Glatteis führte, wo sie in der Spur seiner verschlungenen Worte nur straucheln konnte.

Gut, dass das erste Wiedersehen mit Franz an einem Ort stattfand, wo sie noch nie zusammen gewesen waren, im deutsch-tschechischen Grenzort Bodenbach. Franz' ursprüngliche Absicht, nach Berlin zu kommen, war durch die Bürokratie des Krieges vereitelt worden. Die Behörden hatten ihm keine Reisegenehmigung erteilt, obwohl die Bauers per Telegramm die Wichtigkeit eines Besuchs vom Bräutigam bei der Familie bezeugt hatten, das war ja nicht gelogen, schließlich war die Entlobung von Franz und Felice nie aktenkundig geworden. Bodenbach war eine Notlösung auf halber Strecke, Franz hatte diesen Ort vorgeschlagen, den er von einer Dienstreise her kannte. Schon bevor der Zug nach vierstündiger Fahrt in den Bahnhof von Bodenbach einrollte, winkte die weiße Burg von einem steilen Berg am rechten Elbufer, das Wahrzeichen der Doppelstadt an der Grenze. Auf einer Anhöhe war die schöne neue Synagoge zu sehen, ein stattliches, gelbes Jugendstilgebäude mit blauen Fensterrahmen. Franz war schon gestern angereist, und Felice begab sich vom Bahnhof direkt zu dem Restaurant, wo sie zum Mittagessen verabredet waren. Sie nestelte ihr vom langen Sitzen in der Bahn verrutschtes, schönes neues Jäckchen zurecht, es war ihr keineswegs egal, in welchem Aufzug sie Franz entgegentrat. Er, der sein fotografisches Gedächtnis mit scheinbaren Nebensächlichkeiten fütterte, würde Felice im nächsten Brief postwendend mit Details konfrontieren wie ein loser Knopf am Jäckchen oder eine krumme Bügelfalte. Peinlichst hatte Felice am Morgen beim Ankleiden darauf geachtet, bloß nichts zu tragen, was sie im *Askanischen Hof* angehabt hatte, solche kleinen Vergehen ahndete Franz sofort. Mit erwartungsvoller Miene, die Hände in den tiefen Taschen seines dicken Wintermantels, nahm er Felice vorm Eingang des Gasthauses in Empfang. Die Distanziertheit seiner Umarmung fand Felice merkwürdig vertraut, und sie küsste ihn auf die Wangen.

Sie waren nicht das einzige Paar im Lokal, das den Grenzort als Treffpunkt gewählt hatte; an den Tischen Männer und Frauen, die sich an den Händen hielten und verstohlene Berührungen wagten. An einem Zweiertisch nahmen sie Platz, und kaum saßen sie, zog Franz seine Uhr aus der Rocktasche, als wolle er die ohnehin knapp bemessene Zeit stoppen, die sie an diesem Nachmittag hatten. Felice fiel mit einem Blick auf, dass die Uhr eineinhalb Stunden vorging. Um sie her das Mittagsgeschäft war in vollem Gang, halb drei konnte es noch nicht sein, Kellner eilten mit duftenden Bratentellern und gedünsteten Elbfischen zu den Tischen, das konnte doch nicht sein. Die große Uhr an der Wand zeigte auf eins. Franz drehte am Rädchen, jedoch nicht, um die korrekte Zeit einzustellen, sondern um die Uhr aufzuziehen.

Aber Franz, entfuhr es Felice, du lebst ja mit der falschen Zeit! Eigenmächtig nahm sie dem Sprachlosen seine Uhr ab und drehte nun selbst mit spitzen Fingern am Rädchen, die Zeiger wirbelten übers Zifferblatt und machten erst zur Mittagsstunde halt, zu der sie hier im Bodenbacher Gasthof saßen.

Haben die Herrschaften schon gewählt? Der Kellner fragte ein zweites Mal, in die Speisekarte hatten sie noch nicht geschaut.

Felice nickte zufrieden und gab dem entgeistert blickenden Franz seine Uhr zurück. Sie gehe seit einem Vierteljahr eineinhalb Stunden vor, erklärte er, und dass er sich ans Umrechnen der Zeit längst gewöhnt habe, dass seine Zeit einem eigensinnigen Ablauf gehorche, einem nur für seine Arbeit berechneten Leben.

Für Felice ganz undenkbar, wo käme sie hin, wenn der Wecker morgens nach irgendeiner Fantasiezeit klingelte, sie musste pünktlich im Büro erscheinen, was auch hieß, dass sie ihren Schlaf brauchte, spätestens abends um elf ins Bett und vorher ein schönes Essen in der behaglichen, mit persönlicher Note eingerichteten warmen Wohnung. Der Kellner wartete höflich mit dem Block in der Hand auf die Bestellung, Felice wählte Fisch.

Ob er warme Milch im Teller bekommen könne, fragte Franz.

Bedaure, sagte der Kellner, leider nicht zur Mittagsstunde.

Dann vielleicht ein Omelette mit Kräutern, sagte Franz, und eine Karaffe Wasser. Der Kellner notierte und eilte sogleich mit dem Wasser herbei.

Im Übrigen, kam Felice wieder auf die Uhrzeit zurück, das Versicherungsbüro verlange Franz doch auch tägliche Pünktlichkeit ab. Er müsse doch auch ein berechtigtes Interesse für die Asbestfabrik haben, schließlich sei das seine Existenzgrundlage und gerade in Krisenzeiten wie diesen eine weitere Absicherung; wenn sie da richtig informiert war, wurde diese Wunderfaser nicht vermehrt für die Kriegsindustrie gebraucht?

Franz sagte wenig dazu, der Kellner kam mit dem Essen, und er konzentrierte sich auf sein Kräuteromelette, kaute es sorgfältig, als sei es eine zähe Hammelkarbonade, diese Grille mit dem Fletschern hatte er also auch immer noch. Felice zerlegte schweigend ihren Fisch und kämpfte mit kleinen, haarfeinen Gräten, sodass auch sie am Weitersprechen gehindert wurde. Nach dem schweigend eingenommenen Mahl deutete Franz an, dass er eine Überraschung für Felice vorbereitet habe. Sie fing zu träumen an.

Sie begaben sich geradewegs zum Hotel, es war nicht weit, ein schlichtes Haus in der Innenstadt von Bodenbach, sie gingen die Treppe hinauf und in Franz' Zimmer. Er schloss die Tür, sie waren allein im Raum, legten die Mäntel ab, und als Felice sich auf ein Kanapee niedersetzte, knisterte schon wieder nichts außer Papier. Franz zog ein Manuskript aus seinem Reisekoffer hervor, er wollte Felice unbedingt daraus vorlesen, das Konvolut in seiner Hand duldete keinen Widerspruch. Felice stützte den Kopf in die Hände, eine Geste der Ratlosigkeit, die Franz für Konzentration halten mochte.

»Vor dem Gesetz steht ein Türhüter«, hob er an. »Zu diesem Türhüter kommt ein Mann vom Lande und bittet um Eintritt in das Gesetz.«

Gottergeben streckte sich Felice an jenem Sonntagnachmittag auf dem Kanapee des Hotelzimmers aus, flach atmend, mit halb geschlossenen Augen und gehüllt in den kalten Umschlag aus Franz' Worten, die alle von Zaudern und Zagen erzählten, unerbittlich.

»Der Türhüter gibt ihm einen Schemel und lässt ihn seitwärts von der Tür sich niedersetzen. Dort sitzt er Tage und Jahre.«

Felice musste sich sehr konzentrieren, um nicht einzuschlafen, als Franz die Geschichte des hoffnungslosen Mannes weiterlas, der sich alternd und schon dem Tode nah fragt, warum er immer noch nicht durch die Türe vor seiner Nase kommt. Liebende Worte wünschte sie sich, eine Berührung mit warmer Hand, doch Franz hatte nur Augen für seine eigene Schrift.

»Der Türhüter erkennt, dass der Mann schon an seinem Ende ist, und, um sein vergehendes Gehör noch zu erreichen, brüllt er ihn an: ›Hier konnte niemand sonst Einlass erhalten, denn dieser Eingang war nur für dich bestimmt. Ich gehe jetzt und schließe ihn.‹«

Franz raschelte mit dem Manuskript. Der kurze Text endete wie eine Denksportaufgabe, für die Felice eine Lösung parat haben musste. In die Stille hinein sagte sie, weil es ja irgendwie um ein Tor ging, durch das man hindurchgehen sollte: Wie brav wir hier beisammen sind. Direkter konnte sie nicht werden. Weiter durfte sie nicht gehen, das wäre unschicklich gewesen. Sie hätte lieber wie Goyas nackte Maja in diesem schlichten Hotelzimmer gelegen, statt eingesponnen in einen Text, der mit alttestamentarischer Strenge an eine komplizierte Mathematikaufgabe erinnerte.

Die Zeit stand still im Raum, man konnte eine Stecknadel fallen hören. Felice bereute es sogleich wieder, was sie gesagt hatte, schickte ihrem beherzten Wink rasch hinterher, dass sie, wenn Franz es wolle, ja mal ein Manuskript für ihn kopieren könne. Er nickte, wiederholte gnadenlos einige Sätze aus dieser spröden Geschichte und sah Felice erwartungsvoll an.

Wer zu lange zögert, den bestraft das Leben, fiel ihr spontan ein, und entlockte Franz damit zustimmende Worte.

Nach zwei Stunden war der Spuk vorbei. Zu lange, um aufmerksam zuhören zu können, wie Franz es sich wünschte, zu kurz, um endlich zueinander zu finden, so wie Felice es herbeigesehnt hatte. Sie liefen die Treppe ins Foyer hinunter, händigten dem Portier den Zimmerschlüssel aus, beglichen die Rechnung, liefen zurück zur Bahnstation, bitte beeilen, nach kurzem Aufenthalt fährt der Zug weiter, tönte es über den Bahnsteig, Felice hastete zum Zweiter-Klasse-Wagen.

»Jeder liebt den anderen so, wie dieser andere ist. Aber so wie er ist, glaubt er mit ihm nicht leben zu können.« Im Ohr diese Abschiedsworte von Franz und das Rattern der Räder auf den Schienen, saß Felice wieder im Coupé, auf dem Schoß die alte Zeitung, in Berlin konnte sie ins Kino gehen, die UT-Lichtspiele am Ku'damm gaben den *Golem* mit Paul Wegener in der Hauptrolle, diese Geschichte vom aus Lehm geformten Ungetüm, über den sein Schöpfer, der Prager Rabbi Löw, die Kontrolle verliert und der ungebremst durch die Straßen marodiert. Über Nacht wieder neue Tote, die Verlustlisten, die immer länger wurden in diesem Krieg, der sich wie eine Naturkatastrophe verselbstständigt zu haben schien, junge Männer verendeten sinnlos in den Schützengräben, ein Iwan, ein Pierre, ein Franz.

Mit Erna Steinitz, einer Bekannten, unternahm Felice Anfang Mai einen Ausflug nach Potsdam. Nach der kurzen Fahrt mit der S-Bahn lustwandelten die beiden Frauen bei schönstem Frühlingswetter im Schlosspark umher, bis hinauf zum Belvedere. In einem Lädchen kaufte Felice eine Ansichtskarte vom Ruinenberg, unter dem sich ein großes Wasserreservoir verbarg, das die Fontäne im Park von Sanssouci speiste. Fünf Millionen Liter Fassungsvermögen! Erna Steinitz staunte.

Felice setzte sich auf eine Parkbank und ließ ihre Gedanken vom Ruinenberg zu Franz wandern. Diese seltsame Geschichte, die er ihr in Bodenbach vorgelesen hatte, hallte wie ein Hilfeschrei in Felice nach, der Ruf nach Befreiung vom Zagen und Zaudern vor einem Tor, das sperrangelweit offenstand. Franz musste doch irgendwann begreifen, dass er einfach nur hindurchzugehen brauchte. »Inzwischen erhielt ich 5 Karten von Deiner Reise«, schrieb sie ihm, der mit seiner Schwester Elli nach Ungarn gefahren war, wo deren Mann Karl als Soldat stationiert war. »Ich bin heute Vormittag mit Erna Steinitz zusammen in Potsdam. Es ist herrlich hier draußen. Morgen hörst Du mehr von mir. Schreibe mir nur. Mache einen Vorschlag wegen Pfingsten. Herzlichste Grüße Fe.«

Franz hatte ungeahnte, bahnbrechende Neuigkeiten für Felice. Er ließ sie wissen, dass ihm die Musterung bevorstand. Felice konnte kaum glauben, was sie da lesen musste: »Du sollst wünschen, dass ich genommen werde, so wie ich es will.« Es war ihm todernst. Die medizinische Untersuchung fiel zu Franz' voller Zufriedenheit aus, denn dem ewig über irgendein Zipperlein Klagenden wurde vom Militärarzt beste Gesundheit bescheinigt. Nur die Leute von der Versicherung wollten ihn nicht ziehen lassen. Dass Franz unabkömmlich sei, wie sie bescheinigten, war durchaus nicht gelogen: Er hatte alle Hände voll zu tun, da die Agentur viele Kriegsopfer und Hinterbliebene vertrat, um deren Entschädigung sie sich bemühte. Doch statt seinen beiden Chefs Marschner und Pfohl auf Knien zu danken, gab Franz ihnen die Schuld, dass sie ihn um die Möglichkeit brachten, im Landsturm zu dienen. »Im Feld wäre es besser«, kommentierte Franz seine häufig auftretenden Kopfschmerzen.

Gotteslästerlich! Allein in der Schlacht von Langemarck in Westflandern im vergangenen November hatten 80.000 deutsche Soldaten ihr Leben gelassen, an einem einzigen Tag. Auf dem Felde der Ehre gefallen, mit diesem Stempelaufdruck kamen Briefe an die weinenden Mütter und an die Witwen zurück, zu denen Felice nicht gehören wollte. Franz wusste doch durch seine Arbeit, wo er sich mit Entschädigungsansprüchen heimgekehrter Soldaten beschäftigen musste, dass der Heldentod nur eines von vielen traurigen Kriegsgeschicken war. Er hatte es mit elenden Männern zu tun, die den Rest ihres Lebens ohne Augenlicht oder als verstümmelter Torso im Rollstuhl verbringen mussten. Felice konnte kaum hinsehen, wenn ihr ein solcher Krüppel auf der Straße begegnete. Wie um Himmels willen konnte Franz sein Schicksal freiwillig derart herausfordern?

Statt Aug in Aug mit dem Feind im Schützengraben, kroch Franz zu Pfingsten 1915 in Begleitung dreier Frauen im Unterholz eines böhmischen Wäldchens herum und pflückte Blaubeeren. Erna Steinitz mit Fotoapparat in der Hand, Grete Bloch und Felice in Pose. Dass sich Franz auf das Treffen mit seiner Richterin Grete eingelassen hatte, war ein Wunder, da er befürchten musste, kein Jahr nach dem Dolchstoß im *Askanischen Hof* erneut in die Zange genommen zu werden. Doch als Felice auch der Bekannten Erna Steinitz auf dem Ruinenberg vorgeschlagen hatte, in die Böhmische Schweiz mitzukommen, so mit einem Hintergedanken: Die Anwesenheit der Unbeteiligten schuf eine neutrale Atmosphäre, in der sich intime Themen verboten.

Das Grüppchen wanderte einmütig an der Kamnitz entlang, einem Fluss, der glasklares Wasser führte, nahm den Waldweg bis zur Edmundsklamm, einer tiefen Schlucht zwischen bizarren Felsen, Franz lehnte sich über das hölzerne Geländer, schleuderte Steinchen hinab in den gurgelnden Schlund und schaute ihnen hinterher, wie sie aufs Wasser aufprallten und in den Fluten versanken. Felice wahrte Abstand vom Abgrund, ihr wurde beim Blick hinab ganz schwindlig. Sie kehrten im Blockhaus ein, einem unter den steilen Felsvorsprung geduckten Ausflugsrestaurant, erfrischten sich mit Limonade, stärkten sich mit Kakao für den Rückweg und schrieben eine Postkarte an Ottla. Das stramme Laufen auf weichen, nachgiebigen Waldwegen war gut gegen die Rückenschmerzen, unter denen Felice litt, sie saß einfach zu viel am Schreibtisch, dafür stellten sich hier in Bodenbach aber wieder altbekannte Quälgeister ein, das unangenehme Zahnweh. Es rumorte unter den Goldkronen, als Felice einen Schluck des heißen, süßen Kakaos nahm, sie verzog jedoch keine Miene. Nur nichts anmerken lassen und Zähne zusammenbeißen; Franz würde ihr sonst wieder Vorwürfe wegen des Zuckerknackens machen, von dem sie nicht lassen konnte. In Berlin musste sie umgehend einen neuerlichen Termin beim Zahnarzt vereinbaren.

Am Abreisetag, bereits am Bahnhof auf die Züge nach Prag und Berlin wartend, fragte Felice, was Franz von der Möglichkeit eines längeren Ausflugs an die Ostsee hielte, nur sie beide, man könne es nach den besonnten letzten Tagen vielleicht wagen, schließlich war eine Ostseereise bereits letztes Jahr vor dem fatalen Termin im Juli geplant gewesen. Grete und Fräulein Steinitz waren schon im Zugabteil verschwunden, Felice hob ihren langen Rock an und setzte einen Fuß auf die Stufe, die nach oben in den Eisenbahnwaggon führte. Franz blickte zu Felice auf, ergriff ihre Hand, die in einem dünnen

Handschuh steckte, und drückte einen Kuss auf das feine Seidengewebe. Begleitpersonen bitte zurücktreten, der Zug fährt sofort ab. Der Stationsvorsteher hatte die Trillerpfeife schon im Mund. Aus dem Abteilfenster winkte Felice Franz zum Abschied. Eine schmächtige Gestalt im schwarzen Anzug, die immer kleiner wurde, schwenkte ein Fliedersträußchen.

Jedes Mal, wenn Felice die dünnen Handschuhe überstreifte, die sie in Bodenbach getragen und die Franz mit seinen Lippen berührt hatte, dachte sie mit Freude an ein baldiges Wiedersehen. Franz schien es genauso zu gehen. Bis zu den großen Ferien im Sommer wollte auch er nicht warten, und so schlenderten sie gemeinsam an Franz' zweiunddreißigstem Geburtstag am 3. Juli durch Karlsbad, über die geschwungene Kurpromenade an der Tepla. Immer, wenn Felice die Schweigepausen zu bedrohlich wurden, hob sie ohne Scheu zu singen an und zückte ein ums andere Mal den Fotoapparat. Vor der marmornen Sprudelkolonnade des Mühlbrunnens stellte sie sich ins zauberische Spiel von Licht und Schatten zwischen den hohen Säulen, knipste Franz vorm Portal des Kurhauses und dem prächtigen Grandhotel *Pupp*, wo bereits Goethe abgestiegen war, und bat ein vorbeikommendes Fräulein, ein Bild von sich und Franz zu machen. Auf einer Bank am Ufer, dort wo die Tepla sich in die Eger ergoss, ließen sie sich nieder, etwas freundlicher bitte, sagte das Fräulein und drückte den Auslöser. Sie wanderten den Berg hinauf zum Hirschensprung, von wo aus man eine fantastische Aussicht über Karlsbad hatte. Felice atmete die frische Waldluft, knipste den hohen Stein, auf dessen Spitze ein Hirschdenkmal stand, Felice fand, das Tier sehe eher wie eine Gemse aus. Als Geburtstagsgeschenk überreichte Felice Franz, nicht ohne Hintersinn, Dostojewskis berühmten Roman *Die Brüder Karamasow*, versehen mit einer Widmung: »Vielleicht lesen wir es recht bald gemeinsam.«

Franz marterten am Abend trotz der vielen frischen Luft wieder Kopfschmerzen, er konnte von seiner fixen Idee immer noch nicht lassen, behauptete allen Ernstes, er wäre lieber im Feld als inmitten kurender Müßiggänger, die eine muntere, heile Welt vorgaukelten. Felice verdrehte die Augen, du weißt nicht, was du da sagst! Nein, bei diesem Thema kamen sie nicht zusammen, ein ganzes Abendessen lang. Felice drehte ratlos den Salzstreuer in den Händen, während Franz sich darüber ärgerte, dass seine Chefs ihn einfach nicht freigeben wollten. Wie konnte es sein, dass ein- und derselbe Mann, der auf der Wohnungssuche vor dem Klavierspiel eines unsichtbaren Nachbarn wie von Furien gehetzt die Flucht ergriff, nun freiwillig ins Trommelfeuer an der Front drängte? Der heikle Esser Franz, der gerade mit der Gabel in einem luftigen Soufflé aus der Hotelküche stocherte und der sich wahrscheinlich gar nicht vorstellen konnte, dass es in der Feldküche nicht einmal sein geliebtes Rührei mit Kräutern gab, sondern bestenfalls grobe Fleischstücke aus der Gulaschkanone!

Noch auf der Rückfahrt von Karlsbad, die sie bis Aussig, wo die Strecke nach Berlin und Prag sich teilte, gemeinsam zurücklegten, herrschte vor allem wegen des Kriegsthemas eine angespannte Stimmung im Coupé.

Sieh dich doch an, Franz, einer wie du an der Waffe, in Stahlgewittern, das ist nicht Poesie, das ist ein Himmelfahrtskommando! Felice wagte die Prognose, wenn sie nächstens an die Ostsee reisen würden, sähe man mit etwas Zuversicht bereits die Friedensfahnen wehen. Immerhin wurden Erfolge der deutschen Truppen und ihrer Verbündeten sowohl an der Ost- als auch an der Westfront gemeldet. Beim Abschied in Aussig drückte Felice Franz den vollgeknipsten Film in die Hand. Er, der immer so ungeduldig auf Neuigkeiten wartete, sollte ihn in Prag selbst ins Fotoatelier zum Entwickeln bringen, dann hätte er sie ohne lange Umwege über Berlin gleich in den Händen.

Auf den Bildern, die Franz kurz darauf bei einem achselzuckenden Fotografen abholte, der beteuerte, ihn träfe keine Schuld an dem Malheur, sah man nichts. »Auf den Films ist kein lebendiger Hauch«, beklagte sich Franz, »wir haben mit dem Deckpapier statt mit den Films photographiert.« Felice, die so souverän mit technisch ausgetüftelten Gerätschaften wie Grammofon und Parlograf zu hantieren wusste, hatte den Film verkehrtherum in den Apparat eingelegt, versehentlich. Franz bei der Trinkkur, Felice am Fenster des Hotels, spielende Kinder auf einer Brücke, nichts! All die schönen Bilder von der eleganten Mühlbrunnen- und dem weißen, geschnitzten Gebälk der Marktbrunnenkolonnade, dem prächtigen, neobarocken Grandhotel *Pupp*, den lieblichen Auen am Ufer des Egerflusses, waren für immer verloren, ebenso wie das Doppelporträt auf der Bank am Fluss. Und auch den Dostojewski hatten sie noch nicht gemeinsam gelesen. Für so gewichtigen Lesestoff musste man schon mehr Zeit miteinander verbringen, Franz sollte das Buch also in seinen Koffer packen, wenn es an die Ostsee ging; langsam hieß es Zimmer reservieren,

Hiddensee, Binz oder Marielyst, sonst wurde es nichts, erinnerte sie Franz. Umso verwunderter war Felice, als sie noch im Juli eine Postkarte von ihm erhielt, die er in Rumburg in Nordböhmen abgeschickt hatte: »Es ist mir nach der Rückkehr in Prag unerträglich geworden«, las Felice, »ich musste weg, es drängte mich weg und da auch Schlaflosigkeit und was damit zusammenhängt mich wegtrieben, gab ich nach.«

Felice war klar, was das hieß: Franz, der Unabkömmliche, brauchte den kurzen, kostbaren Urlaub, den ihm die Prager Versicherungsanstalt gewährt hatte, gerade allein und ohne sie auf. Die Ostseewellen schlugen ans Gestade von Hiddensee, Binz und Marielyst, unter den Liebespaaren, die Hand in Hand über die Strandpromenade eines beliebten Seebads flanierten, suchte man Franz und Felice auch in diesem Sommer vergebens.

Letzte Nacht in Marienbad

Franz war glücklicherweise zur Vernunft gekommen und hatte eingesehen, dass der Dienst an der Waffe keine Lösung bot. Doch obwohl er nicht an der Front war, kam sich Felice zuweilen vor wie eine Kriegsbraut, die ausschließlich über Feldpostbriefe Kontakt zu ihrem Liebsten hielt. Denn dem Aufenthalt in Karlsbad folgte eine lange Durststrecke. Schon drei Jahre zuvor hatte Franz eine befremdliche Geschichte zu schreiben begonnen, in der ein junger Mann namens Gregor Samsa sich nach unruhiger Nacht morgens in Gestalt eines Käfers im Bette wiederfand. Im Dezember 1915 erschien diese bizarre Erzählung endlich unter dem Titel *Die Verwandlung* in der Reihe *Der jüngste Tag* im Verlag von Kurt Wolff. Wieder hatte Franz eine Metamorphose ersonnen, mit der er sich als gedemütigte Kreatur ans Kreuz nagelte, denn als würde die Käfergestalt nicht schon genügen, musste der Käfer auch noch inwendig verfaulen und elendig zugrundegehen. Konnte Felice sich schon deswegen mit dem gepanzerten Ungeziefer nicht anfreunden, die Veröffentlichung der Geschichte war für Franz ein schöner Erfolg, da konnte er sich jetzt eigentlich eine Pause gönnen und für den Rest des Jahres die Feder beiseite legen, einer gemeinsamen Winterreise stand nichts im Wege. Felice klopfte in Prag an, ob Franz über die Feiertage nicht nach Berlin kommen wolle.

»Es wäre schön zusammenzukommen«, hob er in seiner Antwort an, doch gleich hinter dem Komma reichte er

Felice einen Korb, »wir sollen es aber doch nicht machen. Es wäre nur etwas Provisorisches und am Provisorischen haben wir schon genug gelitten. [...] ich werde gar nicht von Prag wegfahren, sondern die Feiertage über auf den alten Wegen kriechen.«

Felice wusste bei einer so zerknirschten Antwort schon, dass ihre Überredungskünste nicht fruchten würden, schöpferische Pause, ein Fremdwort für den Schreibwütigen, und so buchte sie auf den letzten Drücker, denn der bayerische Skiort war äußerst beliebt, ein paar Tage in einer Pension in Garmisch. Die Bahnreise war strapaziös, sie dauerte fast einen ganzen Tag, doch Felice hatte die Erholung in guter Bergluft bitter nötig, nachdem schon die Sommerfrische wegen der Planungsschwierigkeiten ausgefallen war. Beim Aufenthalt auf dem Bahnhof von Jena, nach drei Stunden Fahrt, stand auf dem Gleis gegenüber der Expresszug nach Prag kurz vor der Abfahrt, alles einsteigen, schon mit dem Pfiff aus der Trillerpfeife schwang sich ein Mann mit einem kleinen Koffer auf die Plattform, riss die Zugtür noch mal auf und verschwand im Waggon. Bei seinem kühnen Sprung hatte er einen graublauen Schal verloren, den er wohl nur locker um den Hals gewunden hatte und der wie eine reglose Schlange auf dem Perron liegen blieb, als der Prag-Express aus dem Bahnhof dampfte.

In Garmisch, beim Skilaufen mit anderen jungen Frauen aus der Pension und bei Spaziergängen durch den verschneiten Wald, wo die Tannen schwer an der weißen Pracht trugen und ihre Äste herabhängen ließen, gelang es Felice, die Enttäuschung über Franz' Absage wenigstens für Momente zu vergessen. Sie lehnte in einer schicken neuen Skihose an einem Holzzaun, sah ihrem Atemhauch in der eiskalten Luft hinterher und blieb mit dem Blick an der Zugspitze hängen, deren überwältigende Natur die Probleme mit Franz winzig klein erscheinen ließ. Am liebsten hätte sie zu singen begonnen, aber sie betrachtete nur den weißen Hauch, der ihrem stumm geöffneten Mund entstieg. Noch am Abend in der Pension schrieb sie Franz eine liebevolle Karte.

Franz stellte Felice in Aussicht, gleich nach dem Krieg nach Berlin zu kommen, aber wann würde das sein? Reisen war längst ein Hürdenlauf geworden; selbst Bodenbach lag nun außer Reichweite, weil Franz überhaupt keinen Pass mehr fürs Ausland bekam. Das war jedoch nur der vordergründige und geradezu banale Grund für Franz' Unbeweglichkeit in diesen ersten Wochen und Monaten des Jahres 1916. Inzwischen von Kopfschmerzen schier zerfressen, teilte er Felice die ärztliche Diagnose mit: Herzneurose. Das klang bedrohlich, aber Felice konnte sich nicht wirklich etwas darunter vorstellen. Sie fragte an, wie sie ihm helfen könne, doch Franz wusste keine Hilfe, außer dem radikalen Rückzug in finstere Einsamkeit.

»Erst wenn ich aus dem Loch hervorkomme, irgendwie hervorkomme, habe ich ein Recht auf Dich. Und damit übereinstimmend wirst auch Du erst dann den richtigen Blick für mich haben, denn jetzt bin ich für Dich, aber ganz richtiger Weise, sei es im *Askanischen Hof*, sei es in Karlsbad, sei es im Tiergarten, ein böses Kind, ein Narr oder sonst etwas, zu dem Du unverdienter Weise lieb bist, aber Du sollst es verdienter Weise sein.« Dass er sich mitnichten in einem Loch versteckte, sondern sich recht munter mit seiner Lieblingsschwester Ottla in Karlsbad herumtrieb und sie gemeinsam das Grandhotel *Pupp*, die

Kurkolonnaden, das Hirschdenkmal und all die anderen von Felice vergeblich geknipsten Sehenswürdigkeiten aufsuchten, weckte in Felice erneut eine Eifersucht, die sie nur schwer im Zaum halten konnte.

Schon um sich abzulenken, reiste Felice Ende April 1916, nun abermals ohne Franz, nach Schlesien, spazierte in Altwasser durch die Kuranlagen und stattete Max Brods Schwester Sophie in Waldenburg einen Besuch ab, die sich darüber wunderte, dass Franz gar nicht mitgekommen war. Im Gepäck trug Felice als Ersatz für die Reisebegleitung ein Buch von Ernst Weiß, *Der Kampf*, das Franz ihr geschickt hatte, ein Roman, in dem es um eine Dreiecksbeziehung ging. Dass Franz zusammen mit Ernst Weiß die Korrekturfahnen in Marielyst durchgesehen hatte, gleich nach dem unheilvollen Auftritt im *Askanischen Hof*, als sei nichts gewesen, machte ihr die Lektüre nicht leichter. Nicht einfach, sich in dem Beziehungskuddelmuddel zwischen einem Waschlappen von Mann, einer fleißigen Berliner Stenotypistin und einer angehenden Prager Pianistin zurechtzufinden. Dieser entscheidungsschwache Erwin, der zweifelhafte Held des Buches, sah am Ende in die Röhre, denn die Stenotypistin nahm sich das Leben, und die Pianistin erklomm im Alleingang die Karriereleiter und eroberte solo die großen Konzertbühnen. Felice versuchte, irgendeine kluge Botschaft in Weiß' Roman zu finden, schließlich war der bestens im Bilde über Franz' innere Zerrissenheit. War die Pianistin vielleicht eine Verkörperung der Kunst, von der Franz nicht lassen konnte, obwohl er die tatkräftige Berliner Stenotypistin liebte? Ein Mann ist es nicht wert, dass eine Frau ihre Selbstständigkeit für ihn aufgibt, so die Moral, die sie aus der Geschichte herauszulesen glaubte. »Vielleicht kann ich diese Wahrheit nicht vertragen«, bekannte Felice in ihrem Brief an Franz, »das Buch wirkt wie ein Messer.« Nachdem sie ihren Brief eingeworfen hatte, kam ihr der Gedanke, dass die einsame Entscheidung der musizierenden Heldin für die schöne Kunst genauso gut das Credo des unschlüssigen Franz sein konnte.

Auch der Schriftverkehr zwischen Berlin und Prag war durch den Krieg zum Lotteriespiel geworden, man wusste nie, ob die Zensur nicht einen Brief abgefischt hatte. Schon deswegen hatte sich Felice in den Kopf gesetzt, den bevorstehenden Sommer nicht ohne ein Wiedersehen verstreichen zu lassen.

Franz kannte Marienbad bereits von einer Dienstreise im vergangenen Mai, er bezeichnete das Kurstädtchen inmitten dichten Waldes als unbegreiflich schön, selbst das trübe, windige Wetter hatte sein Entzücken nicht schmälern können. »Wie würde es Dir gefallen!« Er konnte sich gut vorstellen, sogar mehrere Monate in dieser Oase der Ruhe zu verweilen, um in sich hineinzuhorchen. Selbst wenn er ein Chinese wäre, schrieb Franz, müsse er es erzwingen und den weiten Weg aus Fernost erneut auf sich nehmen, um recht bald wieder nach Marienbad zu kommen.

Befeuert durch Franz' Marienbad-Begeisterung, machte Felice ihm den Vorschlag, demnächst gemeinsam in den berühmten böhmischen Quellort zu fahren. Wenig Anlass zur Hoffnung, dass Franz auf ihren Wunsch eingehen würde, er träumte ja von Alleingängen auf einsamen Waldwegen, umso erfreuter war Felice, als er sich zu der Reise einverstanden erklärte, »außerordentlich einverstanden« sogar. Nur auf ihren Wunsch, den Urlaub in einem Sanatorium zu verbringen, wollte er nicht eingehen. »Mein Haupteinwand gegen Sanatorien ist, dass sie zuviel Zeit und zuviel Gedanken unnütz verbrauchen. Ich will im kleinen Urlaub etwas zu arbeiten versuchen [...] und ich will wenn Du dort mit mir bist mit Dir beisammen sein, aber ich will nicht mich massieren packen elektrisieren heilbaden, untersuchen, durch besonders gute Diagnosen mich besonders gut über meine Krankheiten informieren lassen, es ist fast ein neues Bureau im Dienst des Körpers. Das Entscheidende bleibt aber vorläufig: warum willst Du in ein Sanatorium?«

Nun, ein Sanatorium war die komfortabelste Option, Felice versprach sich dort Erholung von der enormen Arbeit im Büro, auch wollte sie dem leidenden Franz durch die im Sanatorium angebotenen Heil- und Kurverfahren entgegenkommen. Man könnte sogar in ein Haus gehen, wo gemüllert und nach fortschrittlich reformerischen Grundsätzen gekocht wurde. Gerade diese Fürsorge lehnte Franz rundheraus ab, denn der Sanatoriumsbetrieb erinnerte den von Kopfschmerzen und Herzneurose Geplagten zu sehr an ein Krankenhaus. Er schlug das Hotel *Neptun* vor, das er auf seiner Dienstreise als empfehlenswert ausgemacht hatte. Ein Hotel-Werbeprospekt verhieß für den Urlaub zu zweit die ganz große Bühne: ›Fesselnde Bilder internationalen Lebens und Treibens entfalten sich hier dem Auge des Beschauers. Alle Sprachen der Welt klingen an das Ohr: hier atmet der Fremde die Atmosphäre der großen Welt.‹

Felice reiste am 1. Juli, einem Samstag, vom Anhalter Bahnhof nach Marienbad ab. Franz wollte am Sonntagmorgen aus Prag nachkommen; er musste zuvor noch der Hochzeit eines Cousins beiwohnen, nur widerwillig und von der Mischpoche gedrängt.

Ich erwarte dich am Bahnhof, so Felices letzte Worte vor der Abreise.

Sie stieg wie verabredet im Hotel *Neptun* ab, ein im Vergleich zu den vielen Hotelpalästen im Ort eher schlichtes Haus an der zentralen Kaiserstraße, vorne bei den Kuranlagen mit dem Kreuzbrunnen. Am Sonntagvormittag nahm sie die Elektrische zum Bahnhof, betrat nach kurzer Fahrt die Kaiserstraße hinunter das weiße, langgestreckte Gebäude, wo Franz ihr bereits entgegenkam, sein Zug war überpünktlich. Es erschien ihr ganz unwirklich, dass er jetzt tatsächlich vor ihr stand, doch Felice strahlte ihn unbeirrt an, diesmal fest entschlossen, sämtliche Bedenken einfach wegzulächeln. Der laue Sommerregen kam ihr zur Hilfe, untergehakt und aneinandergedrückt unter Felices großem Schirm begaben sie sich, Franz wollte nach dem langen Sitzen im Abteil gern ein Stück zu Fuß gehen, durch die Vorstadt am Bahnhof und die Kuranlagen zum Hotel *Neptun*. Er war wieder dritter Klasse auf harten Holzbänken gereist, alles andere hielt er für Verschwendung.

Wie die gestrige Hochzeit gewesen sei, fragte Felice.

Eine einzige Märchennachahmung, so Franz' vernichtende Antwort. Er mokierte sich über Sprüche, die zu solchen Anlässen in der Synagoge heruntergebetet wurden: ›Wie schön sind deine Zelte, Israel‹. Nichts auf der Welt würde ihn dazu bringen, als Bräutigam derartig leere Phrasen über sich ergehen zu lassen oder nach dem traditionellen Ritus ein Weinglas zu zertreten; schon vor der Verlobung vor zwei Jahren hatte Franz Felice gebeten, auf eine Hochzeitszeremonie im Tempel zu verzichten, doch sie war einfach darüber hinweggegangen.

Sie erreichten das südliche Ende des Kurparks und tranken einen Schluck des gepriesenen Marienbader Wassers in den Kolonnaden der Ferdinandsquelle. Erquickt, weniger vom etwas dumpfen Geschmack des Sprudels, als vielmehr vom guten Gefühl, dem Körper etwas Wohltuendes zugeführt zu haben, setzten sie ihren Weg fort hinein in den Ort, der wie eine Brosche, eingefasst von waldigen Mäandern, im grünen Tal lag. Franz hatte wirklich nicht übertrieben, Marienbad war ein luftiges Paradies. Man musste ein wenig genauer hinsehen, um wieder daran erinnert zu werden, dass seit zwei Jahren ein erbitterter Krieg in Europa wütete. In Marienbad waren Lazarette für die Soldaten der k.u.k.-Armee eingerichtet worden, die sich mit Krücken über die Promenade schleppten; und anders als im Prospekt versprochen, zeigte das Kurpublikum wenig internationale Farbe, denn Russen und Engländer blieben, anders als noch vor 1914, aus. Gerade hatten englische Bataillone an der Somme mit einer Großoffensive gegen die deutschen Stellungen begonnen. Rund 20.000 britische Soldaten bezahlten mit dem Leben. Und morgen war Franz' dreiunddreißigster Geburtstag.

Gleich beim Frühstück, alles Gute, lieber Franz, äußerte der unter abwehrenden Gesten Beglückwünschte den dringenden Wunsch, das Hotel zu wechseln, noch heute. Die Kaiserstraße war die Rennmeile des Kurortes mit Läden und Cafés, die Elektrische bimmelte direkt vorm Haus, er verlangte eine ruhigere, weniger exponierte Bleibe. Ein paar Schritte um die Ecke fanden sie das Schlosshotel *Balmoral und Osborne*. Es firmierte als Haus ersten

Ranges, lag gleich um die Ecke hinter dem hübschen Stadttheater im zeitgemäßen Jugendstil und direkt am Wald. Die neue Unterkunft war nicht nur moderner und luxuriöser als die alte, sie spielte auch Felices romantischen Absichten in die Hände: Zwei nebeneinanderliegende und nur durch eine Tür voneinander abgetrennte Zimmer waren noch frei. Franz und Felice zogen am selben Tag um in eines der beiden durch einen Wandelgang miteinander verbundenen, hoch aufragenden, palastartigen Gebäude, Felice fühlte sich sogleich wie eine Märchenprinzessin auf Schloss Neuschwanstein. Der Regen hatte sich seit gestern verdichtet und verhinderte ausgedehnte Spaziergänge. Die Leute hielten sich mit dicken Schmökern in der Hand in der Lesehalle des Hotels auf, gingen auf und ab unter den hohen, holzgetäfelten Arkaden der Kurhalle, die wirkte wie ein gestrandeter Mississippidampfer. Die Essenszeiten wurden durch das Regenwetter ausgedehnt, und nach dem Dessert servierten die Saaltöchter jede Menge Tee und Kaffee, Marillenschnaps und Sliwowitz, obwohl das der Wirkung der Trinkkur höchst abträglich sein sollte. Franz nahm das schlechte Wetter als willkommenen Anlass, er schlug Felice vor, ihr aus seiner neuen Erzählung vorzulesen, sie hieß – wieder hatte Franz sich dem Thema Familienstand zugewandt – *Blumfeld, ein älterer Junggeselle*. Mit Schrecken sah Felice die Bodenbacher Katastrophe abermals auf sich zukommen, die nicht enden wollenden literarischen Exerzitien im Hotelzimmer, über denen sie fast eingeschlafen war, das schale Gefühl, das sich in ihr nach der Trennung am Bahnhof in der Leere unerfüllter Erwartungen ausgebreitet und noch die ganze lange Rückfahrt bis Berlin angehalten hatte. Felice hörte Alarmsirenen schrillen, als sie Franz mit beschriebenem Papier in den Händen sah. Bei Gelegenheit, sagte sie beiläufig.

Franz deutete das als ein Ja. Umgehend fand sich Felice auch hier im *Balmoral* auf eine Hotelchaiselongue genötigt, diesmal nicht liegend, sondern wachen Auges Franz gegenübersitzend wie auf dem Sprung. Mit wachsendem Befremden vernahm sie seine jüngste Geschichte, in der ein täppischer Herr Blumfeld vergeblich versuchte, drei kleine Bälle aus Zelluloid einzufangen, die wie lästiges Ungeziefer in seinem Hotelzimmer auf und ab hopsten und die dieser Blumfeld vergeblich einzufangen versuchte. Sie sprangen ungebändigt unter seinem Bett herum, auf sein Bett hinauf und entwichen immer wieder, wenn er zugreifen und sie schnappen wollte. Felice ließ sich zu Bemerkungen über Franz' überbordende Einbildungskraft hinreißen, was der mit einem unwilligen Knurren quittierte, von Fantasie und Geistesgenialität wollte er nichts hören. Felice durfte auch sinnfälligen Parallelen mit dem richtigen Leben nicht wieder auf den Leim gehen wie schon einmal. Am liebsten hätte sie Franz rundheraus gefragt, ob er ihr mit dieser Geschichte wieder etwas Bestimmtes sagen wolle, ob sie selbst es vielleicht übernehmen solle, die frechen Bälle für diesen Blumfeld einzufangen. War dieser ungeschickte Junggeselle nicht eine männliche Karikatur einer schrulligen alten Jungfer? Felice biss sich auf die Zunge, keine weitere für Franz unqualifizierte Bemerkung, bloß nicht! Franz wendete die Seiten um. Das fortgesetzte Geraschel in Franz' Schoß konnte einen ziemlich nervös machen. Felice blieb eine Woche Zeit, das Ruder dieses Papierschiffchens, mit dem sie ein weiteres Mal zu stranden drohten, herumzureißen. Sie musste handeln, heute noch.

Nach dem Abendessen im Speisesaal, das sich wie ein herrliches Trugbild für die an karge Kriegskost gewöhnte Felice auf dem Teller präsentierte, ein denkwürdiges Wildragout und ein geeistes Mandelparfait, auf die außer Franz niemand der Gäste freiwillig verzichtet hätte, gingen sie die Treppe hinauf nach oben in ihre Gemächer, ein jeder für sich. Doch als drüben im Theater Applaus aufbrandete, der Vorhang fiel und die Lichter im Bühnenraum verloschen, öffnete sich zwischen zwei benachbarten Hotelzimmern des *Balmoral und Osborne* eine Tür.

Ausgestattet mit der Sicherheit, die ihnen die Nähe der vergangenen Nacht geschenkt hatte, fiel eine Aussprache leicht. Wie durch den Zauber der letzten Stunden hatte sich der Regen der letzten Tage am Morgen verzogen, die Wolkendecke über Marienbad riss auf, die Sonne kam hervor, und die Kristallklunker der Kronleuchter im Frühstückssaal des Hotels schillerten in allen Regenbogenfarben. Franz, das musste man sich wirklich rot im Kalender anstreichen, griff an diesem Morgen nicht zu Dörrpflaumen und Zwieback, sondern zu Butter und einer Scheibe Schinken für sein Frühstücksbrot, und er ließ das Fletschern bleiben.

Ich habe nachgedacht, sagte Felice, es geht um uns zwei.

Wir haben es beim ersten Anlauf zur Ehe falsch angefangen, das sprachen sie wie aus einem Munde.

Franz erinnerte Felice an ihren Wunsch, in der Synagoge zu heiraten: »Der Tempel ist nicht etwas, an das man sich heranschleichen kann«, befand er. »Ich erinnere mich noch wie ich als Kind in der fürchterlichen Langweiligkeit und Sinnlosigkeit der Tempelstunden förmlich ertrunken bin; es waren Vorstudien, welche die Hölle für die Gestaltung des spätern Bureaulebens machte. Diejenigen welche sich nur infolge ihres Zionismus an den Tempel herandrängen, kommen mir vor, wie Leute, die sich hinter der Bundeslade und durch sie den Eingang in den Tempel erzwingen wollten, statt ruhig durch den allgemeinen Menscheneingang zu gehen.«

Schon gut, sagte Felice, keine Zeremonie im Tempel, ich habe verstanden.

Franz kam auch noch mal auf das leidige Möbelthema zu sprechen, jede Einzelheit von Felices Plan habe ihn in Schrecken versetzt, ihr Wunsch nach einer familienmäßig eingerichteten, standesgemäßen Wohnung, und die Möbel alle voller Schnörkel. Für andere Leute sei die Ehe ein Schlusspunkt, jedoch nicht für ihn, »ich bin nicht gesättigt, ich habe kein Geschäft gegründet, das sich von Jahr zu Jahr weiterentwickeln soll, ich brauche keine endgültige Wohnung, aus deren geordnetem Frieden heraus ich dieses Geschäft führen will, – aber nicht nur, dass ich eine solche Wohnung nicht brauche, sie macht mir Angst.« Besonders geärgert habe ihn Felices Entzücken beim Anblick der mächtigen Eichenkredenz. »Wenn bei der Besichtigung irgendwo in der Ferne des Möbellagers ein Sterbeglöckchen geläutet hätte, es wäre nicht unpassend gewesen.«

Also, sagte Felice um des lieben Friedens willen, keine schweren Möbel, nicht die Eichenkredenz.

Franz seinerseits räumte ein, dass er Emmy Brühl oder einer anderen Freundin in der gemeinsamen Wohnung bestimmt nicht die Tür weisen werde, wenn Felice sie zum Tee bitte, vorausgesetzt, keine der Frauen zwinge ihn, vom Kuchen zu essen oder Zucker zu knacken. Er bekräftigte erneut, nach dem Krieg in Berlin leben zu wollen, für sein Schreiben sei das lebenswichtig.

In diesem Fall, warf Felice mit hörbarer Erleichterung ein, gebe es ja gar keinen zwingenden Grund mehr für sie, ihre Arbeit bei den Technischen Werkstätten aufzugeben. Sie malte Franz ein lebendiges Bild der kriegsbedingten Veränderungen im Berliner Alltag. Im Laufe der letzten zwei Jahre hatte sich das Verständnis für berufstätige Frauen rasant verändert, immer mehr weibliche Arbeitskräfte waren in diesen Zeiten verantwortlich für das Funktionieren des öffentlichen Lebens. Unübersehbar, dass die Frauen das Steuer in die Hand genommen hatten, man sah sie als Straßenbahnchauffeurinnen und zunehmend auch hinterm Lenkrad eines Automobils. Sie versorgten die Kranken in der Charité, kehrten die Straßen und waren sich nicht zu schade, als Gepäckträgerinnen vorm Anhalter Bahnhof auf Reisende mit schweren Koffern zu warten, letzteres freilich kein Dienst, um den eine sich riss, aber viele der neuerdings in allen möglichen Bereichen tätigen Frauen schafften es, ganz alleine eine Familie durchzubringen, wenn der Mann vermisst oder gefallen war. Auch Postbotinnen war Felice bereits begegnet. Kaum vorstellbar, dass Frauen wieder in die zweite Reihe zurücktreten würden, wenn der Krieg einmal aus war. Der Krieg hatte als grausamer Regisseur die üblichen Geschlechterrollen über den Haufen geworfen und damit etwas bewirkt, wofür Frauenrechtlerinnen schon lange kämpften. Franz und Felice konnten jetzt doch auch ungewöhnliche Regeln aufstellen, die ihrem künftigen Zusammenleben förderlich wären. Felice würde weiterhin Geld verdienen, damit Franz nach Lust und Laune der Literatur frönen konnte. Dass Felice als verheiratete Frau berufstätig bliebe, wäre zwar immer noch die Ausnahme, war jedoch längst nicht mehr so aufsehenerregend wie vor dem Krieg. Sie würde ihre Stelle diesmal nicht kündigen, auf gar keinen Fall. Wie vormals bei Lindström hatte sie sich als rechte Hand des Chefs auch bei den Technischen Werkstätten längst unersetzlich gemacht.

Ein fortschrittliches Paar werden wir sein, du, Franz bekommst deine Ruhe am Schreibtisch, und ich bin weiterhin in der Firma und getragen von der Anerkennung, an die ich mich, zugegeben, in all den Jahren als Prokuristin gewöhnt habe.

Der kluge Franz brachte Felices inneren Konflikt auf den Punkt; er hatte doch längst erkannt, was für eine selbstbewusste Frau sie war: »Du bist nicht unselbstständig, F., Du hast vielleicht oder besser ganz bestimmt Lust unselbstständig zu werden, aber das ist eine Lust, der Du kaum auf die Dauer nachgeben würdest. Du könntest es nicht.«

Wie gut Franz sie doch kannte, schon lange! Felice sah sich in ihrem eleganten Schneiderkostüm im Norfolk-Stil, die für Büroangestellte übliche Kluft mit langem, dunklem Rock, Seidenbluse mit hüftlanger, taillierter Jacke, die Leipziger Straße entlanglaufen, eine verheiratete und dennoch freie Frau. An jenem Tage las Franz ihr nicht weiter vor. Sie waren verlobt, auf ein Neues.

Franz hielt weiterhin an der Idee mit der Wohnung im Grünen fest. Felice erinnerte sich gut, aber nicht gern an die Besichtigung der Genossenschaftswohnung außerhalb von Prag, wo kein Mensch Deutsch sprach und die Anbindung an die Stadt ihr umständlich vorkam, diese ewige Fahrt mit der Elektrischen. Wenn sie aber in Berlin blieben, konnte sie sich durchaus an den Gedanken gewöhnen, draußen im Grünen zu wohnen. Denn die viel besungene Berliner Luft war äußerst schlecht, kein Vergleich mit der im ländlich wirkenden Prag. Von ihrem Büro aus konnte Felice die Rauchwolken sehen, die aus den Schornsteinen an der Spree hervorquollen, und auch zu Hause in Charlottenburg, im Norden jenseits des Schlossparks, schickten die Schlote von Siemens & Halske Qualm in den Berliner Himmel. Für einen Frischluftfanatiker wie Franz musste das Leben in einer Industriestadt wie Berlin die Hölle sein.

Was hältst du zum Beispiel von Karlshorst, schlug Franz vor. Karlshorst lag im grünen Südosten von Berlin und wurde wegen der schönen Villen und der dörflich wirkenden, baumbestandenen Kopfsteinpflasterstraßen auch ›Dahlem des Ostens‹ genannt. Dem Bezirk eilte der gute Ruf als Naherholungsgebiet voraus. Gleich hinter Köpenick rauschte der Wald und lud zu täglichen Spaziergängen ein, im nahen Müggelsee würde Franz seinem Lieblingssport nachgehen und im märkischen Sand ein Sonnenbad nehmen können. Hier würde Felice endlich richtig schwimmen lernen; bis jetzt hatte sie es noch nicht geschafft, in der Schwimmhalle in der Krummen Straße zu üben, ihr fehlte schlichtweg die Zeit dazu. Die Fahrt mit der S-Bahn von Karlshorst in die Innenstadt dauerte auch nur eine knappe halbe Stunde. Darauf konnte Felice sich einlassen, schließlich war der tägliche Weg zur Arbeit aus der Wilmersdorfer Straße jetzt auch nicht viel kürzer. Karlshorst war zwar nur ein Abglanz der neumodischen Gartenstädte, wie sie gerade erst von Architekten wie Bruno Taut oder Paul Schmitthenner entworfen worden waren, die Siedlung Falkenberg oder die Gartenstadt

Staaken, aber immerhin. Schauen wir uns um, sagte sie, gleich nach dem Krieg. Angesichts der krisenhaften Versorgungslage, die sich mit dem Friedensschluss sicher nicht schlagartig ändern würde, war es durchaus klug, an einen kleinen Garten zu denken, wo man gesundes Obst von eigenen Apfel- und Birnbäumen pflücken konnte.

Gemeinsam, aufs Briefpapier des Schlosshotels, schrieben sie, geradezu euphorisiert und noch beim Frühstück, die frohe Kunde nach Berlin, an Felices Mutter. Franz versicherte seine ernsten Absichten, »… wir haben gefunden, dass wir vor Jahren die Sache verkehrt angefasst haben«, und Felice fügte hinzu: »[…] ich hoffe, Du verstehst die vorstehenden Worte von Franz so, wie sie gemeint sind. Du hast ja nun Gelegenheit, ihm Deine Liebe von neuem zu schenken.« Ottla bekam eine Karte mit der Ansicht des *Balmoral*, und Felice schlug ihr vor, auf ein paar Tage herzukommen, vorbei die Anflüge von Eifersucht auf Franz' Lieblingsschwester. »Hier ist es nämlich herrlich. Wie gut es uns nun geht und wie stark wir uns fühlen …«

Bei der vormittäglichen Trinkkur am Kreuzbrunnen scherzte Felice mit anderen jungen Frauen, die untereinander berlinerten, wie sie es so trefflich nachmachen konnte. Aus der Musikmuschel erklang ein sentimentales Violinkonzert, das die patriotischen Gesänge, die verwundete Soldaten selbst noch arg lädiert im Rollstuhl auf der Kurpromenade anstimmten, einen Walzerschritt lang vergessen ließ. Auf einer Rasenfläche des Kurparks, der sich als grünes Band durch den ganzen Ort zog, sprudelte in einer Pfütze ungebändigt eine Quelle, in der eine Amsel planschte. Am Nachmittag, die Sonne hatte die Pfützen weggeleckt und die matschigen Wege getrocknet, besuchten Franz und Felice das große Ausflugslokal *Egerländer* auf einer Anhöhe über Marienbad und beschlossen bei Limonade, auch noch zum *Dianahof* bei der Waldquelle zu wandern, um dort eine weitere Limonade zu trinken.

Unterwegs durch den Ort kamen sie an einem Grüppchen ärmlich gekleideter Kinder vorbei, die jiddisch und russisch miteinander sprachen und wenig ins operettenhafte Bild des Kurortes passten; sie strömten aus einer Talmud-Thora-Schule, die offenbar für galizische Flüchtlinge aus den östlichen Kriegsgebieten eingerichtet worden war.

Ob Felice schon mal was vom Jüdischen Volksheim in Berlin gehört habe, fragte Franz. Felice verneinte. Franz erklärte, diese erst kürzlich ins Leben gerufene, wohltätige Institution kümmere sich um vorm Krieg geflüchtete Ostjuden, die vor allem in der Hauptstadt Berlin immer zahlreicher eintrafen und oft unter beklagenswerten Bedingungen hausten. Sachspenden seien willkommen, Kleider, Möbel, aber vor allem geistige Beiträge, die vielen Kinder bedürften dringend der Bildung. Ob sie dort mal hingehen und sich erkundigen wolle, welchen hilfreichen Beitrag sie leisten könne.

Felice erschrak ein wenig, Franz wusste doch, dass ihr wohlverdienter Feierabend durch Überstunden und Nebenjobs stets in Gefahr war. Zudem, gab sie zu bedenken, expandierten die Technischen Werkstätten gerade jetzt zu Kriegszeiten, weil technisches Gerät besonders Konjunktur hatte.

Schau es dir einfach mal an, sagte Franz, vielleicht macht dir das Unterrichten ja Spaß. Hinter Franz' Vorschlag steckte vor allem eines: Er wollte, durchaus sinnvoll, durch die Literatur ein Bindeglied zwischen sich und Felice schaffen, ein gemeinsames Thema für die Briefe, die bis zum ersehnten Kriegsende noch geschrieben werden würden.

Felice fragte vorsichtig: Wo genau ist denn dieses Volksheim? Auf der schattigen Allee zur Waldquelle hüpfte ein Rotkehlchen, flatterte auf und flog ihnen zur Terrasse des *Dianahofs* voraus.

Nach zehn Tagen, am 13. Juli, musste Felice schon wieder fort, mehr Urlaub hatte man ihr leider nicht bewilligt, doch sie verabschiedete sich nun leichten Herzens von Franz, der noch ein wenig länger im Kurparadies bleiben wollte. Die Tage in Marienbad hatten endlich zu jener großen Nähe jenseits von Briefen geführt, die Felice lange so schmerzlich vermissen musste. Bevor Franz Felice zum Bahnhof brachte, in Eger hielten die Fernzüge, verabredeten sie sich mit Julie Kafka und Valli, die sich gerade im nahen Franzensbad aufhielten. Die Begegnung, vor der sich Felice vor allem wegen des angespannten Verhältnisses zwischen Mutter und Sohn ein wenig gefürchtet hatte, fiel unerwartet harmonisch aus. Franz zeigte sich verblüffend entspannt und redselig, als sie durch den Park spazierten. Wir werden es nun doch gemeinsam versuchen, nach dem Krieg, in Berlin. Auch bei den beiden Kafka-Frauen, die die unerhörte Neuigkeit sicher brühwarm nach Prag weiterleiten würden, löste die frohe Botschaft Freude aus, unglaublich nach all dem, was vor zwei Jahren im *Askanischen Hof* vorgefallen war. Doch Felices ausgleichende Natur hatte auch diesmal gesiegt.

Als Felice gleich nach ihrer Rückkehr Post mit der

vertrauten Handschrift aus dem Briefkasten fischte, war Franz ihr ganz nah: »Meine arme Liebste, ich schreibe mit Deiner Feder, Deiner Tinte, schlafe in Deinem Bett, sitze auf Deinem Balkon – das wäre nicht schlimm, höre aber durch die nur einfache Tür den Lärm des Ganges und den Lärm der Doppelmieter rechts und links. [...] ich gehe jetzt in den *Dianahof*, um über den Butterteller gebeugt an Dich zu denken.«

Als Felice wieder im Büro der Technischen Werkstätten saß, gebeugt über die Schreibmaschine, konnte sie Franz' Hand auf ihrer Schulter spüren, die mit jedem lieben Wort mehr Wärme verströmte. »Liebste – übertreibe ich das Schreiben wieder wie in frühern Zeiten? Zur Entschuldigung sitze ich auf Deinem Balkon, auf Deiner Tischseite, es ist, als wären die 2 Tischseiten Wagschalen; das an unsern guten Abenden bestehende Gleichgewicht wäre gestört; und ich, allein auf der einen Wagschale, versänke: Versänke, weil Du fern bist. Darum schreibe ich.«

Viele der Kolleginnen waren Ende Juli noch verreist, und Felice war unlustig, alleine in die Mittagspause zu gehen, die man oft plaudernd im Restaurant *Napoleon* in der Nähe des Büros verbrachte. »Heute war ich den ganzen Tag im Büro«, schrieb sie auf eine Karte an Franz, »hier ist niemand, der mich an der Hand nimmt, mit mir zum *Napoleon* geht und allein zum Essen zu gehen, habe ich nicht fertig gebracht.« Sie lutschte den üblichen Riegel Schokolade und brühte sich einen Tee auf, während Franz wahrscheinlich im vornehmen Speisesaal des *Balmoral* saß und sich an Spinat, Kirschen und, welch Völlerei, auch an Vanillenudeln labte. Die jedenfalls waren vorgestern noch serviert worden im *Balmoral*, wo man die Gäste mitten im Krieg mit solch rar gewordenen Köstlichkeiten bei

Laune hielt. Immer wieder rief Felice sich Marienbad ins Gedächtnis wie einen schönen Traum, der in den mageren Zeiten der Trennung nicht verblassen durfte. Marienbad war der Beweis, dass man es gemeinsam gut aushalten konnte, sie und Franz. Jeder einzelne Tag in Marienbad hatte bestätigt, was Felice schon lange zu wissen glaubte: Statt unausgesetzter Briefe musste gemeinsamer Alltag her. Gelebtes Leben, die kleinen Glücksmomente, die das Schreiben nie und nimmer ersetzen konnte, auch wenn Franz meistens anders redete. Das Rotkehlchen im Wald, der duftende Morgenkaffee im Hotel, die Hände nebeneinander auf dem Balkongeländer, ein warmer Körper, den man nur zu berühren brauchte, um Harmonie und Einklang zu finden, Briefe waren doch nur der Weg zu solchen Wirklichkeiten, nicht mehr. Marienbad war ein Faustpfand ihrer nun durch nichts mehr zu erschütternden Liebe. Schon Goethes Herz hatte hier höher geschlagen: 1820 hielt er sich in Marienbad auf, hoffnungslos verliebt in eine Frau; natürlich hatte Felice seine *Marienbader Elegien* gelesen, Goethes pathetisches Echo auf seine unerfüllte Liebe zur blutjungen Ulrike von Levetzow, die allerletzte Liebeserfahrung des damals immerhin schon über siebzig Jahre alten Dichters.

Liebesdienst im Scheunenviertel

Felice fand tatsächlich Gefallen am Unterrichten. Sie konnte ihr Faible für Literatur und Kunst, das sich bislang auf Sofalektüre beschränkt hatte, in der Mädchenklasse des Jüdischen Volksheims weitergeben. Ihr ging das Herz auf, wann immer eines der Kinder aus eigenem Antrieb ein von ihr vorgestelltes Buch weiterlas oder kluge Fragen dazu stellte. Warum war sie eigentlich nicht Lehrerin geworden, das Unterrichten lag ihr geradezu im Blut. Zu schön wäre es gewesen, eine Höhere Töchterschule zu besuchen und danach ein Lehrerinnenseminar für die Volksschule. Doch das war teuer, und für vier Töchter hatten sich die Bauers eine längere Ausbildung nicht leisten können, ganz ausgeschlossen, der Vater brachte von seinen Vertreterreisen mal mehr, mal weniger Geld nach Hause. Auf ihren Spaziergängen durch die Stadt war Felice auch am Viktoria-Luise-Platz vorbeigekommen, vor einem prunkvollen Portal, geschmückt mit einer Männerbüste, scharten sich Mädchen und junge Frauen und schwärmten in den gegenüberliegenden Park aus, wo sie sich mit Pausenbroten um ein Brunnenrondell mit hoher Fontäne versammelten. Felice trat näher, es war die Büste des Schulgründers, ein Herr Lette, der schon im 19. Jahrhundert einen Verein zur Förderung der Erwerbstätigkeit von Frauen gegründet hatte. Hier wurden verschiedene Kurse angeboten, Felice fand die ernährungswissenschaftlichen Themen spannend und die künstlerischen, etwa Grafik, sämtliche Fächer konnte man mit einem Abschlusszeugnis absolvieren. Die jungen Frauen heute haben es besser, dachte Felice; wie ihre drei Schwestern war sie einfach eine Generation zu früh geboren. Sie hatte lediglich ein paar Stenotypiekurse ohne Abschluss besucht, und ihr routiniertes Können verdankte sich vor allem dem Sprung ins kalte Wasser der Berufstätigkeit, zu der sie als Miternährerin der Familie früh gezwungen war. Ohne Frage, bei Lindström hatte sie sich Qualifikationen erworben, mit denen sie jedem Studierten das Wasser reichen konnte. Das Unterrichten im Jüdischen Volksheim war jedoch keine bloße Dienstleistung, es ging um einen höheren, einen humanistischen Auftrag. Felice war Franz dankbar, dass er sie zum Volksheim gedrängt hatte, unter den vielen wissbegierigen Kindern fühlte sie sich wohl und eigentlich viel besser am Platze als im Büro.

Von der Palästinareise war seit ihrer ersten Begegnung mit Franz im August 1912 nie wieder die Rede gewesen. Das Jüdische Volksheim war nun Felices Palästina, diese am 18. Mai 1916 eröffnete Institution, eine Art Volkshochschule für mittellose Juden. Das Gelobte Land war zusammengeschrumpft auf eine schmale Parzelle im Scheunenviertel. Als Felice sich zum ersten Mal dorthin aufmachte, wie ferngesteuert aus Prag von den gewohnten Wegen über die Leipziger Straße und den Kurfürstendamm abwich, war ihr etwas mulmig zumute. Das Jüdische Volksheim lag hinterm Alexanderplatz in der Dragonerstraße 22, einem unauffälligen, vielleicht hundert Jahre alten Haus. Als Felice das Scheunenviertel von der Alten Schönhauser Straße her kommend durch die enge Schendelgasse betrat, empfing sie ein reges

Treiben, Männer mit langen, wehenden Mänteln, mit Bärten und Schläfenlocken, die sich unter spitzen Hüten hervordrehten, vor Hauseingängen warteten halbseidene Damen in hohen Schnürstiefeln auf Kundschaft, wild gestikulierende Straßenhändler boten überm ausgestreckten Arm Damenpelze und Herrenmäntel feil, Felice hatte irgendwo den Begriff Luftmenschen gelesen, damit waren wohl diese für Fiskus und Polizei unauffindbaren Geschäftemacher gemeint, die bei einer Razzia blitzschnell durch die labyrinthischen Gänge der Hinterhäuser und durch Hinterhöfe entfleuchten. Aus koscheren Gaststätten drang der Geruch von Mazzebrot und gefilte Fisch. Im Vorübergehen hörte Felice russisch, polnisch und jiddisch, ein unablässiges Gebrumm und Gebrause breitete sich wie ein Teppich zwischen den Häusern aus, Felice verstand kein Wort. Die sind auch Juden, dachte sie mit Befremden. Was sich hier so im Scheunenviertel rumtrieb, hatte nichts mit der bürgerlichen jüdischen Gesellschaft zu tun, die sie aus Charlottenburg kannte, nichts mit den betuchten assimilierten Westjuden aus dem Grunewald, von denen niemals je einer freiwillig einen Fuß ins Scheunenviertel setzen würde. Für die Feinmanns und die Goldsteins aus dem Westen waren die Isidors und Schlemihls, die Felice hier mit Befremden antraf, Lumpengesindel. Hier herrschte schon seit ein paar Jahren Kahlschlag; um das jüdische Ghetto auszumerzen und den Luftmenschen und halbseidenen Damen den Garaus zu machen, hatte man bereits das halbe Gebiet um den Bülowplatz abgerissen, auf dem sich seit 1913 ein monumentales Theater mit einem Säulenportal erhob, die neue Volksbühne. Einzig Dragoner- und Grenadierstraße waren vom Scheunenviertel übrig geblieben.

Felice wandte sich nach rechts in die Dragonerstraße, bahnte sich den Weg zwischen den vielen Menschen hindurch. Die 22 lag fast ganz unten an der Münzstraße und dem auch am heutigen Tag gut besuchten Biograf-Theater, wo rund um die Uhr Filme gezeigt wurden. Im Vorderhaus des Jüdischen Volksheims eine Obst- und eine Darmhandlung, durch das Spalier aus Früchten und Schweinsblasen betrat Felice einen dunklen Hausflur und fand hinter einer Wohnungstür eine Art Sekretariat. Da lagen viele Zeitungen herum, mehrere Ausgaben von *Palästina* und die *Jüdische Rundschau*, Hebräisch-Lehrbücher und Kinderfibeln, Landkarten mit Euphrat und Tigris. Hier drinnen herrschte ein wenig die Atmosphäre einer Dorfschule, nur dass in diesen schlichten Räumen auch ungemein gebildete Leute verkehrten, die aus den Städten in den östlichen Kriegsgebieten geflüchtet waren, darunter Mathematiker und Philosophen. Felice hatte, zugegeben, größten Respekt, auch weil sie die einzige Nichtzionistin war, die in der Institution von Dr. Siegfried Lehmann, einem jungen Mediziner, mithelfen sollte.

Wer weiß, ob ich die richtige Person für diese Aufgabe bin, ließ sie Franz an ihren Zweifeln teilhaben, die Kinder werden Fragen zum Zionismus stellen, die ich nicht beantworten kann. Siedend heiß fiel ihr wieder ein, dass sie damals bei Brods mit ihrem Hebräisch angegeben und noch nicht einmal gewusst hatte, was Tel Aviv bedeutete. Doch Franz beruhigte sie, es ginge überhaupt nicht um Unterricht in Zionismus, sondern um allgemeine Geistesbildung und pädagogische Zuwendung.

Vor Felice stand eine junge Frau, die sich als Salome Blumstein vorstellte. Sie habe, erklärte sie, den Zionistischen Mädchenclub mit zehn anderen Frauen gegründet und freue sich, dass nun auch Felice dazustoßen wolle. Von Dr. Brod habe man schon von ihr gehört.

Als Felice zum ersten Mal vor einer neunköpfigen Mädchengruppe stand, sah sie mit Erleichterung, wie richtig Franz' Einschätzung war. Die Kinder, zwischen elf und vierzehn Jahren, schauten Felice erwartungsvoll an, und weil ihr spontan nichts anderes einfiel, fing sie zu singen an. Die Mädchen stimmten sogleich ein in ihr Lied, ›Die Gedanken sind frei‹, das Lied, das ihr in den Kopf kam, ›sie ziehen vorbei, wie nächtliche Schatten‹, sang sie mit einem langgezogenen A. Sie hob die Hände und begann den kleinen Chor zu dirigieren. Von »brauchbaren jungen Menschen« schrieb sie Franz begeistert, und er schickte ihr umgehend Liederheftchen aus dem Inselverlag und ein Blauweißliederbuch des jüdischen Jugendbundes.

Das rasche Zutrauen der Kinder rührte Felice. Sie ließ sich mit Feuer und Flamme auf die Mission ein, diesen jungen Frauen den Weg in eine gute berufliche Zukunft zu ebnen. Für die Jungen gab es im Hause gut ausgestattete Vereinswerkstätten, wo sie Tischlern und Buchbinden lernen konnten, beste Voraussetzungen, entsprechende Lehrstellen im Handwerk zu finden. Ähnlich wurde mit den Mädchen gearbeitet, die sich beruflich qualifizieren sollten und in den Gruppen zu verantwortlichen Aufgaben herangezogen wurden. Felice bestimmte immer eine zu ihrer Assistentin, die mit ihr gemeinsam die kommende Stunde plante. Die Mädchen rissen sich darum, Felice zur Hand zu gehen. Nur die kleine Hertha schoss oft quer, schaute böse drein und trieb es mit ihrer garstigen Art so weit, dass die anderen Mädchen nicht mehr mit ihr sprechen wollten.

Schon nach ein paar Tagen bewegte sich Felice völlig furchtlos durchs muntere Treiben im Scheunenviertel, immer mittwochs um 18 Uhr und samstags um 17 Uhr fand sie sich dort ein; es gab schon Leute auf der Straße, die sie wiedererkannten und freundlich grüßten, der Obsthändler, eine der jungen Damen auf dem Trottoir. Felice war glücklich über den Einblick in eine andere Welt, der sich ihr hier bot. Die pädagogische Mission stärkte das zeitweise schütter gewordene Band zwischen Prag und Berlin wieder. »Es ist das Heim, das uns so nahe bringt«, befand auch Franz. Er schickte Felice das *Handbuch der Bewegungsspiele für Mädchen* und erinnerte sie an die Wichtigkeit des Müllerns, das Buch des dänischen Freiübungslehrers *Mein System für Kinder* war schon 1913 erschienen. Ganz im aktuellen Reformgeist hatte ein Förderer des Jüdischen Volksheims, Siegbert Stern, den Pädagogen eine Jagdhütte als Waldheim zur Verfügung gestellt. In den Sommerferien hielten sich Mädchengruppen dort auf und zogen von dort aus zu Wanderungen los. Auch Felice machte einen Ausflug dorthin, ins Mühlenbecker Land, mit der S-Bahn gut zwanzig Minuten nach Norden raus, im Freien ließ sich besonders gut singen und müllern. Was die eigene Weiterbildung betraf, war Felice nicht faul. Sie absolvierte einen der angesagten Fröbelkurse, ein reformpädagogisches Seminar zu ›Flecht-, Papp- und Tonarbeiten‹, einen Försterkurs, der sich mit Friedrich Wilhelm Foersters *Jugendlehre. Ein Buch für Eltern, Lehrer und Geistliche* beschäftigte. Und sie lernte auch wieder Hebräisch, wer weiß, eines Tages würden sie und Franz die Palästinareise doch noch unternehmen, dann wäre dies von großem Nutzen. Durch das Jüdische Volksheim wurde Felice auf ihre eigenen Wurzeln gestoßen. Sie besuchte die Vorträge des russischstämmigen Palästinensers Ben Nathan zur biblischen Geschichte und ließ die Mädchen selbstständig ausgearbeitete Vorträge halten, die von den Propheten aus der Thora handelten, Jesaja, Jeremia, Hesekiel und Daniel, alle kamen dran.

Franz wurde zu Felices berufenem Berater bei der Literaturauswahl. Nein, beschied er, Lessings *Minna von Barnhelm* sei ein zu schwieriger Stoff, und Felice brach die Lektüre vor dem letzten Akt ab, in dem die Heldin unter die Haube kam. *Die Galoschen des Glücks* von Hans Christian Andersen waren, wie sich zeigte, die geeignetere Geschichte für den Unterricht mit Jugendlichen.

Sie handelt von zwei Feen, erklärte Felice, zwei Feen, die machen können, dass der Träger eines Paars Galoschen augenblicklich erfüllt bekommt, was er sich wünscht, dass jeder, der sie trägt, an die Stelle oder in die Zeit versetzt wird, wo er am liebsten leben möchte, der Mensch hienieden also endlich einmal glücklich sein wird. ›Jetzt stelle ich sie hier an die Tür her; einer vergreift sich wohl und wird somit der Glückliche‹, las Felice vor.

Eines der Mädchen meldete sich: Sie würde sich als Trägerin der Pantoffeln wünschen, dass sie nach Eretz Israel käme, in eine jüdische Gemeinschaft am See Genezareth, wovon ihre Eltern zu Hause erzählten. Ein anderes Mädchen wünschte sich das Ende des Krieges und endlich wieder Kuchen und Schokolade.

Nun wollen wir aber hören, was der Mann, der die Galoschen an den Füßen trägt, sich gewünscht hat, sagte Felice, er möchte nämlich zum Mond fliegen. Sie begann vorzulesen: »Und er hatte in einigen Sekunden die 52.000 Meilen bis zum Monde zurückgelegt, der wie bekannt aus einem leichteren Stoffe als unsere Erde geschaffen und weich, wie frischgefallener Schnee ist. Unsere Erde aber schwebte wie eine große feuerrote Kugel über seinem Haupte. Da gab es gar viele Geschöpfe, die Menschenähnliches hatten; aber sie sahen doch ganz anders aus als wir. Sie unterhielten sich über unsere Erde und bezweifelten, dass sie bewohnt sei; denn die Luft müsste daselbst viel zu dicht sein, als dass ein vernünftiges Mondgeschöpf darauf leben könnte. Nur den Mond hielten sie für fähig, als Wohnplatz lebendiger Wesen zu dienen; er wäre im All der eigentliche Körper, auf dem die alten Weltbürger wohnten.«

Das kleinste der Mädchen hielt Palästina für einen fernen Stern am Firmament. Ein anderes fragte Felice, was sie sich denn wünschen würde, wenn sie die Galoschen an den Füßen trüge, und während Felice noch über eine Antwort nachdachte, standen ihr die Galoschen des Glücks deutlich vor Augen: Sie glichen den Pantoffeln von Frau Brod, die sie, Felice, am Abend des 13. August 1912 getragen hatte.

Das Jüdische Volksheim und die dortigen Aktivitäten waren durchaus nicht unumstritten. Die wohlhabenden und gebildeten Leute aus dem Westen, die sich für arme Einwanderer aus dem Osten einsetzten, wurden von kritischen Geistern als Kulturzionisten belächelt. Ein neunzehnjähriger, äußerst selbstbewusster Student der Religionsphilosophie, Gershom Scholem, bemängelte von Beginn an, dass die nationaljüdisch eingestellten Westjuden, die zum Zionismus tendierten, in Wahrheit nur embryonale Kenntnisse vom Judentum besaßen; er hielt das Engagement für eine eitle Modeerscheinung.

Felice war selbst dabei, als Siegfried Lehmann aus Franz Werfels Dichtungen vorlas und Scholem das Gesicht bei jedem Vers verzog. Er hasste, Franz hätte in die Kritik mit eingestimmt, die ästhetische Ekstase, das expressionistische Pathos, das gerade modern war, und das ihm aus diesen Rezitationen entgegenschrie. Die Lesung endete mit der Ankündigung des nächsten Vortrags von Lehmann über ›Das Problem der jüdisch-religiösen Erziehung‹. Scholem, höchst erregt, schimpfte auf die hanebüchenen Interpretationen von Martin Bubers Worten, diese naive Verherrlichung und Mystifizierung des Zionismus, man solle stattdessen lieber von der Pike auf Hebräisch lernen, um zu wissen, wovon man spreche. Lehmann seinerseits brauste auf, was der junge Spund sich eigentlich erlaube, die gute Sache anzugreifen, es handle sich mitnichten um jüdische Folklore, die man hier betreibe. Scholem polterte weiter, alle Diskussionen über jüdische Identität seien literarisches Geschwätz, die jeder Grundlage entbehrten. So sprach er, ließ Lehmann stehen und verließ türenschlagend das Volksheim.

Diese Szene zwischen den beiden Männern hatte doch dramatisches Potenzial. Felice beeilte sich deshalb, den Vorfall Franz mitzuteilen, der sich auf die Seite Scholems schlug. »Die Debatte, von der Du erzählst, ist charakteristisch, ich neige im Geiste immer zu Vorschlägen wie denen des Hr. Scholem, die das Äußerste verlangen und damit gleichzeitig das Nichts.« Nun, die Intellektuellen verstand Felice nicht immer, sie war sich nicht sicher, ob sie beurteilen konnte, was da diskutiert wurde. So viel wusste sie jedoch aus ihren Mädchengruppen, man musste die Kinder da abholen, wo sie sich ganz besonders für etwas interessierten, den

Sport oder Märchen. Handeln bestand aus Kompromissen, man konnte nicht immer so radikal sein wie der junge Feuerkopf, dieser Scholem, es forderte. Es war wie mit den Galoschen des Glücks: Die Feen beschlossen einmütig, dass sie ihren Zauber verwirkt hatten, weil nach der Reise ins Wunschland niemand mehr mit seinem wirklichen, nie ganz idealen Leben glücklich wäre. Erst jetzt fiel Felice eine Antwort auf die Frage des Mädchens ein, wohin Felice in den Glücksgaloschen ohne Zögern eilen würde, sofort und immer wieder: Marienbad war doch nicht weit.

Die Schülerinnen im Jüdischen Volksheim stellten Felice noch eine andere Frage: Haben Sie selbst denn Kinder, Fräulein Bauer? Sie öffnete bereitwillig das Medaillon an ihrer Brust, zeigte den Mädchen die kleine Muzzi und wünschte sich, das Bildchen dereinst durch das ihres eigenen liebreizenden Töchterchens oder eines Fränzchens ersetzen zu können. Doch sie ahnte, dass ihr ein hartes Stück Arbeit bevorstand, denn in Franz' Welt waren Kinder kleine Ungeheuer und die Eltern auf die undankbare Rolle von Dompteuren festgelegt. Felice besaß ein Foto des kleinen Franz, er stand im Mädchenkleid und mit grimmiger Miene auf einem Polstersessel, »das böse Gesicht war damals Spaß, jetzt halte ich es für geheimen Ernst«, kommentierte der Porträtierte und bestätigte ihre Ahnung vom in sich gekehrten Kind, das Franz gewesen war. »Fünf Jahre war ich wohl auf dieser Photographie noch nicht alt, vielleicht eher 2, aber das wirst Du als Kinderfreundin besser beurteilen können als ich, der ich vor Kindern lieber die Augen zumache. Als Erstgeborener bin ich viel photographiert worden und es gibt also eine große Reihenfolge von Verwandlungen. Von jetzt an wird es in jedem Bild ärger, Du wirst es ja sehn. Gleich im nächsten Bild trete ich schon als Affe meiner Eltern auf.«

Felice rührte das Kinderbild von Franz, wenn sie es betrachtete, konnte sie sich gut vorstellen, wie mutterseelenallein er sich gefühlt haben musste als einziger Junge zwischen Kindermädchen und dem Schwesterntrio, die Eltern nie da, die ständig im Geschäft arbeiteten. Am liebsten hätte sie den kleinen Franz in den Arm genommen. Und das frühe Bild von ihm nährte ihren Wunsch, einem niedlichen Kindchen dereinst eine gute, liebende Mutter zu sein.

Zu Kindern fiel Franz vor allem eines ein: Lärm. Aber dagegen gab es schließlich Ohropax. Schien Franz seit Marienbad zu Kompromissen in Sachen Möbeln und Ernährung bereit, beim Thema Nachwuchs wich er weiterhin aus: »Die Kinderfrage, die Du stellst, gehört zu den schwierigsten und ist wahrscheinlich überhaupt unlösbar. Sie gehört sogar wesentlich zu meinen Verzweiflungsanfällen. Sie ist weder zu lösen noch zu vernachlässigen. Was für eine Peitsche ist aus dieser höchsten Ermächtigung gedreht worden.«

Statt ihr eine eindeutige Antwort zu geben, schickte Franz Felice in eine große Ausstellung, die, das hatte er aus der Zeitung, seit Anfang September in Berlin zu sehen war, zum momentan viel diskutierten Thema: ›Mutter und Säugling‹. Die Schau informierte über moderne Methoden zur Pflege von Kleinkindern, über Hygienestandards und fortschrittliche Erziehungsmethoden von der Geburt bis ins Schulalter. Auch im *Berliner*

Tageblatt war schon lobend von dieser Ausstellung berichtet worden. Felice machte sich an einem freien Tag auf zum Preußischen Herrenhaus in der Leipziger Straße; in den hohen, repräsentativen Räumen waren vor allen Dingen andere junge Frauen anzutreffen, wissbegierig über Schautafeln gebeugt, auf denen verschiedene Physiognomien von Neugeborenen oder praktische Wickelmethoden für Säuglinge erläutert wurden. Ob der Kinderarzt, der so flott tanzen konnte, inzwischen eigene Kinder hatte? Sicher war dieser gut aussehende Mann längst verheiratet, mit einer Frau, die all die pädiatrischen Anweisungen, die hier erklärt wurden, perfekt befolgte. Oder gar mit einer Kollegin; immer mehr Frauen studierten neuerdings Medizin, gerade in der Kinderheilkunde und bei der Geburtshilfe konnte man erstaunlich viele Ärztinnen antreffen.

»Mit der Bemerkung über die Gleichheit der Frauen willst Du mir wohl Angst machen? Als ein Zeichen des Vertrauens nehme ich diese Bemerkung hin.« Felice hatte Franz sofort Bericht erstattet, wie aufschlussreich sie die Ausstellung fand, doch ihre Begeisterung war ihm auch wieder nicht recht, man konnte meinen, er habe sich einen abschreckenden Effekt versprochen. »Was die Ausstellung betrifft so mag sie wohl sehr schön sein, aber vollständig ist sie gewiss nicht. Es fehlt ihr eine Schreckenskammer, deren Hauptstück z. B. eine Gruppe sein müsste, wie sie etwa eine Kusine von mir mit ihrem Mann und dem Kinderwagen darstellt.« Die fragliche Cousine schien durch die Verheiratung mit einem von der Familie ausgesuchten Mann und die andauernde finanzielle Misere zunehmend verwirrt, das zweijährige Töchterchen liege »breit und unbeweglich im Wägelchen, die Augen dreht es ziellos und gleichgültig, es kann gar nicht sitzen, um den Mund gibt es kein Lächeln, kein Wort ist ihm zu entlocken. Wenn nun die Eltern zu beiden Seiten des Kindermädchens und des Wagens spazierengehn, von einem Bekannten (etwa mir) wider Willen angehalten werden, die Mutter mit diesem Vater und diesem Kind belastet stehen bleibt, mit Tränen in den Augen zwischen dem Bekannten und dem Kind hin und herschaut und doch auch ein Lächeln aufbringt, um den immer zufriedenen Mann mit seinem Lachen nicht ganz allein zu lassen – kurz, das gehört wohl auch in jene Ausstellung.« Franz' Beschreibung klang sehr nach Tolstoi: ›Alle glücklichen Familien sind einander ähnlich, jede unglückliche Familie ist unglücklich auf ihre Weise.‹

Als Felice noch einmal in den alten Briefen blätterte, kam ihr ein früher Brief von Franz in die Hände, vom Dezember 1912: »... von allem sonstigen abgesehn, dem Wagnis Vater zu sein, würde ich mich niemals aussetzen dürfen.« Aus medizinischen Gründen stand dem allerdings nichts im Wege, und die reformerischen Erziehungsmethoden interessierten ihn ebenso wie Muzzis Entwicklung, er schickte ja sogar Pakete mit Kinderbüchern und Süßigkeiten aus Prag nach Budapest. Julie Kafka war fest davon überzeugt, dass Felice in der Lage war, Franz im Laufe der Ehe umzumodeln. Er würde schon begreifen, dass Kinder seine häufige Niedergeschlagenheit und seine Verzweiflungsanfälle nicht verschlimmern, sondern lindern würden. Oder wer könnte sich einem fröhlichen Kinderlachen entziehen, wer grüblerisch in der dunklen Stube hocken bleiben, wenn ein kleiner Junge ihn am Hosenbein zupfte und auf der

Gasse spielen wollte? Felice sah optimistisch nach vorn. Fürs Kinderkriegen wäre noch genug Zeit, wenn endlich die Käthe-Kruse-Puppen in Soldatenuniformen aus den Spielzeugläden verschwunden sein würden.

Auf den Leib geschrieben

Es war kein einfaches Kunststück, die Marienbader Harmonie in Briefen am Leben zu erhalten. Bald nach der Rückkehr von der Reise, zum vierten Jahrestag ihres Kennenlernens am 12. August 1916, schickte Felice einen Gedenkbrief nach Prag, worin sie Franz an die schicksalhafte Begegnung bei Brods erinnerte. »Weißt Du noch, heute vor vier Jahren?«

Felice erschrak ein wenig. So lange kannten sie sich schon, und so selten hatten sie sich in all der Zeit gesehen, dabei konnte Felice sich gerade seit Marienbad besser vorstellen, wie sie gemeinsam auf trauten Wegen wandelten. Franz' Antwort begann mit ernüchternden Zeilen: »… um die Wahrheit zu sagen, an das Datum erinnere ich mich eigentlich nicht, ja nicht einmal ohne weiteres an das Jahr.« Erst beim Weiterlesen fiel Felice ein Stein vom Herzen, denn Franz kokettierte nur mit seinem Gedächtnisschwund. »Jede Einzelheit weiß ich. Ich kenne noch beiläufig jene Stelle auf dem Graben, wo ich ohne Grund aber absichtlich aus Unruhe, Verlangen und Hilflosigkeit vom Trottoir mehrmals in die Fahrbahn stolperte. Und dann entschwebtest Du im Aufzug, statt mir ohne Rücksicht auf Hr. Brod ins Ohr zu sagen: ›Komm mit nach Berlin, lass alles liegen und komm!‹« Dass Franz sie an jenem Augustabend in Prag bis in die Halle des Hotels *Blauer Stern* begleitet hatte, seltsam, das war ihr wiederum inzwischen entfallen, doch er verzieh es ihr. »Du gehörst zu mir«, stellte

Franz fest, »ich habe Dich zu mir genommen; ich kann nicht glauben, dass in irgendeinem Märchen um irgendeine Frau mehr und verzweifelter gekämpft worden ist als um Dich in mir, seit dem Anfang und immer von neuem und vielleicht für immer. Also Du gehörst zu mir.«

Die nächste Gelegenheit für ein Wiedersehen zeigte sich vage am Horizont; Franz kündigte eine Lesung aus einem unveröffentlichten Text an, er habe Reiseerlaubnis irgendwann im November, erst spät kristallisierte sich der Termin am 11.11. heraus. Nicht in Berlin, sondern in München, zehn Stunden Zugfahrt, doch Felice war fest entschlossen, die auf sich zu nehmen, wenngleich die Lesung wenig heitere Unterhaltung versprach. Es ging um eine Strafkolonie. Doch Felice hatte Sehnsucht. Seit Marienbad war ihr Körper alarmiert, er schrie nach weiteren liebevollen Berührungen. Sie freute sich über Franz' Anteilnahme an ihren Aktivitäten im Volksheim und über all die Lektüre- und Ausstellungsanregungen, die er ihr gab, gemeinsames Erleben ersetzten sie nicht. Im allerletzten Moment drohte Felices Reise doch noch zu scheitern, weil ihr Chef Adolf Marx seinen eigenen Urlaub angekündigt hatte, das hieß, Felice wäre unabkömmlich, denn sie war als Einzige befugt, an seiner statt Entscheidungen fällen. Doch als endlich das genaue Datum der Lesung feststand, bekam sie grünes Licht und eilte umgehend zum Fahrkartenschalter, telefonisch reservierte sie auch ein Zimmer im *Bayerischen Hof* am Promenadeplatz, wo Franz absteigen wollte. Für ein immer noch nicht offizielles Ehepaar war es ungebührlich, ein gemeinsames Zimmer zu nehmen, und Felice hoffte auf zwei nebeneinander liegende Zimmer mit einer Verbindungstür, so wie in Marienbad.

Der Kunstsalon Goltz in der Brienner Straße, gleich am Odeonsplatz, war weit über München hinaus bekannt. Im Frühjahr 1912 hatte hier eine Ausstellung der Künstlergruppe ›Der Blaue Reiter‹ stattgefunden, die Maler Wassily Kandinsky und Franz Marc hatten damals den neuesten Schrei der Kunst präsentiert, Bilder von Picasso, August Macke, Hans Arp und Kasimir Malewitsch. Auf der Straße war es zu tumultartigen Szenen gekommen; die aufgebrachten Leute, die ein schwarzes Quadrat als Scharlatanerie eines russischen Schmierfinken ansahen, waren nur durch entschlossenes Eingreifen der Polizei auseinanderzubringen. Viel war geschehen seitdem. Marc war, wie Macke gleich zu Kriegsbeginn, im letzten März an der Westfront gefallen, Kandinsky als Russe unerwünscht im Land. Und weil Hans Goltz, der Inhaber der Galerie, die gestrengen Behörden in Zeiten des Krieges besonders fürchtete, affichierte er nicht den wahren, verdächtig politisch klingenden Titel von Franz' Geschichte, sondern nannte die Lesung in der Veranstaltungsreihe neuer Literatur etwas kryptisch ›Tropische Münchhausiade‹. Ähnliche Vorsichtsmaßnahmen hielten den Verleger Kurt Wolff davon ab, Franz' Text über die Strafkolonie gerade zum jetzigen Zeitpunkt zu drucken, weil er befürchtete, dieser könne als kritische Allegorie des Krieges gelesen werden.

Immerhin rund fünfzig Leute stiegen die Treppe zur Galerie im ersten Stock hinauf, um der Lesung des weitgehend unbekannten Dichters aus Prag zu lauschen, unter ihnen Felice, die sich auf einen reservierten Platz vorn in der ersten Reihe setzte. Sie schaute sich um, der Galerist begrüßte seine Gäste, zwei angehende Schriftsteller namens Gottfried Kölwel und Eugen Mondt, einen Schweizer, der Max Pulver hieß und der sich mit halb wissenschaftlichen Themen wie der Grafologie und der Psychologie beschäftigte. Erste Gedichte von Pulver waren bereits im Verlag von Kurt Wolff erschienen. Rainer Maria Rilke förderte ihn, und Felice glaubte, auch ihn im Publikum gesehen zu haben. Man munkelte, der ungemein produktive Rilke stecke in einer tiefen Schaffenskrise, nach der Veröffentlichung seines Romans *Die Aufzeichnungen des Malte Laurids Brigge* fiele ihm nichts mehr ein. Dass den Wahlpariser der Ausbruch des Krieges während eines Deutschlandbesuchs ereilt hatte und seine gesamte Habe in der Pariser Wohnung beschlagnahmt worden war, trug gewiss nicht unerheblich zu seinem Unglück bei.

Es wurde um Ruhe gebeten, Hans Goltz kündigte an, dass Franz Kafka zunächst einige Gedichte seines Landsmannes Max Brod zum Vortrage bringen werde, da dieser wegen der herrschenden Reisebestimmungen nicht rechtzeitig an gültige Papiere gekommen sei. In die Stille hinein begann Franz mit der Lyrik des Freundes, die als ›Kosmische Kantate‹ angekündigt war: »Du monatskranke Mondesfee, es tun uns schon die Augen weh, wenn wir Dich sehn von Weitem nur!« Felice konnte sich ein heimliches Grinsen nicht verkneifen, was sie da hörte, war von unfreiwilliger Komik. Sie fragte sich, wie viel Überwindung Franz dieser Freundschaftsdienst gekostet haben musste, Max' Verse vorzulesen. Sie waren doch mindestens so schwülstig wie das, was er an der Lasker-Schüler so hasste: »Dass Dir der weiße Sonnengott noch immer aufgeht. Welch ein Spott! Du rinnst von ihm wie Tränenspur.« War das immer noch Expressionismus oder war das einfach nur schlecht? Wann war dieses skurrile Gedicht endlich zu Ende? Wann las Franz denn endlich aus seinem eigenen Manuskript? Es konnte nur besser werden.

Nach einem höflichen Applaus hob Franz von Neuem an: »In der Strafkolonie. [...] Es ist ein eigentümlicher Apparat. [...] Die Egge fängt zu schreiben an: ist sie mit der ersten Anlage der Schrift auf dem Rücken des Mannes fertig, rollt die Watteschicht und wälzt den Körper langsam auf die Seite, um der Egge neuen Raum zu bieten. Inzwischen legen sich die wundbeschriebenen Stellen auf die Watte, welche infolge der besonderen Präparierung sofort die Blutung stillt und zu neuer Vertiefung der Schrift vorbereitet. Hier die Zacken am Rande der Egge reißen dann beim weitern Umwälzen des Körpers die Watte von den Wunden, schleudern sie in die Grube, und die Egge hat wieder Arbeit. So schreibt sie immer tiefer die zwölf Stunden lang.« Schon nach den ersten Sätzen war sonnenklar: Was der so schüchtern wirkende Dichter hier vorlas, war nichts für Zartbesaitete. Unruhe kam auf im Publikum, eine ältere Dame hüstelte in ein Taschentuch. Ohne aufzublicken las Franz weiter: »Die ersten sechs Stunden lebt der Verurteilte fast wie früher, er leidet nur Schmerzen. Nach zwei Stunden wird der Filz entfernt, denn der Mann hat keine Kraft zum Schreien mehr. Hier in diesen elektrisch geheizten Napf am Kopfende wird warmer Reisbrei gelegt, aus dem der Mann, wenn er Lust hat, nehmen kann, was er mit der Zunge erhascht.« Ein Stuhl schurrte hart auf den Dielen, jemand verließ unter Protest den Saal, ein anderer folgte. Felice würde sich nicht wundern, wenn gleich eine der anwesenden Damen in Ohnmacht fiele. Franz wandte seinen Blick nicht vom Blatt ab: »Keiner versäumt die Gelegenheit. Ich weiß keinen, und meine Erfahrung ist groß. Erst um die sechste Stunde verliert er das Vergnügen am Essen. Ich knie dann gewöhnlich hier nieder und beobachte diese Erscheinung. Der Mann schluckt den letzten Bissen selten, er dreht ihn nur im Mund und speit ihn in die Grube. Ich muss mich dann bücken, sonst fährt es mir ins Gesicht.«

Wieder standen ein paar Leute auf und verließen die Lokalität, kopfschüttelnd und lautstark murrend. Da braucht man als Leser ja Nerven wie Drahtseile, rief jemand im Hinausgehen. Felice wäre auch nicht überrascht, wenn jemand mit einem Gendarmen wiederkäme und man Franz abführte, weil man glaubte, da habe einer den Verstand verloren, ein vollkommen Meschuggener, wer wusste denn, wozu der sonst noch fähig war. Doch niemand gebot ihm Einhalt, gnadenlos seine Stimme im Saal: »Wie still wird dann aber der Mann um die sechste Stunde! Verstand geht dem Blödesten auf. Um die Augen beginnt es. Von hier aus verbreitet es sich. Ein Anblick, der einen verführen könnte, sich unter die Egge zu legen. Es geschieht ja nichts weiter, der Mann fängt bloß an, die Schrift zu entziffern, er spitzt den Mund, als horche er. Sie haben gesehen, es ist nicht leicht, die Schrift mit den Augen zu entziffern; unser Mann entziffert sie aber mit seinen Wunden. Es ist allerdings viel Arbeit; er braucht sechs Stunden zu ihrer Vollendung. Dann aber spießt ihn die Egge vollständig auf und wirft ihn in die Grube, wo er auf das Blutwasser und die Watte niederklatscht. Dann ist das Gericht zu Ende, und wir, ich und der Soldat, scharren ihn ein.«

Neben Felice saß ein Herr, der sich eifrig Notizen machte, womöglich ein Zensor oder, was noch schlimmer sein konnte, ein Literaturkritiker. Sie warf einen verstohlenen Seitenblick auf das Notizbuch im Schoß ihres Sitznachbarn, ›stofflich abstoßend‹ stand da. Mit der Literatur, wie Felice sie bislang kannte, hatte das, was Franz heute vorlas, nichts zu tun. Das Gruselkabinett im Luna-Park am Halensee war dagegen harmloser Kinderschreck, der sich am Ende in Lachen auflöste. Hier löste sich gar nichts auf. Hier blieb nur ein verstörendes Vakuum und hilfloses Befremden. So sehr sie sich auch Mühe gab, bis zum Schluss verstand Felice nicht, warum die armen Leute aus seiner Geschichte überhaupt in die Strafkolonie abkommandiert und auf diese bestialische Art zu Tode gerichtet wurden. Das war vollkommen anders als in den Gruselgeschichten von Frankenstein oder Graf Dracula, die Felice mit behaglichem Schauder gelesen hatte. Waren die Türsteher und Junggesellen, die Franz' Fantasie gebar, immer noch einigermaßen gemütliche Zeitgenossen, so gefror einem beim Personal der Strafkolonie das Blut in den Adern. Vor allem aber die Beschreibung des Apparats, einer erbarmungslosen Foltermaschine mit über vibrierender Metallplatte zuckenden Nadeln, die dem Verurteilten das übertretene Gebot Wort für Wort in einer langen und blutigen, mit dem Tode endenden Prozedur immer tiefer in den Körper ritzten, verschlug Felice den Atem. Franz' Schilderungen erinnerten sie an ein ihr äußerst vertrautes Gerät. Die grausame Foltermaschine war ihrem Parlografen verdächtig ähnlich.

Felice saß es aus. Von den anfangs fünfzig Besuchern war nach einer Stunde nicht mal eine Handvoll übrig geblieben, die sich nach der Lesung rasch zerstreute. Einer der anwesenden Schriftsteller schlug vor, gemeinsam noch in ein Restaurant zu gehen, vielleicht ins gemütliche Café *Luitpold*, dem Künstlertreff gleich nebenan, und das Fräulein Bauer kommt freilich mit. Felice nickte zustimmend und griff nach ihrer Handtasche.

Im Café *Luitpold* war ordentlich was los, aber sie fanden einen freien Tisch, der groß genug für die ganze Runde war, Franz unterhielt sich vor allem mit dem Dichter Max Pulver äußerst angeregt, er hing geradezu an dessen Lippen, über die für Felices Geschmack viel zu weitschweifige Ausführungen über Grafologie, Psychologie und Gnostik kamen. Jetzt interessierte sich Franz plötzlich für sowas, damals, als sie ihm von dem Grafologen auf Sylt geschrieben hatte, war sie bei ihm noch komplett auf Ablehnung gestoßen. Zugegeben, ein wenig kränkte sie das, aber sie protestierte nicht. Felice saß stumm in der Runde literarischer Herren und getraute sich auch nicht, nach dem tieferen Sinn der Geschichte von der Strafkolonie zu fragen, schließlich wollte sie sich nicht einmal mehr mit dummen Bemerkungen blamieren, die sie als literarisch unbedarfte Törin entlarvten. Felice nippte an ihrem trockenen Weißwein und stellte befremdet fest, dass der Geräuschpegel eines bayerischen Gasthauses noch weitaus höher war als der in einer Berliner Destille. Dass Franz das überhaupt aushielt!

Am Tag danach verabredeten sich Franz und Felice in einer Konditorei. Marienbad lag in unerreichbarer Ferne. Natürlich wäre ein Doppelzimmer wie im *Balmoral und Osborne* hier in München sowas wie ein Hauptgewinn in der Lotterie gewesen. Felice fragte Franz, was denn dieses Jahr an Weihnachten anstehe. Ihr Verlobter zeigte sich, was sonst hatte Felice zu erwarten, unschlüssig, wahrscheinlich werde er nicht nach Berlin kommen können. Schreiben war eine uferlose See. Sie warf Franz Eigensucht vor, warum er nicht ein einziges Mal einen Kompromiss machen könne, ständig diese Marotten, mit denen er die gemeinsamen Unternehmungen sabotierte, andere Argumente hatte sie nicht. Franz entgegnete, also wirklich, er sei schon sehr weit auf sie zugegangen, die Einlassungen mit der Familie, die nutzlosen Wohnungsbegehungen in Prag, die entsetzliche Möbelsuche in Berlin. Plötzlich stand die schwere Eichenkredenz, die in Marienbad doch glücklich aus dem Weg geräumt worden war, wieder als unüberwindliches Hindernis zwischen ihnen. Allein schon das mächtige Stück Buttercremetorte auf Felices Kuchenteller schien Franz ein Dorn im Auge zu sein. Felice beklagte sich über die Ignoranz, mit der er sie am vergangenen Abend gestraft habe, wie das fünfte Rad am Wagen hätte sie sich gefühlt in der illustren Runde nach der Lesung. Die wenige kostbare Zeit verrann in einer Endlosschleife von Vorwürfen, Felice sah schon wieder einem unbefriedigenden Abschied auf ungewisse Zeit entgegen, man ging im Streit auseinander, wieder würden nur Briefe es richten können, man rang auf Papier nach den richtigen Worten, die niemals die liebevolle Geste ersetzen konnten, Felice war es leid.

Nach kurzem Aufenthalt fährt der Zug weiter in Richtung Berlin, verkündete die Durchsage auf dem Münchner Hauptbahnhof, bitte alles einsteigen! Zu ihrem eigenen Erstaunen verspürte Felice beim Abschied von Franz eine gewisse Erleichterung. Die Lesung in der

Galerie Goltz hatte sie hellhörig werden lassen. Was war das bloß für ein Hirn, dessen Windungen Derartiges entsprang? Wäre es nicht beklemmend, mit einem Mann zusammenzuleben, der zu so teuflischen Fantasien neigte? Noch bis ins kleinste Detail fielen ihm Demütigungen ein, hatte der Folterknecht vor der Tortur perfiderweise nicht auch noch das Hemd des grundlos Verurteilten dafür missbraucht, die mörderische Apparatur damit zu putzen? Solche Auswüchse der Imagination waren doch keine Literatur mehr, sie waren eine Bedrohung. Franz selbst hatte Felice doch schon vor Langem vor sich gewarnt: »Die innere Stimme verweist mich ins Dunkel und in Wirklichkeit zieht es mich zu Dir, das ist nichts zu vereinbarendes und wenn wir es doch versuchen, trifft es mit gleichen Schlägen Dich und mich.« Als Felice jetzt in das Medaillon mit dem Foto von Franz hineinblickte, schien er sie mit einem neuen, dämonischen Ausdruck anzuschauen. Ist es mein Vegetarismus, der Dich so stört?, hatte Franz sie wiederholt gefragt. Wenn es wirklich nur das wäre. Das Rattern des Zuges klang in Felices Ohren wie das unerbittliche Geacker der Egge, die gnadenlos ihr blutiges Werk verrichtete. Erst weit hinter der bayerischen Grenze, erst als der Zug durch die liebliche, hügelige Landschaft von Thüringen fuhr, die ihre letzten Herbstfarben an den bevorstehenden Winter abgab, konnte sie sich wieder auf ihre Reiselektüre konzentrieren, den Roman *Tycho Brahes Weg zu Gott* von Max Brod, der sie ins tiefe Mittelalter und in die Geheimnisse der Kosmologie entführte, in eine Welt voller Ketzer und Folterknechte, die geradezu kuschelig anmutete gegen das, was Franz am Abend zuvor ungerührt zum Vortrage gebracht hatte.

Doppelporträt mit schwarzer Handtasche

Die Münchner Begegnung hatte alle Blütenträume von einer gemeinsamen Zukunft auf ein Neues infrage gestellt. Felice litt wie gehabt unter Kopfschmerzen, also wieder runter in die Mommsen-Apotheke, Aspirin und leichte Schlafmittel gekauft. Als der Apotheker ihr stattdessen wieder vorschlug, ein gutes Buch zu lesen, winkte Felice nur ab, mit schmerzverzerrtem Gesicht. Keine Lektüre, erstmal nicht! Während sie sich mithilfe der Medikamente um die redlich verdiente Nachtruhe bemühte, wandelte Franz wahrscheinlich unterm Sternenhimmel durchs Prager Alchimistengässchen auf dem Prager Burgberg und formte Sätze im Kopf. Ottla verzichtete für den Bruder und um seines Schaffens willen auf das Häuschen, das sie eigentlich für sich selbst gemietet hatte; sie stellte es ihm als Schreibbude zur Verfügung, ließ es von einer dienstbaren Freundin putzen und einheizen, damit ihm die Finger nicht klamm wurden über dem Papier, stellte ihm sogar das Essen hin. Wenn Felice von Ottlas selbstloser Fürsorge hörte, fühlte sie sich erst recht in die undankbare Rolle der Frau gedrängt, die Franz von seinem Liebsten, dem Schreiben, abtrennen wollte. Kaum zu glauben, aber Ottla wurde wegen der großen Nähe zu ihrem Bruder bereits für seine Braut gehalten. Geschwisterliebe eben, die beiden hatten sich schon früher gern im Badezimmer eingesperrt, um einander ihre Geheimnisse anzuvertrauen. Müßig, Franz in einer Anwandlung von Eifersucht vorzuwerfen, dass er

Ottla für sich und seine Bedürfnisse einspannte, gegen das seit Kindheitstagen eingeschworene Duo kam sie nicht an. Ottla sorgte dafür, dass Franz an Weihnachten unabkömmlich war, allein mit seiner Geliebten, der Literatur, an einem Rückzugsort.

Eine Einladung nach Prag hatte Franz auch nicht ausgesprochen. Aus dem Brief, den Anna Bauer von Julie Kafka erhielt, sprach großes Unverständnis angesichts der zwischen Prag und Berlin so sang- und klang- und vor allem besuchslos verlaufenden Feiertage, die Kinder seien schließlich verlobt! Eigentlich ein Skandal, in Prag gab es immer noch mehr zu essen als in Berlin, bereits jetzt kursierte die Rede vom bevorstehenden Steckrübenwinter. Als Prophet einer kargen Ernährungsweise war Franz sich der Tragweite der Hungersnot offenbar nicht recht bewusst.

Für die Lockungen der Festtagsprogramme, Souper im Boarding-Palast am Kurfürstendamm, Silvesterball in der Eisarena des Admiralspalastes mit künstlerischen Darbietungen und kulinarischen Überraschungen oder die Revue *Das Recht auf Unfug* unter Mitwirkung der populären Berliner Suff-Ragetten und der Diseusen Gussy Holl, Claire Waldoff und Emmy Hennings im Linden-Cabaret, für all das hatte Felice keinen Nerv, und schon gar nicht für eines der vielen Durchhalte- und Ablenkungsstücke. Auch einen Winterurlaub wie letztes Jahr in Garmisch hatte sie im Vertrauen auf gemeinsame Tage nicht geplant. Das Reisen war nicht einfacher geworden, die Kontrollen an den Grenzen wurden weiter verschärft. 1917 musste es unbedingt eine Wende geben. Das Jahr musste endlich Frieden bringen, den Frieden in der Welt und den vorm Traualtar. Am Silvesterabend las Anna Bauer einen Brief von Julie Kafka vor, alle Prager waren wohlauf, auch die Schwiegersöhne, aber der Allmächtige solle doch bald diesen furchtbaren Krieg beenden. Sie vermissen dich in Prag, sagte die Mutter zu Felice.

Zu Neujahr herrschte allgemeine Katerstimmung, das *Berliner Tageblatt* vermeldete trübes und unfreundliches Wetter, nasskalt mit Sprühregen. Das beständige Nieseln entwickelte sich über Nacht zum Wolkenbruch mit Kellerüberflutungen, in allen Bezirken musste die Feuerwehr ausrücken. Die vermischten Nachrichten aus der Stadt waren allesamt Dramen in vier Wänden: »Eheliche Zwistigkeiten trieben die 29 Jahre alte Straßenbahnschaffnerin Gertrud K. zu einem Selbstmordversuch. Sie öffnete in der Silvesternacht in ihrer Wohnung am Marheinekeplatz die Gashähne, um sich zu vergiften. Durch den starken Gasgeruch auf die Tat aufmerksam gemacht, benachrichtigten Nachbarn die Polizei. Die Lebensmüde wurde in bedenklichem Zustand in das Krankenhaus am Urban eingeliefert.« Erfolgreicher war eine Schlachtersgattin aus der Schwartzkopffstraße gewesen. Auch sie hatte die Gashähne geöffnet, eine gerade bei Frauen offenbar beliebte Suizidmethode, wie man derartigen Meldungen entnehmen konnte. Dass der Krieg schon ins dritte Jahr ging, trieb viele in die Verzweiflung, und bei Hunger und Kälte ließ sich alles noch weniger ertragen. Aus Jubelchören waren längst Totenlieder geworden. Am Roten Rathaus wurden keine Gefallenenlisten mehr ausgehängt, weil man fürchtete, die Bevölkerung noch mehr zu demoralisieren.

Im Februar hielt Felice einen Brief in den Händen, der die in Marienbad besprochenen Zukunftspläne völlig über den Haufen warf. Franz schrieb wie ein tüchtiger Immobilienmakler, der eine freie Wohnung im Schönborn-Palais anpries: »Zimmer hoch und schön, rot und gold, wie etwa in Versailles. Vier Fenster in einen ganz versunkenen stillen Hof, ein Fenster in den Garten. Der Garten! Wenn man in den Torweg des Schlosses kommt, glaubt man kaum, was man sieht. Durch das hohe Halbrund des von Karyatiden flankierten zweiten Tores sieht man von schön verteilten, gebrochen verzweigten steinernen Treppen an den großen Garten eine weite Lehne langsam und breit hinaufsteigen bis zu einer Gloriette.«

Felice las mit Kopfschütteln, in Marienbad waren sie sich doch einig gewesen, dass sie nach dem Eintritt in die Ehe in Berlin leben wollten, nicht in Prag. Auf welche Irrwege wollte Franz sie schon wieder führen? »Nun hatte die Wohnung einen kleinen Fehler«, las Felice weiter: Der Vormieter verlangte einen hohen Abstand für Einbauten, und den konnte Franz nicht zahlen. Felices Erleichterung wurde sogleich von den folgenden Zeilen wieder ausgelöscht: Franz hatte sich, ganz die Mutter, mit einer Gefälligkeit beim Schlossverwalter eingeschleimt, und eine andere Wohnung im Schönborn-Palais aufgetan, er hätte »... die wunderbarste Wohnung, die ich in Prag denken kann, für Dich vorbereitet, allerdings nur für verhältnismäßig kurze Zeit, während welcher Du auch auf eigene Küche und sogar aufs Badezimmer verzichten müsstest. Trotzdem wäre es in meinem Sinn und Du könntest zwei, drei Monate tief ausruhn.«

Keine Küche? Kein Badezimmer? Wie stellte sich Franz das vor? Man konnte doch nicht ständig essen gehen ins Restaurant, und die tägliche Körperpflege, sollte sie die etwa in ein städtisches Bad verlegen, ganz so wie arme

Leute? Und warum sollte sie tief ausruhn, wo sie doch besprochen hatten, dass Felice weiterarbeiten würde und er seiner Literatur nachginge, und, wohlgemerkt, nicht in Prag, sondern in Berlin! Beim Gedanken ans Ausruhn kamen Felice die Kopfschmerzen sofort wieder an. Dass Franz von einem begrenzten Zeitraum sprach, beruhigte sie nur ein wenig. Womöglich war ihm klar geworden, dass der Berliner Lebensmittelmarkt nicht einmal mehr seine geliebten Diätspeisen hergab, und hielt es für ratsam, das Ende des Krieges in Prag abzuwarten. Geschlagene zwei, drei Monate Urlaub bei den Technischen Werkstätten, daran war nicht zu denken, und kündigen wollte Felice keinesfalls. Ihr Chef war inzwischen zum Kriegsdienst eingezogen worden, und Felice trug Sorge, dass die Firma auch ohne den Direktor lief. Im Jüdischen Volksheim war die Vielbeschäftigte auch schon lange nicht mehr gewesen. Franz schien ihre anfangs so dringend eingeforderten Rapporte aus dem Scheunenviertel nicht zu vermissen. Das Häuschen in der Alchimistengasse, von dem er so schwärmte, musste ihn vollkommen in sich eingesogen haben. Prag, dieses Mütterchen hat Krallen, so hatte Franz einmal gesagt.

»Nach Diktat verreist«, schrieb Felice unter den letzten Geschäftsbrief vor ihrer Abreise nach Prag im Juli 1917. Geschlagene acht Monate waren seit der Münchner Lesung verstrichen, und der spärliche Schriftverkehr ließ sich nicht nur den erschwerten Beförderungsbedingungen im Kriege anlasten. Für die Hoffnung auf eine gemeinsame Zukunft in Friedenszeiten fehlten die Worte. Und Felices letzter Besuch in Prag war auch schon wieder drei Jahre her, damals mit Franz und den beiden Müttern auf Wohnungssuche, unseligen Angedenkens.

Die Goldene Stadt hielt auch diesmal die Besichtigung einer Immobilie für Felice bereit. Gleich nach ihrer Ankunft wollte Franz ihr die hochgelobte Wohnung im Schönborn-Palais zeigen, die er ungeachtet ihrer Einwände bereits angemietet hatte. Sie überquerten die Karlsbrücke, unter ihnen blau die Moldau, gingen hinüber auf die Kleinseite, wo ein wahrhaft prächtiges Barockjuwel stand, dessen respektabler Anblick Felices Herz höher schlagen ließ. Doch der äußere Schein war trügerisch; kaum eingetreten in die Pracht, wich die erschütterte Felice vor dem Modergeruch zurück, den die alten Mauern ausströmten. In der von Franz angepriesenen Wohnung ohne Bad und Küche ließe sich nicht mal übergangsweise wirtschaften, denn auch die Heizung in den beiden Zimmern funktionierte nicht. Franz musste sich von Felice fragen lassen, was in aller Welt ihn auf die Schnapsidee gebracht habe, die Wohnung unter solchen Bedingungen anzumieten. Da die Zimmer zur Gasse gingen, war ja noch nicht mal die ihm so wichtige ruhige Lage gegeben. Die habe er ja in der Alchimistengasse, bemerkte Franz, darauf brennend, ihr diese Oase nun einmal vorzuführen.

Sie verließen das Palais, durchquerten eine Grünanlage, stiegen eine steile Treppe hinauf und standen nach kurzem Fußweg, vorbei am Schiff der Veitskathedrale, in einem schmalen Gässchen unterhalb der Prager Burg. An eine hohe Wand duckten sich mehrere alte, hutzelige Häuschen mit großen Schornsteinen und winzigen Fenstern, durch die kaum ein Strahl Tageslicht fiel. Die Alchimistengasse 22, die Franz der schon beim Eintreten erstarrenden Felice freudestrahlend vorführte, war eine dunkle, muffige Hütte, in der sich nur jemand wohlfühlen konnte, der sich mit einem Grottenolm verwechselte. Mitten in dem einzigen Raum der glanzlosen Hütte, auf einem wackeligen Tischchen, lagen kleine Oktavhefte und spitze Bleistifte, die Felice feindselig anstarrten. Eine gemeinsame Ehewohnung stand ferner in den Sternen denn je. Wenn es Franz in dieser winzigen Schreibstube so behaglich war, wie er behauptete, warum sollte er sie dann jemals gegen andere vier Wände eintauschen wollen?

Julie und Hermann Kafka nahmen Felice in Empfang wie eine Heilsbringerin, mit der ihr in seinen Kopfwelten abgehobener Sohn endlich auf den Teppich käme, doch eine Antwort auf die Frage nach dem Hochzeitstermin bekamen sie auch von ihr nicht. Der nicht enden wollende Krieg war schuld daran, dass etliche Entscheidungen auf die lange Bank geschoben wurden, die Kafkas hakten nicht weiter nach. Wer wollte schon ein Hochzeitsmahl aus lauter Ersatz? Je nachdem, an welchem Ort die Heirat stattfand, sollte es doch saftigen Prager Schinken und böhmische Knödel oder zünftig Kalbsleber Berliner Art mit Kartoffelstampf geben. Welche Feiergesellschaft wollte schon gern die lästigen, noch immer notwendigen Passformalitäten auf sich nehmen vor der langen Anreise und dann vor leeren Tellern sitzen? Und sollten nicht auch weiße Friedenstauben aufsteigen, wenn Franz und Felice sich endlich das Jawort gaben?

Julie Kafka beschäftigte vor allem eine Frage: Wer wird dich zum Altar führen, liebste Felice?

Der Schmerz um den lieben Vater war nach wie vor groß, Franz sprach gar davon, das Verderben über die Familie

Bauer gebracht zu haben, denn er schrieb sich wegen seines Parts als abtrünniger Schwiegersohn weiterhin eine Schuld an Carl Bauers Tod zu. Felice konnte Franz diese Selbstanklage, mit der er sich wortreich quälte, einfach nicht ausreden. Dass man nur auf dem Standesamt heiraten würde und nicht in der Synagoge, das hatten sie den Eltern auch immer noch nicht beigebracht. Über die Trauzeugen war ebenfalls noch nicht gesprochen worden. Franz würde, wenn nicht seinen Freund Max, sicher seine geliebte Ottla fragen. Felices Trauzeugin könnte Grete Bloch sein, obwohl das nach dem Tribunal im *Askanischen Hof* nicht einiger Ironie entbehrte. Vergeben, vergessen, allein Max Brod rührte manchmal an der alten Wunde: Bis heute beschäftigte ihn die Frage, ob der Sohn, den Grete 1915 zur Welt gebracht hatte und aus dessen Vater sie ein großes Geheimnis machte, vielleicht von seinem Freund Franz war. Doch davon wollte Felice nichts wissen. Von Briefen wird man nicht schwanger.

Am 9. Juli 1917 statteten Franz und Felice den Brods eine Art offiziellen Besuch als verlobtes Paar ab. Franz' Adamsapfel zuckte im Würgegriff seines steifen Kragens, auch Felice war etwas verlegen, schließlich kam dieser Antrittsbesuch mit reichlicher Verspätung und wäre vollkommen überflüssig gewesen, wenn nicht Elsa, seit 1913 die Frau an Max' Seite, darauf bestanden hätte. Franz stand auf dem Wohnzimmerteppich, unbeweglich wie ein Zinnsoldat. Elsa Brod fragte, ob es inzwischen ein Verlobungsfoto gebe, einen wie ein Laissez-passer vorzeigbaren Beweis für den erneut bevorstehenden Eintritt in die Ehe, man habe immer noch kein ordentliches Bild gesehen. Empfehlungen für verschiedene Prager Lichtbildateliers wurden ausgesprochen, morgen wäre doch Zeit für einen Termin.

Am nächsten Tag vermisste Felice ihr schwarzes Handtäschchen, dass sie es bei Brods noch gehabt hatte, dessen war sie sich sicher. Wo waren sie danach gewesen? Im Kaffeehaus? In der Alchimistengasse? Die Familie wurde abgeklappert, Julie Kafka wendete Papierstapel auf dem Schreibtisch ihres Mannes um und schaute unter ihren Handarbeiten nach, Franz spähte auf Knien rutschend unter alle Möbel in Vallis Wohnung, wo Felice während ihres Prag-Besuchs einquartiert worden war. In ihrer Handtasche befand sich der nicht unerhebliche Betrag von 900 Kronen. Bis morgen musste die Tasche um jeden Preis wieder aufgetaucht sein, denn Felice wollte weiter nach Arad, zur Schwester Else. In ihrer Aufregung hatte sie überall nachgeschaut, nur nicht an naheliegender Stelle: Ihre schwarze Handtasche versteckte sich unter dem eigenen, für die Weiterreise gepackten Koffer. Franz fand sie dort und schwenkte sie wie ein unfreiwilliger Triumphator vor der verblüfften Felice hin und her.

Kaum dass Franz und Felice am nächsten Tag wie geplant den Zug nach Budapest bestiegen hatten, fiel hinter ihnen die schwere Tür des Eisenbahnwaggons zu, los ging die Reise. Sie kamen schnell aus der Stadt hinaus, die sich in dieser Richtung fast ohne Übergang an die Felder anschloss. Felice ließ das Täschchen mit dem kostbaren Inhalt nicht mehr aus den Augen. Lange acht Stunden Fahrt lagen vor ihnen, ein Geschenk für zwei einander versprochene Menschen, deren gemeinsame Zeit so knapp bemessen war. Felice überspielte ihre Enttäuschung über die abermals unbeantwortet gebliebene Wohnungsfrage und sprach das

Thema Hochzeitsgäste an. Selbst wenn man im kleinen Kreise heiratete, müsste man ein paar Leute unbedingt berücksichtigen. Felice wollte endlich einmal Franz' Onkel Siegfried kennenlernen, den motorradfahrenden Landarzt aus Mähren, und vor allem den sagenumwitterten Alfred Löwy, der müsse unbedingt eingeladen werden, aber vor allem der Eisenbahndirektor, der ominöse Onkel aus Mailand. Madrid, korrigierte Franz.

Die kleine Muzzi, die längst sprechen und laufen konnte, sah Felice bereits als blumenstreuendes Engelchen wie auf dem Foto, das sie von ihr besaß. Ferri würde leider nicht kommen können, die Schiffspassage war viel zu teuer; es ging dem Bruder immer besser, er hatte mittlerweile sogar eine Frau gefunden und geheiratet, ein Kind war unterwegs. Man hörte ja viel von Auswanderern, die ihr Glück in Amerika versuchten. Sie berichteten, alles sei größer, selbst die Wolken und die Regentropfen, und wenn man von einem Ort zum anderen wolle, müsse man ungeheuer weite Wege durch Wüsten, Steppen und Einöden zurücklegen, wo die Indianer wohnten. New York schien ein ungeheuerlicher Moloch aus Wolkenkratzern und Turmbauten zu sein, in dem nur derjenige Fuß fasste, der viel Chuzpe hatte und fleißig anpackte. Felice war stolz auf Ferri, der als Kaufmann wieder lohnende Geschäfte machte; die Investition in diese familiäre Rettungsaktion hatte sich wenigstens gelohnt. Ferris Postkarte zeigte die berühmte Freiheitsstatue im Hafen von New York. Felice schaute sich das Motiv genau an und stellte verwundert fest, dass die gar kein Schwert in der hochgereckten Faust hielt, so wie Franz es in seinem Roman gleich auf der ersten Seite beschrieb, sondern eine lodernde Fackel. Tatsächlich, auch Franz konnte irren.

Budapest, die Stadt an der Donau, kannte Felice vor allem vom Umsteigen nach Arad. Militärkapellen spielten auch hier vor den monumentalen Gebäuden auf und trommelten Patriotismus, wo sich doch längst pazifistische Vereine gegründet hatten, die das Ende des Krieges forderten. Wie auch immer der ausginge, die Grundfesten der alten Ordnungen waren erschüttert. Kaiser Franz Josef war letztes Jahr im November gestorben. Der Monarch musste den Zerfall seines Habsburgerreiches nicht mehr erleben.

Franz und Felice brauchten einen sichtbaren Beweis, dass diesmal alles seinen Gang ging, woran vor allem die Eltern noch glaubten. Auch Else hatte um ein repräsentatives Verlobungsbild gebeten. Am ersten Tag des Budapest-Aufenthalts machten sie einen Termin beim Fotografen aus, in einem renommierten Atelier in der Innenstadt. Felice nahm den Termin als Franz' stillschweigendes Einverständnis, dass es bei den in Marienbad geschmiedeten Plänen blieb und die Idee mit dem Schönborn-Palais nur eine seiner typischen Volten gewesen war, mit denen er endgültige Entscheidungen auf die lange Bank zu schieben versuchte.

Für das offizielle Foto wählte Felice ihre schönste weiße Bluse und einen weiten Flanellrock, bequem wie eine zweite Haut. Franz trug seinen hellen Sommeranzug, weißes Hemd und changierende Seidenkrawatte. Der Fotograf machte Vorschläge für den Hintergrund, beliebt vor allem bei Brautpaaren sei die Illusion eines Schlossparks, in dem die Porträtierten wie Prinz und Prinzessin erscheinen sollten, wobei die Prinzessin die Hand auf einem barocken Sockel aus Pappmaché ruhen lassen konnte. Eine andere Kulisse, die zur Auswahl stand, war ein bewegtes Meer, vielleicht weniger passend.

Keinen Schlosspark, sagte Felice.

Gar keine Illusion, sagte Franz und richtete das weiße Einstecktüchlein in der Brusttasche seines Jacketts.

Der Fotograf ließ eine neutrale, dunkelgraue Leinwand hinunter. Bitte, gnädige Frau, sagte er und bat Felice, auf einem Drehhocker Platz zu nehmen, den er ein wenig herunterschraubte, nachdem er mit Blick auf das zu porträtierende Paar nochmals Augenmaß genommen hatte. Er dirigierte Franz an Felices Seite, bitteschön nach links, da, wo das Herz ist, gnädiger Herr, und ein wenig zurück hinter die Schulter der gnädigen Frau, ja, so ist es gut.

Felice schob die goldene Armbanduhr, ein hübsches Erbstück von der mütterlichen Danziger-Familie aus Neustadt, mit Bedacht über das Bündchen ihrer Bluse. Das Medaillon mit den Bildern von Muzzi und Franz baumelte schwer um ihren Hals überm Busen, ihre linke Hand mit dem Ring hielt das verloren geglaubte Täschchen umfasst, das nun sicher in ihrem Schoß lag. Der Fotograf kroch unters schwarze Tuch über seiner Plattenkamera. Felice atmete tief durch und blickte angespannt nach vorn, durch den Wollstoff ihres Rocks spürte sie Franz' Hand, die an ihrer Hüfte ruhte. »Denkst Du noch an meine lange knochige Hand mit den Fingern eines Kindes und eines Affen? Und die legst Du nun in Deine.«

Das Blitzlicht zuckte grell, unter dem schwarzen Tuch mit der Kamera war ein dumpfes Explosionsgeräusch zu hören und Felice schoss ein Satz durch den Kopf, den Franz ihr vor einem Jahr schon in den Mund gelegt hatte: ›Komm mit nach Berlin, lass alles liegen und komm!‹ Sie hatte diesen Wunsch nie ausgesprochen.

Von zwei verschiedenen Bahnhöfen reiste das verlobte Paar aus der Stadt ab: Franz fuhr vom Budapester Westbahnhof zurück in Richtung Wien, Felice bestieg kurz darauf am Ostbahnhof den Regionalzug ins Hinterland nach Arad, zur Schwester Else und der Nichte Muzzi. Im Gepäck hatten beide das Passepartout mit dem gerade noch rechtzeitig fertig gewordenen Verlobungsfoto, auf der Rückseite der Stempel des Studios und der Vermerk: ›Die Platte wird zur Nachbestellung aufbewahrt.‹ Der Zug nach Wien stand abfahrbereit in der Bahnhofshalle. Vorsicht an der Bahnsteigkante! Das Bild war Felice so vertraut, der schmächtige Franz, der alleine einen Eisenbahnwaggon bestieg. Ich bin der magerste Mensch, den ich kenne, schien er zu sagen. Die Trillerpfeife des Schaffners schrillte; als die Lok anzog und fauchend eine Dampfwolke ausstieß, traten zurückgebliebene Begleiter auf dem Perron einen Schritt zurück vor der fortreißenden Kraft des Zuges.

Wir sehen uns in Berlin, rief Felice dem aus der von Lärm erfüllten Halle ratternden Zug noch hinterher, komm mit nach Berlin, lass alles liegen und komm!

Begegnung in der Leipziger Straße

Franz und Felice, zwei Namen wie erfunden füreinander. Gespenster scheinen durch die Vitrinen von Wertheim zu flattern, Dekorateure haben notgedrungen improvisiert und Weißwäsche hineingehängt, Laken und Baumwollstores, um die Leere zu füllen. Thonet-Stühle und Kayser-Zinn sind Mangelware, in den Schaufenstern hängen bunte Ölgemälde, Historienschinken und Landschaften, für die niemand ein Auge hat. Stiller und Leiser führen jetzt, nach drei Kriegsjahren, längst keine Lederschuhe mehr, graue Filzpantoffeln sind der allerletzte Schrei. Sinnlos, in diesen Zeiten, wo es nicht mal schlichte Straßenschuhe gibt, Pfennige für Brautschuhe zu sammeln, in einer Spardose aus weißem Porzellan. Friedensverhandlungen sind im Gange, einmal muss das Elend doch vorbei sein. Im April ist Amerika in den Krieg eingetreten, vielleicht kommt jetzt die Wende, der ersehnte Waffenstillstand. Felice sehnt ihn mehr herbei als jede andere, ihre Geduld ist am Ende. In Russland war die Oktoberrevolution ausgebrochen, seitdem wuchs gerade in Berlins Arbeitervierteln die Hoffnung, dass Ähnliches auch in Deutschland passieren könne, der Sieg des Proletariats, Frieden und eine gerechte Verteilung der knappen Waren. Im Grunewald, an den geliebten Seen, ist Felice auch schon lange nicht mehr gewesen, denn der andauernde Krieg hatte die Berliner Forsten verwandelt. Waldarbeiter zersägten Baumstämme und luden sie auf von schweren Rückepferden gezogene Wagen. Über Rodungen schallten fremdartige Kommandos, dawai, dawai, raboty, da schufteten russische Kriegsgefangene. Eichhörnchen sah man nicht mehr. Mehr als die fremden Männer fürchtete Felice die Geister der Vergangenheit, die aus den Astlöchern hervorschauten.

Die Versuchung ist groß, einfach zur Tür von F. J. Schröder hineinzuspazieren, dem renommierten Juweliergeschäft, um Ringe anzuprobieren. Doch dürftige Auslagen auch hier, alles nur Tinnef. Statt Preziosen zu kaufen, folgen viele Bürger der Aufforderung, ihren Goldschmuck abzugeben. Zur Belohnung erhalten sie eine plumpe Brosche, in die das Gebot der Stunde eingeprägt ist: ›Gold gab ich für Eisen‹. Jetzt, im dritten Kriegsjahr, verrät jedes Accessoire, ob man Patriot ist oder nicht. Trauringe dürfen nur noch aus 333-er Gold sein. Zeitungen rufen gar zum Denunziantentum auf: ›Goldschmuck verstecken, Goldschmuck tragen heißt, das Vaterland schädigen, das sage einer dem anderen.‹ Viele Deutsche sind immer noch verrückt genug, ihr schönes Geld für Kriegsanleihen rauszuschmeißen.

Im Schaufenster der Konditorei von Hoflieferant Hillbrich bestaunt Felice eine Parade großer Torten, Käsecreme, Mokka-Sahne, Schwarzwälder-Kirsch, doch es sind Attrappen, farbige Übertreibungen aus Pappmaché, Potemkinsche Dörfer aus Zuckerguss. Drei Jahre dauert die Blockade der Häfen durch die Briten nun schon. Was das für die Hausfrau bedeutet, kann man sich denken, denn ein Drittel aller Lebensmittel war zuvor aus dem Ausland gekommen. Man hatte gleich zu Anfang des Krieges ein Kuchenbackverbot verhängt, Brot gibt es, wie alles, schon lange nur auf Karten. Seit dem Hungerwinter 1916/17 stehen jedem nur 1000 Kalorien am Tag zu, ostpreußische Ananas, so nennen Berliner mit Galgenhumor die Steckrüben und zaubern Koteletts daraus. Bei Scherl hat Ida Boy-Ed ein Buch veröffentlicht: *Des Vaterlandes Kochtopf.* Solche Kriegskochbücher versuchen, den Hausfrauen Gerichte schmackhaft zu machen, die aus den wenigen Rohstoffen zubereitet werden, die aufzutreiben sind, und die Felice erschaudern lassen: Wurzelbrühe und Salat aus Wildgewächsen, Kekse aus Kleie und Bucheckern, schlimmer sind nur Geflügelragouts aus Spatzen und Nebelkrähen. Ärzte warnen vor Gefahren für die Gesundheit. Wohin man schaut, Ersatz, für Eier, Kaffee, Tee. Maggi wirbt mit einem neuen Produkt, den Leguminosen, hinter dem ominösen Begriff verbergen sich schlichte Brühwürfel zur Herstellung von Brühe, die nichts weiter ist als Wasser mit einem Hauch Gemüsearoma. Auf der Leipziger Straße kommen Felice Pferdewagen entgegen, von denen die Kriegsküche ausgegeben wird, eine Mahlzeit 35 Pfennig, dünne Bettelsuppe, in der ein paar Erbsen schwimmen. Die Schlangen davor sind immer zu lang, wer sich hinten anstellen muss, kriegt nichts mehr ab. Felice kann kaum hinsehen, wenn hungrige Leute, darunter durchaus ehrbare Bürger, auf der Suche nach etwas Genießbarem sogar den Müll im Rinnstein durchharken. Zu Hause stirbt gerade ein Kind. Unterwegs springt Felice ein Werbebanner ins Auge: ›So wichtig wie die Braut zur Trauung ist Bullrich-Salz für die Verdauung.‹ Ein durchaus kränkender Vergleich, vor allem für eine Verlobte wie Felice, aber wer tatsächlich Nebelkrähen verzehrte, der hatte ein Mittel gegen Sodbrennen wohl bitter nötig.

Felice denkt an die Hochzeitsreise, von der Strindberg behauptete, sie sei der erste Versuch, der Realität der Ehe zu entgehen. Strindberg hatte nicht wissen können, dass es Paare gab, deren Realität sich ausschließlich nach dem Kursbuch der Eisenbahn richtete. Das *Berliner Tageblatt* wirbt in Schaukästen mit friedlichen Ferienorten, an denen man für ein paar Tage oder Wochen vergessen soll, dass noch immer Soldaten an der Front bleiben, obwohl die Würfel für Deutschland längst gefallen sind. Über das Parkhotel im hessischen Bad Nauheim liest man nur Gutes, und über das imposante Gradierwerk, wo die Kurgäste in einem Tunnel aus vor Salzwasser triefenden Reisern ihre Lungen mit Soledämpfen anfüllen können, aber Bad Nauheim ist für eine Hochzeitsreise vielleicht nicht bedeutend genug. Felice liebäugelt mit einer der noblen Pensionen in Königstein im Taunus oder mit dem Hotel *Rose* im eleganten Wiesbaden, wo auch Wilhelm II. gern residiert. Einmal wenigstens würde man sich das doch gönnen dürfen, das muss selbst Franz einsehen, ihr zuliebe. Doch wer weiß, ob es nach dem Krieg überhaupt noch einen Kaiser gibt, ob Mark und Krone dann noch was wert sind und wie mühsam es sein wird, sich in einer Welt mit veränderten Grenzverläufen zu bewegen. Der bürokratische Aufwand, den der Reisende seit Kriegsausbruch treiben muss, um von Berlin nach Prag zu kommen und umgekehrt, wird womöglich nicht geringer. Das oberschlesische Schreiberhau soll ein entzückender Luftkurort sein. Gerhart Hauptmann hat den Ort zu seiner Wahlheimat erkoren, durchaus eine Referenz. Bei den Seebädern an der Küste muss man achtgeben, am ehesten Norderney oder Heringsdorf, dies sind die sogenannten Judenbäder, wo keine antisemitische Hetze zu befürchten ist. Franz ist dort schon gewesen, auf Norderney, als Achtzehnjähriger mit seinem Onkel

Siegfried Löwy, nach bestandenem Abitur. Felice kann sich bei den vielfältigen Angeboten nur schwer für ein bestimmtes Reiseziel entscheiden, sie weiß nur eins, nicht an den Gardasee, nicht Riva. Da fällt ihr Blick auf eine große Anzeige, die eine stolze Wandelhalle zeigt: Marienbad warb als meist frequentiertes Moorbad der Welt mit sage und schreibe achtundvierzig Heilquellen. Wer es sich leisten kann, reist dorthin, wo Jugendstilblumen an den hohen Hotelfassaden üppig blühen und die warmen Brunnen angepriesen werden, als spendeten sie ewiges Leben. Marienbad stand doch schon mal unter einem so guten Stern. Also, warum denn nicht wieder hin, Flitterwochen in Marienbad, Hochzeitsnacht im *Balmoral* und glücklicher werden als Goethe und Ulrike.

Der Mann, der Felice jetzt auf der Leipziger Straße entgegenkommt, trägt ein Lächeln auf dem Gesicht. Blinzelt er nur in das flach zwischen den Häusern einfallende Licht der späten Sonne, das ihn blendet, oder gilt das freundliche Zwinkern ihr? Der Mann fällt auf zwischen den anderen Passanten. Der Anblick gesunder Männer im mittleren Alter ist längst zur Seltenheit geworden. Er geht aufrecht auf zwei Beinen, in einer Hand eine schwarzlederne Aktentasche, die andere streckt er Felice bereits entgegen, als er noch ein paar Schritte entfernt ist. Der Fremde ist tatsächlich der nette, rotblonde Kinderarzt, es ist der angenehme Causeur und gute Tänzer vom Silvesterball, fast fünf Jahre ist das her. Er sei vom Kriegsdienst freigestellt, beantwortet er Felices fragenden Blick, werde am Kinderkrankenhaus in Weißensee gebraucht, Sie wissen schon, wir sprachen damals darüber. Was für ein entsetzliches Elend ich da sehe, all die großen Fortschritte der Medizin sind in der heutigen Situation nichts weiter als ein Tropfen auf den heißen Stein, seufzt der Doktor, die Säuglingssterblichkeit ist massiv gestiegen, trotz aller Bemühungen um die Einhaltung von Hygienestandards, Typhus, Cholera, er bemühe sich nach Kräften, jedes junge Leben zu retten.

Felice erwähnt, dass sie die Säuglings-Ausstellung im Preußischen Herrenhaus gesehen hat. Erzählt, dass sie sich eine Zeit lang für jüdische Flüchtlinge aus den besetzten Ostgebieten eingesetzt hat, und dass sie froh ist, nicht in einem Rüstungsbetrieb ran zu müssen, denn die Bürotätigkeit bei den Technischen Werkstätten gilt als kriegswichtig. Erst im Februar ist in Hamburg eine Munitionsfabrik explodiert, über hundert Frauen sind da ums Leben gekommen, und viel mehr Verletzte mit abgerissenen Händen und was weiß ich noch alles, was für ein Grauen. Reflexartig senkt Felice die Stimme, man weiß nie, welcher hoffnungslose Patriot gerade in der Nähe herumsteht und seine Ohren aufsperrt. Im Schaufenster, vor dem sie stehen geblieben sind, prangt ein Porzellanteller mit dem Spruch des Kaisers: ›Ich kenne nur noch Deutsche!‹

Wer jetzt noch an einen Sieg unserer Armee glaubt, sagt der Arzt unerschrocken und mit unverminderter Lautstärke, der muss irre sein. Wirklich, es wird allerhöchste Zeit, dass das sinnlose Blutvergießen aufhört. Ich habe mich neulich dem Friedensbund angeschlossen, Pazifismus ist das Gebot der Stunde. Er schaut Felice auffordernd an.

Sie nickt stumm; denkt an die Münchner Lesung, das entsetzliche Foltergerät, das Franz beschrieben hat.

Maschinen übernehmen das Kommando, automatische Gewehre, Giftgaskanonen, Mörsergranaten, ein Menschenleben ist kein Achselzucken wert.

Vielleicht haben Sie Interesse, fragt der Kinderarzt, wir brauchen jede Stimme. Sein gewinnendes Lächeln tut gut in diesen Zeiten großer Unsicherheit. Felice nickt. Sie reichen sich die Hände und sagen Lebewohl.

Ich hoffe, Ihrem Gatten geht es gut, sagt der Arzt und blickt unverhohlen auf den Ring an Felices Finger.

Mein Verlobter ist freigestellt, entfährt es ihr.

Wie, fragt der Arzt ungläubig, Sie sind immer noch verlobt?

Er heißt Franz, sagt Felice, Franz Kafka. Er ist ein Dichter aus Prag.

P. S.

Felice Bauer wäre der Nachwelt eine Unbekannte, gäbe es nicht die vielen Briefe, die Franz Kafka ihr zwischen 1912 und 1917 schrieb. Ihre Antwortbriefe hat er vermutlich vor seinem Tod im Jahre 1924 vernichtet. Da er daraus immer wieder zitiert, entsteht dennoch ein recht klar umrissenes Bild von Felices Repliken.

In der Nacht vom 10. zum 11. August 1917 erwacht Kafka, aus seinem Mund quillt Blut. Am 7. September erfährt Felice die Diagnose: Lungentuberkulose. Damit hat sich für Kafka eine Hochzeit und Zukunft als Ehemann erledigt. »Von F. kamen schon Briefe, so fest, verlässlich, ruhig, nicht nachtragend wie sie eben ist. Und ich antworte mit dem Schlag«, schreibt er an seine Schwester Ottla. Weihnachten 1917 sehen sich Franz und Felice in Prag; am 27. Dezember gehen sie am Franz-Josefs-Bahnhof ein letztes Mal auseinander.

Felice Bauer heiratet doch noch, am 25. März 1919, den Teilhaber einer Berliner Privatbank, Moritz Marasse, das Paar bekommt zwei Kinder, 1920 den Sohn Heinz, 1921 die Tochter Ursula. Franz Kafka dazu: »Ich habe für F. die Liebe eines unglücklichen Feldherrn zu der Stadt, die er nicht erobern konnte, die aber ›trotzdem‹ etwas Großes – glückliche Mutter zweier Kinder – geworden ist.«

Anna Bauer wird 1931 neben ihrem Mann auf dem Friedhof in Berlin-Weißensee beigesetzt. Im selben Jahr emigrieren die Marasses in die Schweiz, 1936 nach

Kalifornien, Felices Schwester Else folgt ihnen in die USA, wo es gewiss zum Wiedersehen mit Bruder Ferri kommt. Erna Bauer überlebt die Zeit des Nationalsozialismus in Berlin; sie hat 1917 den Kaufmann Adolf Haustetter geheiratet, der ihre Tochter Eva als sein Kind anerkennt. Toni Bauer hat sich 1919 das Leben genommen.

Moritz Marasse stirbt 1950. Felice, unterstützt von ihrer Schwester Else, schlägt sich mit einem Strickladen in Kalifornien durch. Bevor sie sich aus Geldnot zum Verkauf von Franz' Briefen entschließt, vernichtet sie jene, die ihr allzu intim für die Augen der Welt erscheinen. Sie stirbt am 15. Oktober 1960 in Rye bei New York, kurz vor ihrem dreiundsiebzigsten Geburtstag. 1967 erscheinen Kafkas Briefe an Felice erstmals als Buchausgabe. Die Originale werden 1987 versteigert und befinden sich im Besitz eines anonym gebliebenen Käufers.

Hinweise

Die oft eigenwillige Diktion, Orthografie und Interpunktion in den mit doppelten Anführungszeichen markierten Zitaten von Franz Kafka wurde wie im Original beibehalten. Felice Bauers Äußerungen folgen so weit möglich Kafkas Briefen, in denen er sie paraphrasiert hat. Das jeweilige Datum der Briefe ist aus Gründen der besseren Lesbarkeit hier nicht angegeben. Zitiert wurde nach:

Briefe an Felice Bauer und andere Korrespondenz aus der Verlobungszeit. Hg. von Hans-Gerd Koch, Fischer, Frankfurt/Main, 2015.

Sämtliche Werke, Hg. von Peter Höfle, Suhrkamp, Frankfurt/Main, 2008.

Briefe 1902–1924. Hg. von Max Brod, Fischer, Frankfurt/Main, 1975.

Briefe an Ottla und die Familie. Hg. von Hartmut Binder und Klaus Wagenbach, Fischer, Frankfurt/Main, 1981.

Ein Seminar von Ingeborg Nordmann an der Freien Universität Berlin über den ›Brief als männliche und weibliche Kommunikationsform‹ weckte bereits im Sommersemester 1982 die Neugier auf Kafkas Briefe an Felice. Weitergelesen habe ich vor allem bei Peter-André Alt, Elias Canetti, Reiner Stach, Klaus Wagenbach und Hanns Zischler. Allen, die die Arbeit an meinem Roman in welcher Form auch immer unterstützt haben, sei gedankt.

Inhalt

2. Auflage 2024
© ebersbach & simon, Berlin
Alle Rechte vorbehalten

Coverfoto: © INTERFOTO / Science & Society /
National Railway Museum
Umschlaggestaltung: Lisa Neuhalfen, moretypes, Berlin
Satz: Birgit Cirksena · Satzfein, Berlin
Druck und Bindung: GGP Media GmbH, Pößneck
ISBN 978-3-86915-152-6

www.ebersbach-simon.de